应用型法学教材丛书

婚姻家庭继承法
理论与实务

官玉琴◎编著

厦门大学出版社
XIAMEN UNIVERSITY PRESS
国家一级出版社
全国百佳图书出版单位

图书在版编目(CIP)数据

婚姻家庭继承法理论与实务/官玉琴编著. —厦门:厦门大学出版社,2018.8
(应用型法学教材丛书)
ISBN 978-7-5615-7035-7

Ⅰ.①婚⋯　Ⅱ.①官⋯　Ⅲ.①婚姻法-法的理论-中国-教材　②继承法-法的理论-中国-教材　Ⅳ.①D923.01

中国版本图书馆 CIP 数据核字(2018)第 155213 号

出 版 人	郑文礼
责任编辑	李　宁
封面设计	张雨秋
技术编辑	许克华

出版发行 厦门大学出版社

社　　址	厦门市软件园二期望海路 39 号
邮政编码	361008
总 编 办	0592-2182177　0592-2181406(传真)
营销中心	0592-2184458　0592-2181365
网　　址	http://www.xmupress.com
邮　　箱	xmup@xmupress.com
印　　刷	厦门集大印刷厂

开本	720 mm×1 000 mm　1/16
印张	16.5
插页	1
字数	288 千字
版次	2018 年 8 月第 1 版
印次	2018 年 8 月第 1 次印刷
定价	68.00 元

本书如有印装质量问题请直接寄承印厂调换

厦门大学出版社
微信二维码

厦门大学出版社
微博二维码

前　言

　　创建和谐婚姻家庭关系是社会发展的需要,也是推进社会前进的重要源泉。婚姻家庭法和继承法是调整婚姻家庭关系、解决家庭矛盾纠纷的重要法律依据,是构建和谐社会、构建和谐家庭的重要法律保障,是我们现实生活中运用最为广泛的一门法学核心课程,具有广泛性的特征和实践性强的特点。

　　为了突出法律职业人才培养目标,本教材的编写重在实用性,重在解决实际问题,重在培养学生的实际应用能力。与以往的教材相比,该教材根据《婚姻法》《继承法》规定的各章排列顺序及法律实践需要,对课程章节布局和内容设计作了较大的调整。本教材分为五章,即婚姻家庭制度、结婚制度、家庭关系、离婚制度、继承制度。撰写内容力求做到:学科体系完整,基本概念、原理和知识阐述准确、清晰,并能反映本学科主要观点和近年来普遍认可的学术新成果。同时,在每一章基础理论知识阐述之后,设有专节的经典案例分析与探讨,通过实际案例评析、专题讨论,对当前婚姻家庭生活中普遍存在的、实务审判中争议较大的疑难案例和问题,从理论观点、法律法规及司法解释等方面进行分析和解读。希望学生正确理解婚姻家庭继承制度中身份性问题和基于人身关系产生的财产关系特征,并能正确处理实际案例中有关婚姻家庭继承中的财产纠纷。

　　该教材既能作为法学专业学生提高实践能力的必修教材,又能作为非法学专业学生提升法律素养的选修教材。

目　录

第一章　婚姻家庭制度

第一节　婚姻家庭制度概述

一、婚姻与家庭

（一）婚姻

婚姻，古时又称"昏姻"或"昏因"。一般而言，婚姻一词的起源有四种说法：一是汉朝的郑玄说，《诗·郑风》曰："婚姻之道，谓嫁娶之礼。"在我国古代的婚礼中，男方通常在黄昏时到女家迎亲，而女方随着男方出门。这种"男以昏时迎女，女因男而来"的习俗，就是"昏因"一词的起源。换句话说，婚姻是指嫁娶之礼。二是《礼记·经解》说，"男曰婚，女曰姻"，是指男女通过结婚形成的夫妻关系。三是《尔雅·释亲》曰，"婿之父为姻，妇之父为婚；妇之父母。婿之父母相谓为婚姻"，是指婚姻联结起来的某种姻亲关系。四是《礼记·昏义》称之为："婚姻者合二姓之好，上以事宗庙，下以继后世也。"

上述四种说法从不同角度解读了婚姻的含义，总体上说，主要集中在两个方面：一是从形式上看，是男女双方缔结婚姻关系的行为；二是从结果上看，是缔结婚姻行为所形成的夫妻关系及其他家庭关系。

可见，在古代，人们给婚姻赋予了深刻的含义，普遍认为，缔结婚姻不但是男女双方个人的行为，而且是两个家庭间的行为。婚姻不仅产生夫妻关系，也是产生父母子女关系、家庭关系的基础。

婚姻是按照当时社会制度规定的条件和目的所建立的社会关系，不同社会的婚姻观念有较大的区别。在我国，从奴隶社会到封建社会，婚姻始终以宗法家族利益为转移，婚姻的目的在于祭祀祖先、延续宗族，婚姻不是男女双方的事，而是两个家族的事。

到了资本主义社会，婚姻是一种契约。婚姻从身份关系升到契约范畴，反映了婚姻家庭领域内一次重大而富有历史意义的变革，是对封建社会家长制的彻底否定，极大地推动了婚姻的进步和社会的发展。婚姻契约论观点得到资本主义国家的广泛认同,并以此为基础建立婚姻家庭法体系。

在我国现阶段,婚姻是为当时社会制度所确认的,男女双方以永久共同生活为目的,依照法定条件和程序,自愿建立以夫妻关系为内容的结合。对于这一概念,可以从以下四个方面理解:第一,从自然层面上讲,婚姻的主体是男女两性;第二,从社会层面上讲,两性结合得到当时社会制度的确认;第三,从法律层面上讲,婚姻是双方具有夫妻身份的结合,产生夫妻间的权利和义务关系;第四,从价值层面上讲,婚姻的主体以永久共同生活为目的,是两性结合共同的价值追求。

（二）家庭

家庭,是以婚姻、血缘和共同经济生活为纽带而组成的亲属团体和生活单位。对于这一概念,可以从以下几个方面理解:第一,从自然层面上讲,家庭是由一定范围亲属组成的生活共同体,主要包括父母子女、兄弟姐妹、祖父母外祖父母和孙子女外孙子女。第二,从法律层面上讲,家庭成员相互间享有法定的权利、承担法定的义务。作为家庭成员的亲属,无论是否共同生活在一起,彼此均负有婚姻家庭法上的权利和义务。

（三）婚姻家庭关系

婚姻家庭关系,是指以两性结合为基础,以血缘联系为纽带,以法律拟制为补充而组成的家庭成员间的社会关系。婚姻与家庭关系密切,婚姻是产生家庭的前提,家庭是缔结婚姻的结果。

1.婚姻家庭的自然属性

婚姻家庭的自然属性是指婚姻家庭关系赖以存在的自然因素。作为社会关系的婚姻家庭是在一定的自然条件下形成的,婚姻的生理学基础是男女两性的生理差别和人类的性本能,家庭的生物学特点是通过生育繁衍而形成的血缘关系。如果没有这些自然属性,婚姻家庭便无从产生,也不可能实现其特殊的社会职能。因此婚姻家庭立法必须遵循自然规律的要求,法定婚龄的确定必须考虑人的生理发育程度,禁止近亲结婚的亲属范围规定,必须考虑"近亲结婚,其生不蕃"的生物学规律。同时,以出生事实作为确定亲子关系的依据,以缺乏性行为能力作为离婚的法定事由等,都同婚姻家庭的自然属性密切相关。

2.婚姻家庭的社会属性

婚姻家庭的社会属性是指社会制度赋予婚姻家庭关系的本质属性,是决定和影响婚姻家庭的社会力量及婚姻家庭所包含的社会内容。这种社会关系的内容是复杂的,既有属于经济基础范畴的因素,又有属于上层建筑、意识形态范畴的因素,因而是一定社会物质关系和思想社会关系的统一。总之,在婚姻家庭这两种属性的关系中,自然属性是婚姻家庭的重要属性,决定着婚姻家庭的存在;而社会属性则是婚姻家庭的本质属性,决定着婚姻家庭的性质、内容和发展方向。

3.婚姻家庭的社会职能

婚姻家庭的这种社会关系,是适应人类社会发展客观需要而出现的,自其产生之时起,就担负着其他社会组织无法替代的社会职能。一般来说,婚姻家庭不但起着调节两性关系、维护两性关系的社会秩序的作用,而且承担着实现人口再生产、组织生产与消费、家庭成员间相互扶助和子女教育等社会职能。

二、婚姻家庭中的亲属关系

(一)亲属的概念和特征

法律意义上的亲属是指由婚姻、血缘和法律拟制而形成的,具有权利义务内容的特定主体间的社会关系。[①] 婚姻为亲属之源,血亲为亲属之流,姻亲则是以婚姻为中介而发生的。[②] 作为法律意义上的亲属关系,区别于其他社会关系的特征,表现为:

第一,亲属不仅是一种社会关系,而且是一种法律关系。这种法律关系兼具身份和财产双重性,身份性是前提和基础,财产性是身份性的结果和表现。

第二,亲属法律关系的产生基于特定的法律事实。包括缔结婚姻的法律行为、自然人出生的法律事实、基于收养等法律行为对身份关系的法律拟制。

第三,亲属具有特定的法律内涵,具体表现为主体身份上和财产上的权利义务。包括夫妻、父母子女、祖孙、兄弟姐妹等亲属关系间互有扶养权利和义务。

第四,亲属有固定的身份和称谓。亲属关系产生后,主体间的亲属身份和称谓是固定的,除法律规定外,当事人不得随意变更或解除。

(二)亲属的种类和范围

1.亲属的种类

以亲属发生原因为依据,可将亲属分为配偶、血亲和姻亲。这是当代国家

---

① 杨大文:《婚姻家庭法》,中国人民大学出版社 2015 年第 6 版,第 61 页。

② 马忆南:《婚姻家庭法新论》,北京大学出版社 2002 年版,第 68 页。

对亲属最基本的分类,在立法和法律适用上具有重要的意义。具体分为:

(1)配偶

配偶即夫妻,男女因结婚而互为配偶。配偶关系即夫妻关系,在亲属关系中具有重要的核心地位,是血亲关系的源泉和姻亲关系的中介。

(2)血亲

血亲,指具有血缘联系的亲属。根据血亲间血缘来源的不同,可分为自然血亲和拟制血亲。同时,根据血亲间血缘联系的程度不同,还可将血亲分为直系血亲和旁系血亲。

自然血亲是指出自同一祖先,因出生而自然形成的具有血缘联系的亲属。如父母子女关系、兄弟姐妹关系、伯叔姑舅关系等。

拟制血亲是指原本没有血缘关系,因法律确认其与该种自然血亲具有同等权利义务的亲属。这种血亲不是自然形成的,而是法律设定的。我国现行《婚姻法》确认的拟制血亲有两种:一是养父母与养子女;二是事实上形成了抚养教育关系的继父母与继子女。

直系血亲,是指与己身有直接血缘联系的亲属,包括己身所从出和从己身所出的两部分血亲。如生育己身的各代血亲,父母、祖父母、外祖父母、曾祖父母、外曾祖父母、高祖父母和外高祖父母等;从己身所出的血亲,子女、孙子女、外孙子女、曾孙子女、外曾孙子女、玄孙子女和外玄孙子女等。

旁系血亲,是指彼此之间具有间接血缘联系的亲属,除直系血亲外,与己身同出一源的血亲。如兄弟姐妹、姑表兄弟姐妹、姨表兄弟姐妹、舅表兄弟姐妹等。

(3)姻亲

姻亲,是指以婚姻关系为中介产生的除配偶以外的亲属。男女结婚后,一方与对方亲属之间形成的姻亲关系。包括:血亲的配偶,即己身血亲的配偶;配偶的血亲,即己身配偶的血亲;配偶的血亲的配偶,即己身与配偶的血亲的配偶。

必须指出,我国《婚姻法》对姻亲并无法律上权利义务的规定,但《继承法》明文规定,丧偶儿媳对公婆和丧偶女婿对岳父母尽了主要赡养义务的,可以作为第一顺序继承人,继承公婆或岳父母的遗产。

2.亲属的范围

亲属的范围,是指负有法律上权利义务关系的亲属范围。

在我国,《婚姻法》调整的亲属范围未作总体性概括规定,是采取分别规定的立法模式。如《婚姻法》规定,禁止直系血亲和三代以内旁系血亲结婚,有抚养关系的亲属范围包括夫妻、父母子女,对于兄弟姐妹、祖孙之间抚养和赡养义务履行则必须符合一定的条件。我国《继承法》规定,配偶、父母子女、兄弟姐妹、祖父母、外祖父母,孙子女和外孙子女及其晚辈直系血亲为代位继承人。我国《民法通则》对法定监护人的亲属范围作了规定,我国《刑法》《刑事诉讼法》《国籍法》等也从不同角度对亲属的效力作了规定。

(三)亲系和亲等

1.亲系

亲系是指亲属间的血缘联络系统。亲属以婚姻、血缘为基础,构成纵横交错,互相交织的亲属网络。除配偶外,一切亲属都有一定的亲系可循。

按不同联系标准,亲属可分为直系亲和旁系亲、直系亲,又分为直系血亲和直系姻亲;旁系亲,也可分为旁系血亲和旁系姻亲。此外,亲属还可分为父系亲和母系亲;男系亲与女系亲;长辈亲、同辈亲与晚辈亲。

2.亲等

亲等是计算亲属关系亲疏远近的单位。亲等数越小,表示亲属关系亲近;亲等数越大,表示亲属关系疏远。现代各国对亲等数计算有两种方法:罗马法计算法和寺院法计算法,我国与之不同,历部婚姻法均以世代方法来计算亲属关系的亲疏远近。

(1)罗马法亲等计算法

罗马法亲等计算法,是古罗马帝国使用的计算亲等的方法。由于其科学、合理,延续至今两千多年,目前为世界大多数国家所采用。其计算方法分为直系血亲和旁系血亲两个方面。

罗马法直系血亲亲等计算。从己身往上或往下数但不算己身,以一世代为一亲等。如从己身往上数,父母为一亲等,祖父母、外祖父母为二亲等,曾祖父母、外曾祖父母为三亲等,高祖父母、外高祖父母为四亲等。从己身往下数,子女为一亲等,孙子女、外孙子女为二亲等,曾孙子女、外曾孙子女为三亲等,玄孙子女、外玄孙子女为四亲等。亲等数越小,关系越亲近;反之,亲等数越大,关系就越疏远。

罗马法旁系血亲亲等数计算。首先找出共同长辈直系血亲同源人,从己身往上数至同源直系血亲,记下世代数;再从同源直系血亲往下数到要计算的旁系血亲,记下世代数;最后两边世代数相加所得之和,就是旁系血亲的亲等数。如要计算与舅表兄弟姐妹的亲等数,首先找出己身与舅表兄弟姐妹的同源直系血亲——外祖父母,从己身往上数至外祖父母是二亲等,再从外祖父母往下数至舅表兄弟姐妹也是二亲等,然后两边亲等数相加为四,即己身与舅表兄弟姐妹是四等旁系血亲。

（2）寺院法亲等计算法

寺院法亲等计算法，是在中世纪教会中采用的计算亲等的方法，由于宗教的影响和立法传统等原因，至今仍为少数国家所采用。其计算方法也分为直系血亲和旁系血亲两个方面。

寺院法直系血亲亲等的计算方法。与罗马法直系血亲亲等的计算方法完全相同，但两者计算旁系血亲亲等数的方法不同。

寺院法旁系血亲亲等数的计算方法。首先找出共同长辈直系血亲的同源人，从己身和所指旁系血亲分别往上数至同源直系血亲，若双方与共同直系血亲间的世代数相等，则按一方的代数确定双方间的亲等；若双方与共同直系血亲间的世代数不等，则按代数多的一方确定双方的亲等。如己身与兄弟姐妹的血缘同源人是父母，从己身往上数至父母为一世代，再从父母数至兄弟姐妹也是一世代，两边世代数相同，取一边世代数为亲等数，即一亲等。又如己身与舅、姨的血缘同源人是外祖父母，从己身往上数至外祖父母为二世代，再从外祖父母数至舅、姨是一世代，两边世代数不同，取世代数多的一方为亲等数，即二亲等。那么，己身与表兄弟姐妹，血缘同源人也是外祖父母，两边世代数相同为二世代，也是二亲等。可见，寺院法的这种算法难以精确反映亲属间的亲疏远近，逐渐被淘汰，目前只有个别国家沿用。

（3）我国亲属世代的计算法

《婚姻法》规定，直系血亲和三代以内旁系血亲禁止结婚。这里所讲的"代"，就是我国法律规定的计算亲属关系亲疏远近的单位，代数小比代数大的亲属关系亲近。代即指世辈，一辈为一代。计算亲属的代数分为直系血亲和旁系血亲。

我国亲属直系血亲的计算。从己身开始，己身为一代，往上或往下数。往上数至父母为二代，至祖父母、外祖父母为三代，至曾祖父母、外曾祖父母为四代，至高祖父母、外高祖父母为五代；往下数至子女为二代，至孙子女、外孙子女为三代，至曾孙子女、外曾孙子女为四代，至玄孙子女、外玄孙子女为五代。

我国旁系直系血亲的计算。首先找出共同长辈直系血亲的同源人，从己身往上数至同源直系血亲，记下代数；再从同源直系血亲往下数至要计算的旁系血亲，记下代数；如果两边代数相同，就以此数定其代数。如果两边代数不同，那么取世代数大的一边定其代数。如兄弟姐妹间，从各自数至共同直系血亲即父母，均为二代，以一方代数计，兄弟姐妹间为二代旁系血亲。又如表兄弟姐妹，从各自数至共同直系血亲即外祖父母，均为三代，以一代数计，表兄弟姐妹间为三代旁系血亲。

（四）亲属关系的产生、效力和消灭

1.亲属关系的产生

亲属关系的产生,是指因一定的法律事实或法律行为出现而使得当事人间发生一定的亲属关系。如男女双方依照法律规定的条件和程序登记结婚产生配偶关系;基于婚姻事实又产生了姻亲关系;因为孩子出生的法律事实产生了父母子女,祖父母、外祖父母与孙子女、外孙子女间自然直系血亲关系;因为收养子女的法律行为,抚养继子女的法律事实形成拟制直系血亲关系。

2.亲属关系的效力

亲属关系的效力,是指一定范围内的亲属之间所具有的法定权利义务。如亲属在婚姻法上的效力,包括夫妻间互有扶养的权利义务、共同所有财产的权利、相互忠实的义务等。又如在民法上的效力,包括对无民事行为能力和限制民事行为能力人的监护权,宣告失踪、死亡等申请权,民事代理权,财产代管权,相互继承权,代为承担民事责任等义务。以及在刑法、国籍法、劳动法、诉讼法及其他法律上的效力。

3.亲属关系的消灭

亲属关系的消灭,是指由于一定法律事实的发生,当事人之间的亲属关系不再存在,现存的亲属身份以及相应的权利义务归于消灭。如自然血亲关系因为一方死亡而消灭,拟制血亲因为一方死亡或解除而消灭,婚姻关系因为一方死亡或离婚而消灭。

三、婚姻家庭法

（一）婚姻家庭法的概念

婚姻家庭法在古今中外各国法律文件上的使用各不相同。我国古代的立法从汉朝开始以"婚律""户律""户婚律"之名将其置于诸法合体的成文法律之中;到了半殖民地半封建社会,清末时期曾效仿西方大陆法系,改称"亲属法";国民党政府于1930年颁布实施的民法典中一直称其为亲属法。中华人民共和国成立后,基于革命根据地时期形成的立法习惯,以及受到苏联立法模式的影响,1950年颁布了《中华人民共和国婚姻法》,从而确立了"婚姻法"之名,并被1980年颁布的新的立法沿用至今。但是,从严格的法律科学意义上分析,以"婚姻法"之名来表述婚姻家庭法,不能客观地概括现行法律规范的全部内容,反映立法的整体结构。因此,在法学教学和科研领域内,将其称为婚姻家庭法,则更为科学。

尽管婚姻家庭法在不同时代、不同国家因其调整范围、表现形式、立法体例等方面的不同而出现一定的差异,但并不影响对其内容或性质的规定性作出全面的抽象概括,形成一个具有普遍意义的概念。这一概念可以表述为:婚姻家庭法是指调整婚姻家庭关系的发生和终止,以及由此产生的特定范围的亲属之间的权利义务关系的法律规范的总和。根据这一概念,在具体理解我国现行婚姻家庭法时,应注意把握三个方面:

1.在我国的婚姻家庭法中,既包括婚姻法规范,又包括家庭法规范,还包括有关亲属的法律规范。所以它既属于狭义的婚姻法,又属于广义的家庭法,其规范内容体系与大陆法系民法中的"亲属法"大体一致,所以,有些学者呼吁改名为"亲属法"。

2.我国婚姻家庭法是我国现行法律体系中所有调整婚姻家庭关系的法律规范的总和。它构成相互联系、多层次的、具有不同法律渊源的规范系统,交织在法律部门之中,即属于实质意义上的婚姻家庭法。而以法典形式表现的《中华人民共和国婚姻法》只是调整婚姻家庭法的基本准则,并非全部规范,只能属于形式意义上的婚姻家庭法。而实质意义上的婚姻家庭法不但需要借助于其他法律部门,而且需要根据立法条件和社会需求,制定一些单行法规,专门调整某一类婚姻家庭关系,如《中华人民共和国收养法》《老年人权益保障法》《反家庭暴力法》等。

3.在法律特征上,婚姻家庭法属于部门法、实体法和国内法。相对于根本法来说,婚姻家庭法只能归入部门法之列,但不是独立的法律部门,而是民法这个法律部门的组成部分,从我国立法体制来看,应属于广义的民事法律范畴。既然属于民法部门,那么婚姻家庭法无论是形式意义上的,还是实质意义上的,均具有基本法的地位和效力。

(二)婚姻家庭法调整的对象

特定范围的社会关系构成各个法律部门的调整对象,也是认定和划分法律部门的基本标准。婚姻家庭法虽属于民法范畴,但与其他民事法律规范相比较,又具有相对独立的性质。其特点主要由它的特定调整对象所决定,婚姻家庭法的调整对象为婚姻家庭关系。对此,应从两个方面来理解。

1.从调整对象的范围来看,婚姻家庭法既调整婚姻关系,又调整家庭关系;既包括婚姻家庭关系发生、变更和终止的动态运行的全过程,又包括横向的婚姻家庭关系中主体之间的权利和义务。婚姻关系因结婚而成立,又因一方死亡或离婚而终止。关于结婚的条件和程序、夫妻间权利义务,关于离婚的原则、条件、程序及离婚后子女抚养、财产分割等都属于婚姻关系调整的范畴。家庭关系是基于结婚、出生及法律拟制等原因而发生,又因离婚、家庭成员死亡、拟制血亲关系解除等原因而消灭。关于确认家庭成员间的亲属身份、规定家庭成员间权利义务以及产生、变更和终止等方面的内容,均属于家庭关系调整的范畴。

2.从调整对象的性质来看,既有婚姻家庭方面的人身关系,又有婚姻家庭方面的财产关系。其中人身关系占主导地位,财产关系以人身关系为先决条件,居于从属依附地位。所以婚姻家庭法在性质上应认定为身份法而非财产法,它调整的对象是基于婚姻家庭而产生的人身关系以及与此相联系的财产关系。婚姻家庭的人身关系存在于特定的亲属身份的主体之间,本身并无直接的财产内容的社会关系,如配偶身份、亲子身份等,是自然形成的以共同生活为目的、以亲属感情和伦理关系为基础的身份关系。婚姻家庭的财产关系,是以人身关系为基础,直接体现一定经济内容或一定财产为媒介的社会关系。这种财产关系是人身关系引起的法律后果,随人身关系产生而产生,随人身关系变更、消灭而变更消灭。如亲属间的扶养、抚养和赡养,亲属间的继承关系,夫妻间的共同共有财产关系等,都直接反映以财产为媒介的一种经济关系,但又与主体所具有的特定的身份不可分割,所以是一种附属于人身关系的财产关系。

(三)婚姻家庭法的特征

婚姻家庭法调整对象的范围和性质不但决定了其本质是身份法,不是财产法,而且决定了它的特征:

1.适用范围的广泛性

婚姻家庭关系是一种最广泛、最普遍的社会关系。每个社会成员,无论性别、年龄,都不可避免地同婚姻家庭相联系,既是婚姻家庭关系的产物,又是婚姻家庭关系的主体,享受着婚姻家庭法上的权利,承担着婚姻家庭法上的义务。婚姻家庭法是适用于一切公民的普通法,而不是只适用于部分公民的特别法。当然,婚姻家庭法在适用范围上的广泛性,并不妨碍其在某些问题上对部分公民作特别的规定,如关于现役军人配偶要求离婚的规定等。

2.强烈的伦理性

婚姻家庭法属于身份法,其调整的婚姻家庭关系既是一种身份关系,又是一种现实的伦理关系。伦理道德与法律的一致性,在婚姻家庭领域表现尤为突出。许多调整婚姻家庭关系的原则和具体规范,既是伦理道德的要求,又是法律的规定。因此,在婚姻家庭立法上,要充分反映伦理道德的要求,使法律和伦理道德尽可能一致。如夫妻间相互忠实的义务,既是道德要求,又是倡导性的法律规范。

3.鲜明的强制性

强制性是一切法律的共同特点,在婚姻家庭法上表现尤为明显。为了有效保护公民在婚姻家庭方面的合法权益和维护社会利益,婚姻家庭法中的规定绝大多数是强制性的规范。当一定的法律事实如结婚、离婚、出生、死亡、收养等发生之后,其法律后果由法律预先指明,严格规定,当事人不得自行或合意改变。缔结婚姻、成立收养不允许附加条件和期限,结婚、离婚必须符合法定的条件和程序。所以婚姻家庭法中的条文多用"必须""应当""禁止"等术语。当然,婚姻家庭法中也有一部分任意性规范,如关于夫妻财产制的约定问题、离婚时子女抚养和财产分割双方协商问题等。但是,处理这些问题,也必须以符合婚姻家庭法基本原则为基础,当事人自主选择的余地有限。

(四)婚姻家庭法的渊源

法律渊源,一般将其界定为法律规范的表现形式。婚姻家庭法的法律渊源就是婚姻家庭法借以表现和存在的形式。根据我国现行法律规范的层次、体系和立法模式,婚姻家庭法的渊源有以下几种:

1.宪法

我国宪法中有关婚姻家庭的规定,是我国婚姻家庭法的立法依据。如:宪法规定的公民在法律面前人人平等;公民人身自由不受侵犯;公民的人格尊严不受侵犯;妇女在各方面享有同男子平等的权利;以及婚姻、家庭、母亲和儿童受国家的保护。这些在婚姻法实施的男女平等、婚姻自由等原则中得到充分体现。

2.法律

从法律渊源的角度来看,这里所称的法律是狭义的,严格意义上的法律,专指由全国人民代表大会及其常务委员会制定的规范性文件。包括三个层次:一是构成独立法律部门的基本法,如民法、刑法、诉讼法、行政法等,在这些部门的基本法中,均有涉及婚姻家庭关系的相关规范。二是尚无法律部门归属的法律。此类法律规范具有法律的立法地位和效力,但无具体的法律部门依从,如《反家庭暴力法》《妇女权益保护法》《老年人权益保障法》《未成年人权益保护法》等,有的学者认为属于社会立法范畴,但也是婚姻家庭法的渊源之一。三是直接调整婚姻家庭关系的专门法律,如《婚姻法》《收养法》,这两部作为婚姻家庭法系统而集中的法律渊源。

3.行政法规和国务院所属部门制定的有关规章

在我国现行的婚姻法中,有不少规范是国务院及其所属部门制定的,它们具有针对性、操作性和具体性等实用特点,对贯彻执行宪法、法律中有关婚姻家庭的规定,发挥了重要的作用。目前,这方面的规范性文件主要有:国务院发出的《关于认真贯彻执行新婚姻法的通知》、民政部门颁行的《婚姻登记条例》等。

4.地方性规范和民族自治区地方的有关规定

地方国家机关根据行政区域内婚姻家庭的实际情况,以宪法、法律为依据制定有关婚姻家庭的地方性法规,发布具有一般规范效力的决议、决定,是保证法律贯彻实施的重要措施。其名称虽有不同,但几乎都带有实施细则和补充规定的可操作性,不失为婚姻家庭法的一种渊源。如民族自治区地方政府颁行的有关贯彻执行婚姻家庭法的变通或补充规定。

5.最高人民法院所作的司法解释及援用、认可的有关判例

最高人民法院在执行婚姻家庭法的过程中,以婚姻家庭法相关规则为依据,在总结审判实践经验的基础上作出的正确处理婚姻家庭纠纷的指示或针对某一具体问题作出的批复,只要不与现行婚姻家庭法律规定相抵触,就是婚姻家庭法的重要渊源。如1989年《关于人民法院审理离婚案件如何认定夫妻感情确已破裂的若干具体意见》、1993年《关于人民法院审理离婚案件处理财产分割问题的若干具体意见》、《关于人民法院审理离婚案件处理子女抚养问题的若干具体意见》、1996年《关于审理离婚案件中公房使用、承租若干问题的解答》。2001年4月《婚姻法修正案》施行后,2001年12月最高人民法院公布了《关于适用〈中华人民共和国婚姻法〉若干问题的解释(一)》、2003年公布了《关于适用〈中华人民共和国婚姻法〉若干问题的解释(二)》、2011年公布了《关于适用〈中华人民共和国婚姻法〉若干问题的解释(三)》,2017年3月对《关于适用〈中华人民共和国婚姻法〉若干问题的解释(二)》第24条作了补充规定,及2018年1月最高人民法院颁布了《关于审理涉及夫妻债务纠纷案件适用法律有关问题的解释》等。

6.我国缔结和参加的国际条约

根据《民法总则》的有关规定,如果处理涉外婚姻家庭关系时可适用我国缔结或参加的国际条约,但我国申明保留的条款除外。据此,全国人民代表大会及其常务委员会批准缔结或参加的国际条约中有关调整婚姻家庭关系、保护妇女儿童权益的规定,也是我国婚姻家庭法的法律渊源。

四、婚姻家庭制度

(一)婚姻家庭制度的历史类型

在人类社会中,婚姻家庭制度并不是自始存在的、永恒不变的,它是社会发展到一定阶段的产物,其主要类型有群婚制、对偶婚制和一夫一妻制。

1. 群婚制

群婚制是指原始社会中一定范围的一群男子与一群女子互为夫妻的婚姻形式,是人类社会最早出现的婚姻家庭形态,包括血缘群婚和亚血缘群婚。血缘群婚是指具有血缘关系的同辈男女之间形成的婚姻集团,它排除了不同辈分的直系血亲间的两性关系。亚血缘群婚也是一种同辈男女之间的集团婚,但它排除了直系血亲间及血缘关系较近的兄弟姐妹间的两性关系。在群婚制下,人们只知其母不知其父,母系血统成为认定血缘关系的唯一依据,母系氏族的出现也成了必然的结果。

2. 对偶婚制

对偶婚制是指一男一女在或长或短的时期相对稳定地同居生活,但双方仍有与其他异性发生性关系的自由的婚姻形式。随着两性和血缘关系社会形式的发展变化,群婚制下的各种婚姻禁例越来越多,越来越严格,一男一女对偶同居的现象逐渐被习惯、被固定下来,直至取代了群婚制。对偶婚制相比较后来出现的一夫一妻制来说,成对配偶同居生活状态不太稳定且容易被打破,在氏族共有经济中,不可能成为脱离氏族而独立存在的经济单位。因此说,对偶婚制只能是从群婚制向一夫一妻制的过渡。

3. 一夫一妻制

一夫一妻制又称为个体婚制,是指一男一女结为夫妻,任何人不得在同一时期内有两个以上配偶的制度。一夫一妻制是在对偶婚制的基础上发展起来的,是私有制确立的必然结果。在原始社会后期,随着社会生产力的发展,氏族内部的私有制经济已经产生并不断积累,男子逐渐成为社会财富的掌管者。经济格局的变化,促使氏族组织结构的变化,子女由母方氏族成员变为父方氏族成员,由此,确立了子女按父方计算世系和承袭父亲遗产的制度。随着私有制经济的发展,氏族内部出现了以男子为中心的个体婚和与此相适应的父权制的个体家庭。一夫一妻制"是不以自然条件为基础,而以经济条件为基础,即以私有制对原始的自然产生的共有制的胜利为基础的第一个家庭形式"①。

一夫一妻制的婚姻家庭制度历经奴隶社会、封建社会时代,并随着封建社会婚姻家庭制度的崩溃,资本主义社会婚姻家庭制度的建立和发展,近现代婚姻家庭制度逐渐产生。

(二)中国古代婚姻家庭制度及其基本特征

在中国奴隶社会,婚姻家庭关系主要是维护宗法等级制度的礼和为统治阶级所认可的习惯调整。一般说来,调整婚姻家庭关系的礼实际上起着法的作用。所谓宗法制度,就是当时的宗族组织和政治组织紧密结合在一起,奴隶主阶级借助于血缘纽带将同姓贵族联结起来,并通过异性贵族的联姻,形成一个广泛的亲属网络和政治网络。有关婚姻家庭的礼,都直接或间接地反映了维护宗法制度的需要,如维护一夫一妻多妾制、包办买卖婚姻的婚礼,尊崇家长权、父权和夫权的家礼等制度。

在封建社会,调整婚姻家庭关系的礼与法并用。一方面,奴隶社会的宗法制度被封建社会的宗法制度替代,并经过改造和补充成为封建社会维护宗法统治的有效手段。另一方面,通过不同时期的立法,使封建社会婚姻家庭法制获得相当的发展,并在唐朝进入全盛时期。如《永徽律疏》第四"户婚"篇共46条,涉及订婚、重婚、婚姻限制、违律婚姻后果、婚姻离异等作了详尽的规定。但从整体上说,中国古代婚姻家庭的规定并不全面,且法律并不是调整婚姻家庭关系的最重要手段。法典中诸多规定与刑相关,一旦违反,便处之以刑,其他则由礼加以规定。婚姻家庭的礼,成了古代婚姻家庭法的组成部分。具有以下特征:

1.包办强迫和买卖婚姻。"父母之命,媒妁之言"是婚姻的合法形式;门当户对和婚姻论财是婚姻的必然要求,也是父母下命、媒妁传言的客观依据。聘娶婚成了变相买卖婚,成立的婚书和收受的聘财是礼法共同确认的定婚条件,男女双方并无婚姻自由可言。

2.男尊女卑,夫权统治。在封建宗法制度下,一切均以男子为中心,各种礼制和家训、家规,均要求妇女严守妇道,如"三从四德",要求妇女在家从父,出嫁从夫,夫死从子;要求妇女在思想、谈吐、仪表和从事家务等方面安分守己、无违妇道,充当驯服的家庭"奴隶"。已婚妇女的人身权利和财产权利受到严格的限制,夫妻人身权利并不平等,如丈夫的专属离婚权和妻子的"从一而

---

① 《马克思恩格斯全集》(第21卷),人民出版社1965年版,第74~77页。

终"等规定。

3.家长专制,漠视子女利益。封建时代的家庭是家长制家庭,家长对外代表全家承担社会义务并行使权利,对内统帅家属从事生产、组织消费。家长对家属拥有家长权,在家庭中实行家长专制。家长权是家长对家属享有一切权力的总和,包括家庭财产支配权、子女婚姻缔结决定权、教育与惩戒家属权等。在亲子关系中奉行"父为子纲",漠视子女的利益,达到"父要子死,子不得不死"的地步。

(三)中国近代及半殖民地半封建社会婚姻家庭制度

从1840年鸦片战争开始,至1949年中华人民共和国成立前,中国进入半殖民地半封建社会。随着社会性质和条件的变化,传统的封建家庭观念和伦理道德受到巨大冲击。一方面,有识之士主张效法西方,推行男女平等、婚姻自由,修改现行婚姻家庭制度;另一方面,又试图保存大量的封建社会婚姻家庭制度的内容和特点。从而使该阶段婚姻家庭法表现出鲜明的半殖民地半封建的特色,体现在以下三个阶段。

1.清末及北洋政府时期的婚姻家庭立法

清朝末期,清政府被迫宣布"新政",对原有法律作修改。如1910年《大清现行刑律》,其中包括了婚姻家庭方面的内容,是一部诸法合体的封建法律,依然保留亲属的服制,维护家长权,否定婚姻自由,肯定纳妾制度等。但在婚姻、家庭、继承和其他民事规定上,取消了刑罚方面的内容,以示民、刑有别。

1911年8月,清政府完成了《大清民律草案》的起草,其内容大体模仿日本、德国民法,同时沿袭了中国封建民事法律的某些原则和内容,其中设有亲属篇,该草案由于清政府的覆灭而未颁行。

北洋军阀政府统治时期,对婚姻家庭关系的调整除援用上述《大清民律草案》的有关规定外,还通过当时的大理院作出大量的判例和解释,以补充法律之不足。1915年制定了《民律亲属篇草案》,1926年制定的《民律草案》中设有亲属一篇。这两部草案均未正式颁行,仅由北洋军阀政府司法部通令各级法院作为内部条例援用。

2.中华民国政府时期的婚姻家庭立法

国民党政权建立之初,就开始了婚姻家庭方面的立法活动。1928年起草《亲属法草案》,1930年公布《民法亲属篇》,1931年5月5日施行。共计171条,分通则、婚约、父母子女、监护、抚养、家、亲属会议七章,该法一直沿用到1949年。国民党退居台湾后,该法在台湾地区沿用至今,期间曾于1985年、1996年、1998年、1999年、2000年五次修订。修订后民法亲属篇共计7章

177 条。民法亲属篇是当前我国台湾地区调整婚姻家庭关系的主要依据。

（四）中国民主革命根据地的婚姻家庭立法

在民主革命时期，以李大钊、毛泽东、周恩来为代表的革命先驱就提出婚姻家庭制度改革主张，倡导和推行自由、妇女解放、男女平等精神，并贯彻实施于婚姻家庭立法中。

1. 土地革命战争时期的婚姻家庭立法

1927 年 8 月以后，中国共产党创建了许多革命根据地，建立了工农革命政权。1931 年公布实施了《中华苏维埃共和国婚姻条例》，1934 年根据婚姻家庭制度改革的实践经验，对此条例进行了必要的修改，颁布了《中华苏维埃共和国婚姻法》。该法确定了婚姻自由、男女平等、一夫一妻，保护妇女、儿童合法权益的原则，对结婚、离婚的条件和程序作了明确的规定。

2. 抗日战争和解放战争时期的婚姻家庭立法

1937 年 7 月至 1949 年 9 月，在中国共产党领导的抗日根据地和解放区，先后制定了一系列区域性婚姻家庭法。主要有 1939 年的《陕甘宁边区婚姻条例》、1940 年的《晋西北婚姻暂行条例》、1942 年的《晋冀鲁豫边区婚姻暂行条例》等。这些条例的基本精神和中华苏区的婚姻家庭立法完全一致。

（五）新中国婚姻家庭立法

1949 年至今，中华人民共和国制定了两部婚姻法，即 1950 年的《婚姻法》和 1980 年的《婚姻法》，后者于 2001 年进行了修订。

1. 1950 年《婚姻法》

1950 年 4 月 13 日，中央人民政府第七次会议通过了《中华人民共和国婚姻法》，同年 5 月 1 日公布施行。该法共 8 章 27 条，其基本精神是"废除包办强迫、男尊女卑、漠视子女利益的封建主义婚姻制度。实行男女婚姻自由、一夫一妻、男女权利平等、保护妇女和子女合法权益的新民主主义婚姻制度"。这体现了废旧立新，创建社会主义新型婚姻家庭制度的精神。

2. 1980 年《婚姻法》

1980 年 9 月 10 日第五届全国人民代表大会第三次会议通过了新的婚姻法，该法共 5 章 37 条，它是 1950 年婚姻法的继续和发展，并根据新时期社会现状和发展需要，在重申了原婚姻法中的基本原则基础上增加了保护老年人合法权益原则及计划生育原则。

3. 2001 年《婚姻法修正案》

2001 年 4 月 28 日，第九届全国人民代表大会常务委员会第 21 次会议通过了《关于修改〈中华人民共和国婚姻法〉的决定》，修改后的《婚姻法》共 51 条。修改后的内容加大了对一夫一妻制的维护力度，保护婚姻家庭领域内的人权，增设婚姻无效和可撤销婚姻制度，修改夫妻财产制，具体化离婚法定事由，新增离婚损害赔偿制度和离婚后经济补偿制度，增设探视权制度。

第二节　婚姻家庭法基本原则

婚姻家庭法的基本原则既是婚姻家庭法的立法指导思想，又是婚姻家庭执法的基本准则。它贯穿于婚姻家庭法的始终，集中体现了以婚姻家庭法为主导内容的婚姻家庭制度的本质和特点，以及婚姻家庭立法的价值取向和倡导作用。

婚姻家庭法基本原则有婚姻自由原则、一夫一妻制原则、男女平等原则、保护妇女、儿童和老人合法权益原则、计划生育原则及维护家庭成员间平等、和睦关系原则。

一、婚姻自由原则

（一）婚姻自由的概念和内容

婚姻自由，是指婚姻当事人依照法律的规定，自主自愿地决定自己的婚姻问题，不受任何人强制和非法干涉。

婚姻自由包括结婚自由和离婚自由。结婚自由是指男女双方缔结婚姻关系的自由，实行结婚自由，要求男女双方结婚完全自由，不受任何因素影响，不受任何人强迫与干涉。因受胁迫而结婚的婚姻属于可撤销婚姻，受胁迫一方可以向婚姻登记机关或人民法院请求撤销。

离婚自由是指解除婚姻关系的自由。男女双方自愿离婚的，有权作出离婚决定，达成离婚协议，到民政部门领取离婚证书。夫妻感情确已破裂的，夫妻任何一方都有权向人民法院起诉离婚，他人不得阻拦、干涉，人民法院经过调解无效的，应准予离婚。为了家庭的和谐与稳定，我们要做到保障离婚自由，反对轻率离婚。

（二）婚姻自由原则实施的禁止性规定

1.禁止包办、买卖婚姻

包办婚姻是指婚姻关系以外的第三人（包括父母）违反婚姻自由原则，在完全违背婚姻当事人意愿的情况下,强迫其缔结的婚姻。

买卖婚姻是指婚姻关系以外的第三人(包括父母)以索取大量财物为目的,包办、强迫他人缔结的婚姻。

无论是买卖婚姻,还是包办婚姻,其共同点都具有强迫性,即强迫他们缔结婚姻的特征。包办婚姻不一定是买卖婚姻,但买卖婚姻必然是包办婚姻,包办婚姻不以索取大量财物为目的,而买卖婚姻则是以索取大量财物为目的。

2.禁止其他干涉婚姻自由的行为

禁止其他干涉婚姻自由的行为是指除包办、买卖婚姻外的违反婚姻自由原则,阻挠、干涉他人行使婚姻自由权利的行为。如子女干涉父母再婚、夫家人干涉寡妇再婚、干涉非近亲的同姓结婚、父母干涉子女离婚复婚等。

3.禁止借婚姻索取财物

禁止借婚姻索取财物是指婚姻当事人一方向对方索要一定的财物,以此作为结婚条件的违法行为。在这种情况下,男女双方结婚基本出于自愿,但一方通常是女方或女方父母向另一方索要许多财物,以此作为结婚的条件。借婚姻索取财物与买卖婚姻中的"索要财物",虽然存在某些共同的特征,但是两者的性质不同。买卖婚姻完全违背当事人的意愿,由他人包办强迫;借婚姻索取财物本质上并不违背当事人的意愿,是在双方基本自愿的条件下,一方向另一方索取大量财物为结婚条件,从而违反了婚姻自由原则,属违法行为。

在此应注意,当事人根据习俗给付的彩礼与借婚姻索取大量财物的区别。对于彩礼问题,最高人民法院《关于适用〈中华人民共和国婚姻法〉若干问题的解释(二)》第 10 条规定:"当事人请求返还按照习俗给付的彩礼的,如果查明属于以下情形,人民法院应当予以支持:(一)双方未办理结婚登记手续的;(二)双方办理结婚登记手续但确未共同生活的;(三)婚前给付并导致给付人生活困难的。适用前款第(二)、(三)项的规定,应当以双方离婚为条件。"

二、一夫一妻制原则

(一)一夫一妻制的概念和要求

一夫一妻制是指一男一女结为夫妻互为配偶的婚姻形式。任何人不得同时有两个或两个以上配偶的婚姻制度。其基本要求如下:

1.任何人都不得同时有两个或两个以上的配偶。

2.已婚者,在其配偶死亡或离婚前不得再行结婚。未婚男女不得同时与两个或两个以上的人结婚。

3.一切公开的隐蔽的一夫多妻、一妻多夫都是违法的,受到法律的禁止和取缔。

4.违反一夫一妻制情节轻微的,要予以批评教育或行政处分;情节严重的,应给予行政处罚;情节严重构成犯罪的,要受到刑罚的制裁。

（二）一夫一妻制原则实施的禁止性规定

1.禁止重婚

重婚是指有配偶者又与他人结婚,或明知他人有配偶仍与之结婚的行为。按照一夫一妻制原则,有配偶者只有在婚姻关系终止后始得再行结婚,否则构成重婚。

重婚包括法律重婚和事实重婚。有配偶者又与他人登记结婚的,属法律重婚;虽未登记结婚但与他人以夫妻名义同居生活的,也构成重婚,属事实重婚。1994年2月1日《婚姻登记管理条例》（现已失效）施行后,我国对未办理结婚登记的事实婚姻已从有条件承认转为不承认,但上述事实重婚仍按重婚论处。

重婚是无效婚姻,对于重婚的处理原则是,维持前婚、解除后婚。重婚当事人不具有夫妻间的权利和义务。

重婚构成犯罪的,依法追究刑事责任。我国《刑法》第258条规定:"有配偶而重婚的,或明知他人有配偶而与之结婚的,处二年以下有期徒刑或者拘役。"重婚行为并不当然构成重婚罪,当事人主观上没有重婚故意的,不以重婚罪论处。

2.禁止有配偶者与他人同居

有配偶者与他人同居是指有配偶者与婚外异性,不以夫妻名义,持续、稳定地共同居住。有配偶者与他人同居,违背夫妻间的忠实义务,为法律所禁止。这是无过错方提出离婚的法定情形之一,且无过错方以此有权请求过错方的损害赔偿。

有配偶与他人同居与事实重婚的区别在于,事实重婚当事人对外以夫妻关系同居生活,而有配偶者与他人同居对外不以夫妻关系相称,且同居没有结婚的目的,只是临时的两性关系。有配偶与他人同居须承担民事赔偿责任,而事实重婚须承担刑事责任。

有配偶与他人同居与通奸、婚外恋行为的区别在于:通奸是双方或一方有配偶的男女秘密、自愿地发生两性关系;婚外恋行为是已婚者与配偶之外的人发生恋爱关系,这些行为都属于违反社会主义道德规范的行为,应受到社会的谴责。

三、男女平等原则

(一)男女平等原则的概念和内容

男女平等原则,是指男女两性在婚姻家庭中处于平等的地位,即享有平等的权利,承担平等的义务,包括政治、经济、文化、社会和家庭生活等各方面。男女平等不仅是我国婚姻家庭法的基本原则,也是我国宪法和其他有关法律的重要原则。男女平等原则反映在婚姻家庭法的各条法律规范上,贯穿于婚姻家庭法的整体精神中,并展现于《妇女权益保障法》内,其主要内容有:

1.在婚姻关系方面,夫妻在家庭中地位平等,体现在结婚和离婚的法定条件和程序上,夫妻人格独立,享有平等的身份权利。夫妻对共同财产享有平等的占有、使用、收益和处分权,夫妻具有相互继承遗产的权利、相互扶助的义务。

2.在父母子女关系方面,婚姻法中关于父母子女间权利义务的规定对不同性别的家庭成员平等适用。如子女可以随父姓,也可以随母姓;父母双方对未成年子女享有平等的监护权;离婚后,子女可以随父抚养,也可以随母抚养,抚养费由父母合理分担。同时,父母均享有要求成年子女赡养的权利,父母与子女间有相互继承遗产的权利。

3.在其他家庭成员关系方面,兄姐与弟妹间,祖父母、外祖父母与孙子女、外孙子女间,男女地位平等,权利与义务相互存在,不因男女性别而有所差异。

(二)男女平等原则的贯彻

可以说,在婚姻家庭立法领域男女双方在法律地位上的平等已经基本实现,但在现实生活中,依然存在着男女不平等现象,如在继承问题上依然存在着剥夺女性继承人的继承权,在抚养问题上存在着遗弃及虐待女婴、女童,在家庭生活中仍有一些丈夫大男子主义思想严重,存在家庭暴力虐待妻子等现象。因此,要彻底贯彻男女平等原则,必须充分发挥妇女在经济、政治、社会等方面的作用,提高妇女在社会工作中的政治地位和经济地位,严格执法维护妇女合法权益,实现男女平等,为男女在家庭中的平等奠定良好的基础。

四、保护妇女、儿童和老人的合法权益原则

(一)保护妇女的合法权益

1.保护妇女权益的必要性

首先,从历史上看,广大妇女处于社会的底层,深受政权、族权、神权和夫

权的压迫,社会地位和家庭地位十分底下。我国法律虽然规定了男女平等原则,但是旧社会遗留下来的男尊女卑、父权统治等封建思想的残余并未彻底消除,歧视妇女,侵犯妇女合法权益的现象还不同程度地存在。

其次,从现实上看,在婚姻家庭生活中阻碍妇女参加工作学习,剥夺妇女财产继承权,虐待妇女、拐卖妇女、遗弃女婴等违法犯罪行为时有发生。

最后,从生理情况来看,男女两性生理的差异,决定了妇女体力上普遍低于同龄男子,妇女负担着怀孕、生子和哺育的任务。法律对妇女权益给予特殊的倾斜性保护措施,是对妇女生理因素要求的照顾,是对实际生活中存在的男女地位差距的弥补,是实现男女形式平等走向实质平等的必然要求。

2.保护妇女权益的充分体现

首先,在婚姻法中得到充分的体现。婚姻法从"总则""结婚"到"家庭关系""离婚",无不贯穿了妇女权益保护的基本精神。如《婚姻法》第34条规定:"女方怀孕期间,分娩后一年内或终止妊娠后六个月内,男方不得提出离婚。"第39条规定:"离婚时,夫妻的共同财产由双方协议处理;协议不成时,由人民法院根据财产的具体情况,照顾子女和女方权益的原则判决。"

其次,在妇女权益保障法中得到充分体现。如国家保障妇女享有与男子平等的文化教育权利、劳动权利和社会保障权利、财产权利、人身权利、婚姻家庭权利,国家保护妇女的婚姻自由权,生育权等规定。

(二)保护儿童的合法权益

1.保护儿童权益的必要性

首先,儿童无独立生活能力、工作能力,需要他人的抚养,属于弱势群体,基于人伦道德、社会发展,对儿童的特别保护受到世界各国的普遍重视。《儿童权利公约》明确指出:"儿童应当受到特别保护,并通过法律和其他方法而获得各种机会和便利,使其能在健康而正常的状态和自由与尊严的条件下,得到身体、心智、道德、精神和社会等方面的发展。在以此为目的而制定法律时,应以儿童最大利益为首要考虑。"

其次,儿童是祖国的未来、民族的希望。儿童的健康成长,直接关系到祖国的社会主义建设是否后继有人,关系到中华民族的兴衰。所以,保护儿童的合法权益,是培养和造就社会主义事业接班人的需要,也是巩固和发展社会主义婚姻家庭制度的重要内容。

2.保护儿童合法权益的充分体现

首先,在婚姻法上得到充分体现。《婚姻法》第21条至第29条、第36条等规定了,父母对子女的抚养义务,有保护和教育未成年子女的权利和义务,在未成年子女对国家、集体或他人造成损害时,父母有承担民事责任的义务。禁止溺婴、弃婴和其他残害婴儿的行为。

其次,在未成年人权益保护法上得到更为具体而充分的体现。《未成年人保护法》集中体现了对儿童权益的保护,规定了父母或其他监护人必须履行抚养和监护职责,不得虐待和遗弃未成年人,必须保障未成年人享有接受义务教育的权利,不得迫使未成年人结婚,非婚生子女享有与婚生子女同等的权利,未成年人继承权和财产权受法律保护等。

(三)保护老人的合法权益

1.保护老人权益的必要性

保护老人的合法权益是 1980 年《婚姻法》对 1950 年《婚姻法》在基本原则方面的重要补充,之所以在新的历史时期确立保护老人合法权益的原则,其必要性体现在:

首先,随着老龄化社会的到来,老龄人口不断增多,敬重老人是中华民族的优良传统,是人们的道德准则,需要法律加以规范。

其次,由于我国生产力水平的限制,国家和社会对老年人的物质帮助还不能完全取代家庭成员对老人的赡养,传统的家庭养老模式仍将持续相当长一段时间,法律上必须强化家庭养老的保障职能。

最后,现实中存在一些侵犯老人人身权和财产权的问题,对侵犯老人合法权益的行为,必须通过有效的法律手段加以防范、处理和制裁。

2.保护老人权益的充分体现

首先,在宪法上的体现。《宪法》第 49 条规定:"成年子女有赡养扶助父母的义务","禁止虐待老人"。

其次,在婚姻法上的体现。《婚姻法》总则中将保护老人合法权益作为基本原则加以规定,在家庭关系中老人的权益给予周密的保护,如规定子女不履行赡养义务的,无劳动能力或生活困难的父母,有要求子女付给赡养费的权利。

最后,在老年人权益保障法上的体现。《老年人权益保障法》规定,老年人养老主要依靠家庭,家庭成员应当关心和照料老人,应当履行对老年人经济上供养,生活上照料和精神慰藉的义务。

总之,保护妇女、儿童和老人的合法权益是我国婚姻法的一项重要原则,是我国社会主义婚姻家庭制度的本质反映。在现实条件下,要实现男女平等、保证家庭幸福、稳定、和谐,就必须贯彻这一原则,以强化对家庭生活中弱者的权益保护。

（四）禁止家庭暴力

最高人民法院《关于适用〈中华人民共和国婚姻法〉若干问题的解释（一）》第1条规定："家庭暴力是指行为人以殴打、捆绑、残害、强行限制人身自由或其他手段，给家庭成员的身体、精神等方面造成一定伤害后果的行为。"根据该司法解释，其构成要件为：

第一，家庭暴力受害者发生在夫妻之间以及家庭成员之间；

第二，家庭暴力的客体范围局限于身体暴力，对语言暴力、精神暴力等没有界定；

第三，强调家庭成员受害者应在身体、精神存在伤害后果的，才构成家庭暴力。

我们认为，目前司法解释对家庭暴力采用狭义解释，事实上，家庭暴力除了身体暴力外，还有精神暴力和性暴力；除了热暴力外，还有冷暴力。

对于家庭暴力的界定即不能过于宽泛，也不能过于狭隘。过于狭隘不利于家庭成员人身权利的保护，过于宽泛会给家庭生活带来某种负面的影响。家庭生活是人们的私生活，在防治家庭暴力问题上，要处理好隐私权和知情权的关系，公权力介入的程度和方式应适度把握，妥善处理。

2015年12月27日第十二届全国人民代表大会常务委员会第十八次会议通过，2016年3月1日起施行的《反家庭暴力法》，对家庭暴力的预防、处置、人身安全保护令及法律责任等问题作了全面而详细的规定，对预防和制止家庭暴力起到了很好的作用。

（五）禁止家庭成员间的虐待和遗弃

虐待，是指以作为或不作为的形式，对家庭成员歧视、折磨、摧残，使其在精神上、肉体上遭受损害的违法行为，如打骂、恐吓、冻饿、患病不予治疗、限制人身自由等。经常性的殴打，既是家庭暴力行为，也是虐待行为；但一次性的重伤，属于家庭暴力但不属于虐待。

遗弃，是指家庭成员中负有赡养、扶养、抚养义务的一方，对需要赡养、扶养、抚养的另一方，不履行其应尽义务的违法行为。如父母不抚养未成年子女、成年子女不赡养年老父母、配偶不履行扶养对方义务等。遗弃以不作为形式出现，应为而不为，致使被遗弃人的权益受到侵害。

在现实生活中，家庭暴力、虐待、遗弃等违法行为的情节和后果各不相同，处理时应区别对待。婚姻法规定，家庭暴力、虐待和遗弃家庭成员的可作为离婚的法定事由提出，离婚时受害方有权请求损害赔偿。

五、计划生育原则

(一)计划生育的概念

计划生育是指有计划地调节人口增长速度,提高人口质量。在保证人口质量的基础上提高或降低人口增长率,对人们的生育行为和结果实行计划化,做好有计划地生育子女。

家庭是人口再生产的单位,婚姻是人口再生产的社会形式。计划生育既是基本国策,又是家庭的责任和夫妻的义务。《婚姻法》第16条规定,夫妻双方都有实行计划生育的义务。

(二)计划生育的意义

计划生育的必要性和意义在于:

第一,计划生育是物质资料生产和人口生产必须保持一定比例的客观规律的要求。实行计划生育,调节人口增长速度,保持其与有限的物质资料生产适当的比例,是保障社会稳定和发展的必要条件。

第二,实行计划生育是我国国情的需要。2002年9月1日起施行的《中华人民共和国人口与计划生育法》,为推行计划生育提供了有效的法律保障。

第三,实行计划生育是减轻家庭负担,提高人口素质、健康水平的需要。计划生育既有利于父母,尤其是母亲的健康及其事业的发展,又有利于子女的健康成长,关系到人口素质的提高,中华民族的兴旺与繁荣。

(三)计划生育的基本要求

我国《宪法》第25条、第49条第2款分别规定了国家推行计划生育,使人口增长同经济社会发展计划相适应。30多年来,经过政府和全国人民的共同努力,计划生育取得了明显的成绩,有效地控制了人口的增长速度,缓解了人口压力。

在经历了迅速地从高生育率到低生育率的转变之后,我国人口的主要矛盾已经不再是增长过快,而是人口红利消失、临近超低生育率水平、人口老龄化、出生性别比失调等问题。国内人口学专家指出,我国人口政策亟待转向,尤其是生育政策应该调整。2015年12月27日,第十二届全国人民代表大会常务委员会第十八次会议通过《关于修改〈中华人民共和国人口和计划生育法〉的决定》,明确规定"国家提倡一对夫妻生育两个孩子",并对奖励与保障等配套制度做了调整和完善,实施了36年的独生子女政策宣告结束。

六、家庭成员间相互关系的原则性规定

（一）夫妻应当相互忠实、相互尊重

婚姻是家庭的重要基础和前提，以婚姻缔结而形成的夫妻关系是家庭关系的核心，夫妻互相忠实、互相尊重，是男女平等原则的必然要求，是夫妻之间互敬互爱的思想基础，是建立和维护平等、和睦、文明的婚姻家庭关系的不可缺少的基本条件。

1.夫妻应当相互忠实

夫妻应当相互忠实，是一夫一妻制婚姻家庭制度本质的必然要求，反映了社会伦理道德观念。这体现在两个方面：

一是夫妻间性生活的专一性，这是性爱排他性的自然属性在夫妻生活中的体现。要求夫妻双方对对方负有性生活的贞操义务，不允许与对方之外的异性有性爱关系。否则，视为对对方的背叛，即严重伤害夫妻感情，以此，无过错方可以作为提出离婚的法定条件，并可请求对方承担离婚损害赔偿责任。如双方就忠实义务履行签订的协议，其条款内容只要不违反相关法律的规定，应属有效。

二是夫妻间应当忠实无私，坦诚相见，不得恶意欺骗对方，损害对方的感情和利益。

2.夫妻应当互相尊重

夫妻应当互相尊重，是指夫妻在婚姻家庭生活中地位平等，享有平等的权利，承担平等的义务。夫妻是家庭的核心成员，互相尊重应当贯穿于婚姻家庭生活的各个方面。在思想感情上应当互相体贴、互相谅解；在生活工作上要互相帮助、互相照顾；在赡养老人、抚养子女等方面要共同关心、通力合作；在家庭理财、家务管理等方面要互相协商、相互尊重。

（二）家庭成员间应当敬老爱幼、互相帮助

1.家庭成员间应当敬老爱幼

敬老爱幼是我国人民的传统美德，在家庭关系中晚辈成员对长辈成员应当予以尊敬，使其愉悦的安度晚年；长辈成员对晚辈成员应当予以爱护，使其健康茁壮成长。敬老爱幼是保护儿童、老人合法权益原则在家庭生活中的具体体现，保护儿童、老人合法权益是法律的基本要求，而敬老爱幼则是建设社会主义精神文明家庭的更高层次要求，是构建和谐家庭的需要。

2.家庭成员间应当互相帮助

家庭成员间存在婚姻关系和血缘关系,同居一家、共同生活,在思想、生活、经济等方面应当互相关心和帮助,这是家庭的教育职能、经济职能、相互扶助职能的体现,这种帮助是来自其他方面的帮助所无法替代的。家庭成员间相互帮助、地位平等、关系和睦,家庭是社会的最基本生活单位,是构建和谐社会的重要基础。

第三节　经典案例分析与探讨

专题讨论一　彩礼的认定及返还

一、问题提出

彩礼,中国旧时婚礼程序之一,又称财礼、聘礼、聘财等,一般为结婚的时候男方给女方的钱或物。我国自古以来婚姻的缔结,就有男方在婚姻约定初步达成时向女方赠送聘金、聘礼的习俗,这种聘金、聘礼俗称"彩礼"。

最高人民法院《关于适用〈中华人民共和国婚姻法〉若干问题的解释(二)》(以下简称《婚姻法解释(二)》第10条规定,按照习俗给付的彩礼,属于返还的标的。那么,婚前男方赠与给女方的财物是否都属于彩礼;婚约解除后,应否予以返还;全部返还还是部分返还?

【案情】翟某与高某(女)经人介绍认识恋爱,于2011年7月订婚。订婚当天高某收取翟某彩礼98000元。2012年3月,双方举办婚礼,但未登记结婚,亦未生育。婚礼次日,高某即离开翟某家,前往苏州打工。后双方发生矛盾,未同居生活。翟某多次要求高某返还彩礼未果,遂向法院提起诉讼,要求高某全额返还彩礼。[①]

[法院判决]海门法院考虑到双方曾共同生活并举行婚姻等实际情况,酌情判决高某返还65000元。

---

① 《南通市发布婚姻家庭典型案例》,载《江苏法制报》2014年3月11日。

二、理论探讨

(一)彩礼的界定

根据相关司法解释对彩礼的界定为,彩礼就是按照地方习俗,婚前男方给予女方或女方父母的财物。《上海市高级人民法院关于适用最高人民法院婚姻法司法解释(二)若干问题的解答(一)》对彩礼的概念做了具体化的解释,即彩礼具有严格的针对性,必须是基于当地的风俗习惯,为了最终缔结婚姻关系,不得已而为给付的,其具有明显的习俗性。如何界定"按照习俗给付的彩礼",根据我国的实际情况,可从以下几个方面进行考量:

1.该地区是否有给付彩礼的习俗

有给付彩礼的习俗,是认定彩礼的前提。根据双方或收受财物一方所在地的实际情况,确定是否存在给付彩礼方能缔结婚姻关系的风俗习惯。如一方按当地风俗,通过媒人等中间人给付另一方的财物,一般应认定为"按习俗给付彩礼"。因此,主张返还彩礼一方,应举证证明其给付的财物为按当地结婚习俗而给付。

2.给付的目的是否为缔结婚姻

在现实生活中,男方婚前给付女方财物的情形比较普遍,但就其给付财物的直接目的而言,有所不同。有的男方给付女方财物的目的是确立恋爱关系;有的男方给付女方财物的目的是维持恋爱关系、增进感情;有的男方给付女方财物的目的则仅仅为与女方发生一夜情等。显然,在上述情形中,男方给付时均不是以结婚为给付财物的直接目的,也不是基于当地结婚习俗所为的给付。因此,如果男方给付财物时的直接目的与婚姻无关,则不应认定为彩礼。

3.给付财物的价值大小

彩礼一般为数额较大的金钱或者价值较高的实物,包括现金、首饰等贵重物品。如果男方婚前给付的仅是数额较小的"见面礼""过节礼",或者价值较小的饰物、衣物等,一般均不宜认定为彩礼。至于应当达到多大的数额或者多高的价值,可以结合当地的经济状况,尤其是男方自身经济条件酌情确定。

(二)解决彩礼纠纷的法律依据

我国法律就人民法院审理因婚约引起的彩礼纠纷,作如下规定:

1.1993年《关于人民法院审理离婚案件处理财产分割问题的若干具体意见》第19条规定:"借婚姻关系索取的财物,离婚时,如结婚时间不长,或者因索要财物造成对方生活困难的,可酌情返还。对取得财物的性质是索取还是赠与难以认定的,可按赠与处理。"

2.2004年《最高人民法院关于适用〈中华人民共和国婚姻法〉若干问题的解释(二)》第10条规定:"当事人请求返还按照习俗给付彩礼的,如果查明属于以下情形,人民法院应当予以支持:(一)双方未办理结婚登记手续的;(二)双方办理结婚登记手续但确未共同生活的;(三)婚前给付并导致给付人生活困难的。适用前款第(二)、(三)项的规定,应当以双方离婚为条件。"

对该司法解释,最高人民法院民一庭高级法官认为:"该条规定本意是为了解决广大农村地区普遍存在的彩礼问题,实践中不能任意扩大适用的范围。在经济、文化相对发达的城市中,一方以结婚为目的赠与对方财物的,应从附条件赠与的角度考虑,不能适用上述有关彩礼的司法解释的规定。"①

3.2011年《全国民事审判工作会议纪要》第50条规定:"婚约财产纠纷案件中,当事人请求返还以结婚为条件而给付的彩礼,如果未婚男女双方确已共同生活但最终未登记结婚,人民法院可以根据双方共同生活的时间、彩礼数额并结合当地农村的风俗习惯等因素,确定是否返还及返还数额。"《婚姻法解释(二)》第10条第1款第(1)项规定针对的是双方并未共同生活的情形。

(三)解决彩礼纠纷的理论依据

婚约解除时,针对彩礼返还之法律理论依据,目前有两种解说:

一是订婚时男女双方自愿赠与对方财物的行为为附条件的民事赠与行为,其生效条件是婚姻的缔结。若婚约解除,缔结婚姻目的丧失,条件没有成就,该赠与合同当然无效,订婚赠与物理应返还。如《法国民法典》规定:"为婚姻之利益进行的任何赠与,如该婚姻并未成就,赠与即失去效果。"

二是婚姻缔结中止,各婚约人依不当得利返还对方赠与物,包括第三人所赠物品。如《德国民法典》规定:"如果婚姻未成,则每一方订婚人皆可依照关于返还不当得利的规定而要求对方返还所赠礼物或作为订婚标志所给之物。在订婚因一方订婚人死亡而解除的情形,倘有疑义,推定返还请求被排除。"该法典同时规定请求权时效为两年,自解除订婚之时开始。《瑞士民法典》规定:"婚约双方的赠与物,在解除婚约时可请求返还。如赠与物已不存在,可依照返还不当得利的规定办理。"

---

① 最高人民法院法官:《婚姻家庭纠纷审判热点、难点18个问答》,转引自《民事法律文件解读》,载"家事法苑"微信公众号,2018年3月9日。

我们更赞同第二种观点①。婚约解除时,当事人双方负有相互返还赠与物之义务,但已消耗之物、已支出的费用(宴请费、旅游费等)不在返还之列,请求赠与物返还之诉讼时效与普通诉讼时效一致,为三年。

(四)彩礼的返还及返还范围

至于彩礼的返还,及酌情返还范围,要根据已给付彩礼的实际使用情况,考虑双方在共同生活中是否发生了必要的消耗,是否为筹办婚事支付了必要的费用等,在此基础上予以适当返还。在实际生活中,给付的彩礼可能已经用于购置双方共同生活的物品,事实上已经转化为双方的共同财产,或者已在双方的共同生活中消耗。故在处理方式上应当灵活把握,真正体现公平原则。具体分析如下:

1.返还主体

在现实生活中,彩礼给付与收受的实际主体除了缔结婚姻的男女双方外,还包括双方的父母或者其他近亲属。那么,在彩礼返还之诉中,哪些人应当列为诉讼主体。由于离婚案件涉及男女双方以及子女的人身权利,涉及双方当事人的隐私,所以,一般情况下,离婚案件不存在无独立请求权的第三人;而且,彩礼的给付实际上也是以男女双方为利益对象或者代表的。因此,彩礼的返还的诉讼主体原则上为登记结婚的男女双方,但如果双方尚未结婚,也可将彩礼的实际给付人和实际收受人列为诉讼主体,为共同原告或共同被告。

2.返还标准

彩礼应当全部返还,还是酌情部分返还,应当根据我国相关法律规定,结合实际情况而定。

(1)双方未办理结婚登记手续的情形

彩礼与婚姻有关,给付彩礼的目的是缔结婚姻。如果收受了彩礼却未能办理结婚登记手续,结婚目的无法实现的,理应予以返还。至于返还的具体数额,则应区分未婚男女双方是否共同生活而定。如果未婚男女双方未共同生活,则应依据《婚姻法解释(二)》第10条的规定,可以主张全部返还;如果未婚男女双方确已共同生活,那么,就应当根据双方共同生活的时间、彩礼数额,并结合当地的风俗习惯等因素,确定是否返还及返还的数额。

---

① 笔者赞成以不当得利之规定请求赠与物返还。参见史尚宽:《亲属法论》,中国政法大学出版社2000年版,第158~164页。

（2）双方已办理结婚登记手续的情形

根据《婚姻法解释（二）》第10条的规定，双方已办理结婚登记手续，仍应返还彩礼的有两种情形：

一是双方办理结婚登记手续但确未共同生活的。双方已办理结婚登记手续，说明双方当事人之间的婚姻关系已为法律所认可并保护。男方给付彩礼所追求的结婚目的也已经实现。因此，原则上，男女双方结婚后，不存在退还彩礼的问题。但现实生活中，确实存在只有婚姻之名，并无婚姻之实的情形。显然，这也不是男方给付彩礼所期望得到的结果。《婚姻法解释（二）》第10条第2款将其纳入可返还彩礼的情形。那么，返还彩礼的数额又将如何确定？由于在现实生活中，相较于办理结婚登记手续，给付彩礼的男方更看重的是建立家庭、共同生活。因此，返还彩礼的数额可以根据彩礼的数额，已办理结婚登记手续的时间长短，未共同生活是否有正当事由，及当地的风俗习惯等因素，确定返还数额。

二是婚前给付并导致给付人生活困难的。《婚姻法解释（二）》第10条第3规定"婚前给付并导致给付人生活困难的"，应当返还彩礼。如何理解"生活困难"，有的认为："生活困难"是一种相对困难，即因彩礼的给付使得给付人的生活与给付之前发生巨大变化，相对于原来的生活条件而言，生活变得相对困难的，即使双方结婚后又离婚的，也应当返还彩礼。有的认为："生活困难"是一种绝对困难，即以因彩礼的给付导致给付人无法维持当地最基本生活水平为前提。最高人民法院《关于适用〈中华人民共和国婚姻法〉若干问题的解释（一）》第27条规定中的"一方生活困难"解释为"依照个人财产和离婚时分得的财产无法维持当地基本生活水平"，故从婚姻法的立法原意上看，《婚姻法解释（二）》第10条所规定的"生活困难"，应属绝对困难。城镇居民可考虑参照其收入是否低于最低生活保障标准确定，相应的，退回彩礼的具体数额一般也以达到维持当地基本生活水平为准。

（3）当事人是否有过错

在男方要求解除婚约或离婚的情形下，返还彩礼的数额依据男方是否有正当理由处理：如男方有正当理由（例如女方隐瞒不宜结婚的疾病），可考虑全额返还；如男方无正当理由，适当减少。

在女方要求解除婚约或离婚的情形下，返还彩礼的数额依据女方是否有正当理由处理：如女方有正当理由（例如男方有出轨行为），可考虑适当减少或不退还；如女方无正当理由，可考虑全额返还。双方均有过错的，确定返还彩礼的数额时应比较双方的过错大小，一方过错明显大于另一方的，可适当增加或减少返还的数额。

当然,对于婚约解除时,一方违法行为造成他方财产和精神损失的,应承担损害赔偿责任。即婚约当事人一方违反善良风俗习惯和相关法律规定,故意侵害他方人身及财产权利,如,利用婚约骗取他人钱财侵害对方当事人财产权;利用婚约毁损对方当事人名誉权、隐私权、贞操权等行为,依照相关法律规定,承担侵权损害赔偿责任,包括物质和精神损害赔偿责任,请求损害赔偿时效与人身伤害损害赔偿诉讼时效一致,为一年。如侵权人行为触犯刑律的还可追究其刑事责任。

三、案例评析

翟某与高某双方虽举行婚礼,但未登记结婚,婚后未同居生活。根据《婚姻法解释(二)》第 10 条的规定,当事人请求返还按照习俗给付的彩礼的,如果查明属于双方未办理结婚登记手续的,人民法院应当予以支持。及 2011 年《全国民事审判工作会议纪要》第 50 条规定在婚约财产纠纷案件中,当事人请求返还以结婚为条件而给付的彩礼,如果未婚男女双方确已共同生活但最终未登记结婚,人民法院可以根据双方共同生活的时间、彩礼数额并结合当地农村的风俗习惯等因素,确定是否返还及返还数额。

高某收取翟某彩礼 98000 元,南通市海门区法院判决高某酌情返还65000 元彩礼。笔者认为返还数额偏低,因为翟某与高某举行婚礼后并未同居生活,根据上述法律规定,应当予以全额返还,或绝大多数返还为妥。主要是鉴于目前我国社会经济发展不平衡的现状,广大农村地区多年来存在的给付彩礼的风俗习惯,有的人家为了娶妻送彩礼而债台高筑,在结婚不成的情况下不予返还彩礼显然是很不公平的。

专题讨论二 《反家庭暴力法》——人身安全保护令的法律思考

一、问题提出

2016 年 3 月 1 日《中华人民共和国反家庭暴力法》开始实施,这是一部预防和制止家庭暴力的专门法,在中国反家暴法制化进程中具有里程碑意义。2017 年 3 月 16 日中国商报在第 P06 版刊登了《反家庭暴力法实施一周年最高院发布十大反家庭暴力典型案例》,十大典型案例中包含了九例都是申请人身保护令案。

【案例一】同居者申请人身安全保护令

申请人刘某(女)与被申请人李某自 2011 年 11 月开始同居生活,共同居住在刘某的廉租房内,双方未办理结婚登记。同居生活期间,李某经常对刘某实施殴打、威胁、跟踪、骚扰行为,并以刘某家属生命安全相威胁。为此,刘某多次向派出所、妇联等相关部门反映情况,寻求保护,相关部门多次组织双方调解并对李某进行批评教育,但李某仍未改变。2016 年,李某借由对刘某发脾气,数次酒后殴打刘某。同年 4 月,李某再次对刘某进行殴打,并持菜刀砍伤刘某。2016 年 9 月 12 日,刘某向重庆市城口县人民法院申请人身安全保护令。

[法院裁决]禁止李某实施家庭暴力;禁止李某骚扰跟踪、接触刘某及其近亲属;责令李某迁出刘某的住所。

【案例二】老人申请人身安全保护令

申请人陈某某、泮某某系夫妻,与被申请人陈某伟(二申请人之子)共同居住。2015 年 3 月 18 日晚,陈某伟殴打陈某某致其头部及身体多处软组织挫伤。2016 年 5 月 15 日上午,陈某伟打击陈某某头部,泮某某上前劝阻时倒地,此事致陈某某左肩胛骨挫伤,泮某某右侧肋骨骨折。2016 年 7 月 7 日,陈某某、泮某某向浙江省仙居县人民法院申请人身安全保护令,要求禁止陈某伟实施家庭暴力并责令陈某伟搬出居所。仙居县法院经审查认为,陈某某、泮某某的申请符合反家庭暴立法规定的发出人身安全保护令的条件。

[法院裁决]禁止陈某伟对陈某某、泮某某实施家庭暴力。

二、理论探讨

(一)相关概念界定

1.家庭暴力

家庭暴力是指家庭成员之间以殴打、捆绑、残害、限制人身自由以及经常性谩骂、恐吓等方式实施的身体、精神等侵害行为。

2.家庭成员

家庭成员包括配偶、父母、子女、公婆、岳父母、儿媳、女婿、兄弟姐妹、祖父母、外祖父母、孙子女、外孙子女。同时,建议具有同居关系、前配偶关系及家庭寄养关系的人员之间的暴力行为,应当列入家庭暴力行为中。

3.家庭暴力行为

暴力行为包括损害身体、精神、性的暴力行为。包括但不限于:实施或威胁实施身体上的侵害,以及限制受害人人身自由的行为;以恐吓、侮辱、谩骂、诽谤等方式造成受害人精神损害的行为;实施或威胁实施性暴力及其他违背受害人意愿的性行为的行为;其他损害家庭成员身体、精神、性的行为。[①]

4. 人身安全保护令

人身安全保护令是法院根据《反家庭暴力法》的规定,对因遭受家庭暴力或者面临家庭暴力的现实危险的受害者,以裁定的形式作出的人身安全保护令。即国家公权力介入,在施暴者和受害者之间设立的一个法律保护伞,将施暴者阻拦在"够不着"受害人的地方,预防家暴的发生或者再次发生。

人身安全保护令可以采取以下措施:禁止被申请人实施家庭暴力;禁止被申请人骚扰、跟踪、接触申请人及其相关近亲属;责令被申请人迁出申请人住所;以及保护申请人人身安全的其他措施。

(二)对现行人身安全保护令制度存在问题的思考

1. 申请主体和被保护主体

申请主体责任不明确。《反家庭暴力法》第 23 条第 2 款规定,当事人是无民事行为能力人、限制民事行为能力人,或者因受到强制、威吓等原因无法申请人身安全保护令的,其近亲属、公安机关、妇女联合会、居民委员会、村民委员会、救助管理机构可以代为申请。代为申请人主体责任不明确,容易相互推诿,起不到应有的作用。

被保护主体范围不具体。《反家庭暴力法》第 37 条规定,家庭成员以外共同生活的人之间实施的暴力行为,参照本法规定执行。如案例一,同居者申请人身安全保护令,是否应当受到法律的保护,是否属于参照本法规定的范畴。建议在法律实施意见中,以列举性规定将同居关系、前配偶关系、寄养关系纳入准用条款范畴,将他们之间发生的暴力行为视为家庭暴力行为,进行延伸保护。

2. 保护令的执行条件

一是保护令的执行主体缺失,《反家庭暴力法》对保护令的执行规定不是特别明确,造成实践中的理解和做法不一致,而且在实践中保护令执行难的问题突出,公安在保护令执行中的角色不清晰。

二是提供证明的标准不明确,人身保护令如何举证在《反家庭暴力法》中

---

① 夏吟兰:《论我国家庭暴力概念——以反家庭暴力法(征求意见稿)为分析对象》,载《中华女子学院学报》2015 年第 2 期。

并未明确规定,法官在调取证据时的意见不尽相同,尤其是基层法官对保护令问题的理解也不一致。建议进一步明确申请保护令所要求的受害证明条件,并降低受害人申请保护令所要提供的证据标准。

三是保护令的具体内容和流程不够规范,如保护令中是否应该加上财产内容,像必要的抚养费、扶养费、医疗费、房租等;在分居期间甚至离婚判决后是否还可以申请保护令;紧急状态下人身保护令的签发是否只能由公安机关来签发以保证及时性;是否应扩大申请主体的范围,加大处罚力度等。

3.告诫书的发放

一是告诫书的发放不及时。一些公安机关人员对告诫书的发放与实施理解不足,对家暴案件的处理相对比较消极,也反映了政府公权力对家庭暴力案件干预的基本态度,即按一般采取家庭纠纷进行调解,在实践中极少有施暴者因家庭暴力被采取拘留等强制措施的。而且对家暴受害人在处理施暴人的态度时顾虑很大,害怕因为对施暴人进行处理而影响其夫妻关系。

二是缺乏家暴信息采集和统计,警察介入、干预家庭暴力治安案件的审查与处理程序不够细致和清晰,缺乏针对家暴的信息收集和统计系统。

三是缺乏统一的告诫书文书格式,目前的告诫文书内容还有待完善,应包括加害人的身份信息、家庭暴力的事实陈述、禁止家庭暴力、违反后的法律责任等内容。

四是缺乏有效的法律责任,在执行监督方面,公安告诫书是一种相对温和的干预措施,只警示监督施暴者不得再次实施家庭暴力行为,但对加害人继续实施家庭暴力没有相应的惩罚措施。

4.庇护工作

一是管理职责不明确,在庇护管理上运营、人员、经费方面都存在瓶颈,如当前政府的庇护机构主要由救助站兼管,工作权责不明、缺乏专门的人员编制、专业人才不足,没有专项经费的扶持。

二是庇护服务不到位。从庇护服务来看,救助站的工作原则与庇护的理念有所冲突,入住标准要求较高,需要妇联、公安部门转介或是由公安机关、妇联护送。庇护服务多数是临时紧急救助,无法满足受害人在入住时间上的要求。救助站的工作人员大部分为男性,无法为受暴妇女提供比较到位的服务。

5.强制报告制度

《反家庭暴力法》第14条规定:"学校、幼儿园、医疗机构、居民委员会、村民委员会、社会工作服务机构、救助管理机构、福利机构及其工作人员在工作中发现无民事行为能力人、限制民事行为能力人遭受或者疑似遭受家庭暴力的,应当及时向公安机关报案。"目前,我国强制报告制度尚未落实,如对遭受家暴的未成年人的强制报案制度、对受害人的法律援助以及对施暴监护人申请撤销监护资格等。由于强制报案、监护权撤销制度相对是比较新的机制,而且没有像告诫制度和人身安全保护令的宣传力度那么大,媒体的关注度也不高,所以这些制度还没有得到应有的重视,这些方面的工作基本未能有效启动。

6.经费支持与信息收集统计机制

《反家庭暴力法》明确规定各级政府给予必要的经费保障是立法的进步,但各部门普遍存在没有专门经费支持的情况。此外,基层基本上都没有建立家暴案件的信息统计制度,这样不利于评估和全面了解家暴状况,也不利于多机构协同干预家暴工作的开展。

三、完善人身安全保护令制度的建议

1.推进国家层面及地方性反家暴法实施细则的制定。特别是要完善家庭暴力的定义,将性暴力和经济控制纳入家暴的具体表现形式,将前配偶间发生的暴力行为认定为家庭暴力行为。

2.建立多机构协同干预家庭暴力的机制,开展家事审判改革并将反家暴的内容纳入家事审判诉讼中。

3.加强各个层面反家暴法的宣传和培训,提高公众意识和执法人员对反家暴法的理解和运用能力;培育和鼓励专业性社会组织参与反家暴工作,加强专业服务的力量;同时,要加大反家暴工作的经费支持和人力支持。

专题讨论三　夫妻忠诚协议法律性质及效力认定问题

一、问题提出

我国《婚姻法》第 4 条规定:"夫妻应当互相忠实,互相尊重;家庭成员间应当敬老爱幼,互相帮助,维护平等、和睦、文明的婚姻家庭关系。"2001 年《婚姻法》修正案第一次将夫妻间的忠实义务作为倡导性原则纳入法律,但没有明确"忠诚协议"的法律性质,因此,在实务中法院对"夫妻忠诚协议"的态度并不统一,有的承认协议有效,有的却否认协议的效力。那么,"夫妻忠实协议"的法律性质及效力该如何认定。

【案例一】王女士 2005 年 8 月份通过网络认识了丈夫车先生,两人于

2006 年 5 月领取结婚证。可婚后王女士却发现,丈夫车某与女子谢某交往甚密。经过几次争吵,2006 年 12 月,夫妻签订了一份忠诚协议,双方约定,如果丈夫车某继续与谢某交往,则家中所有财产包括房产都归王女士所有。可是,忠诚协议签订半年后,丈夫车某又与谢某外出旅游。王女士发现后,随即将丈夫车某诉至法院,请求离婚,并要求判决车某名下的房产归自己所有。

[一审判决]法院经审理后认定,车某在婚姻期间承诺不与婚外异性联系,但未能遵守,因此按照承诺,车某在北京市昌平区的某处房产应归王女士所有。对此判决,车某不服,上诉至北京市第一中级人民法院。

[二审判决]二审法院判决维持原判。

【案例二】2011 年 4 月,镇江新区女子王某发现丈夫马某与另一女子李某有暧昧关系,出于对今后家庭的考虑,王某向马某提议签订一份《夫妻忠诚协议》。经双方自愿平等协商,在协议中约定:夫妻双方应当相互忠诚,洁身自好,若一方在婚姻期间背叛对方与他人发生婚外情,必须支付另一方 25 万元的补偿金。2014 年 2 月,王某在自己家中发现了马某与李某的不轨行为。悲愤之下,王某起诉至镇江经济开发区法院,在诉请离婚的同时,还要求马某按照夫妻"忠诚协议"的约定,补偿自己 25 万元。

[法院调解]双方解除夫妻关系,马某赔偿王某 20 万。①

【案例三】张男与李女两个人自由恋爱后于 2008 年 10 月 1 日登记结婚。2009 年 8 月 3 日,张男和李女双方签订了《夫妻忠诚协议》,约定"夫妻俩相互信任忠诚于对方,如果张男不忠诚于李女、不忠诚于家庭,不管任何一方提出离婚,张男将赔偿李女精神损失费人民币 100 万元"。

2010 年夏季,张男与一女网友在见面时发生性关系,后来被李女知道了。为保证与该女断绝关系,张男向李女出具了保证书一份。2011 年 10 月,张男以双方感情破裂为由向日照经济技术开发区法院提出离婚诉讼,李女同意离婚,但是要求张男按照《夫妻忠诚协议》的约定赔偿 100 万元。

[法院判决]法院经审理认为,在婚姻法及其他民事法律规定中,只是对家庭财产规定可以进行约定,对夫妻之间的忠诚义务未规定可以采用约定的制度,夫妻之间签订忠诚协议,缺乏相应的法律依据。据此,2012 年 2 月 10 日,开发区法院经审理后判决,张男和李女签订的《夫妻忠诚协议》无法律依据,对

---

① 《镇江一对夫妻签"忠诚协议"谁出轨谁赔对方 25 万》,载《扬子晚报》2015 年 8 月 9 日。

李女的主张不予支持。①

以上三个案例,有法院判决离婚的,也有经法院调解,当事人双方达成协议离婚的。但从裁判结果上看,对于《夫妻忠实协议》有的法院认可其效力,予以支持;有的则不认可其效力,不予支持。

二、理论探讨

(一)夫妻忠实协议的界定

"夫妻忠实协议"是指男女双方在婚前或婚后,自愿签订的有关在婚姻关系存续期间夫妻双方恪守婚姻法所倡导的夫妻之间互相忠实的义务,以保证在婚姻关系存续期间夫妻双方不违反夫妻忠实义务为目的的,以违约金或赔偿金为责任形式的有关人身关系的协议。

从我国现行的立法来看,夫妻的忠实义务已为婚姻法所涵盖。《婚姻法》第46条规定:"有下列情形之一,导致离婚的,无过错方有权请求损害赔偿:……2.有配偶者与他人同居的;……"该条的目的在于对配偶权侵害的,受害者在离婚时可以主张损害赔偿,虽只列举了四项离婚损害赔偿情形,但可通过法律解释的方法,对违反"忠诚协议"的赔偿提供了参考。

(二)夫妻忠实协议的法律性质及效力

1.夫妻忠实协议的法律性质

夫妻"忠诚协议"不属于合同法意义上的合同。《合同法》第2条第1款规定:"本法所称合同是平等主体的自然人、法人、其他组织之间设立、变更、终止民事权利义务关系的协议。"该条规定的"民事权利义务",是对《民法总则》所规定的"民事关系"的具体化,即仅指债权合同。由此,《夫妻忠诚协议》不是合同法意义上的协议。

夫妻忠诚协议与人身关系有关,并以人身关系解除为前提。司法实践中的夫妻忠诚协议,多是以提起夫妻离婚诉讼为前提的。法院在判决支持夫妻不忠的赔偿款时,也是基于"判决准予离婚"为前提的。可见,夫妻忠实协议与人身关系有关,并以人身关系解除为前提。

2.夫妻忠实协议的效力

夫妻忠诚协议和一般民事协议并不相同,忠诚协议是否有效,还需依据忠

---

① 朱先勇:《从一则案例谈"夫妻忠诚协议"的是与非》,http://www.110.com/ziliao/article-542190.html,下载日期:2018年3月17日。

诚协议涉及的人身关系和财产关系的具体内容进行具体分析。一般情况下：

（1）双方约定或一方保证夫妻之间相互忠诚的约定或承诺，性质上属于民事法律行为，可以适用《民法通则》《婚姻法》确认其有效性。在不损害社会公众利益、第三人合法权益，不影响对未成年子女的抚养监护，不影响双方行使其他权利的单纯性的夫妻忠诚的约定的承诺，应当是合法、有效的。

（2）但对于涉及人身关系的约定，如"不得离婚，如离婚需放弃对未成年子女监护权"等约定，因违反法律强制性规定而无效。对于因履行"夫妻忠实义务"，支付巨额精神赔偿费等导致过错方无力支付未成年子女的抚养费的，损害未成年子女合法权益的，该部分约定的内容应属无效。

（3）对违反忠实义务的"损失费""赔偿款"等精神损害赔偿费，如符合《婚姻法》第46条规定的，比照《婚姻法》第46条进行处理，如不符合该规定的，不应予以支持。

三、案例评析与理论延伸

我国法律在"夫妻忠实义务"规定后，2002年上海闵行区人民法院审理了第一起忠诚协议案例，该案例刊登在2003年1月的《人民法院报》上，一审法院判决认定协议有效，并判令违约方按照约定支付违约金30万元，后违约方不服一审判决，上诉至上海市第二中级人民法院，但在上诉期间，上诉人与被上诉人握手言和，违约方向守约方支付25万元，最终使得夫妻忠诚协议是否有效，没有得到上海市第二中级人民法院的认可或否定，由此，在实务中产生了模糊观点。具体分析如下：

1.认为忠诚协议受法律保护

如案例一，法院认为：夫妻忠实义务是婚姻关系最本质的要求，是关系到婚姻关系是否稳定的关键。《婚姻法》允许夫妻双方可以自己约定财产的处理方式，拥有对财产的处理权，双方的协议符合法律的规定。同时，《婚姻法》第46条及相关司法解释明确规定，对于违反夫妻忠诚义务，无过错方可以主张损害赔偿。从法律解释学的角度来看，忠诚义务应为法定义务，双方自愿签订的忠诚协议，没有违反法律法规的强制性规定，没有损害他人的合法权益和社会公共利益，且有利于维护婚姻关系的和谐稳定，应属有效。同时，从《婚姻法》的立法精神来看，夫妻双方签订的忠诚协议属于婚姻法规定的抽象的夫妻忠诚义务的现实具体化，符合婚姻法的原则，应受到法律的保护。

2.认为忠诚协议不受法律保护

如案例三，法院却认为，夫妻之间的忠诚义务未规定可以采用约定的制度,夫妻之间签订忠诚协议,缺乏相应的法律依据,认定夫妻忠实协议无效。理由是忠实协议约定的履行和制裁,是亲情问题,不是法律问题,法院并不适合处理此类复杂而敏感的亲情问题;《婚姻法》第 4 条规定的夫妻之间的忠实义务,只是个宣言,一种法律价值的取向,法律并没有把夫妻双方相互忠实规定为一项法定义务;夫妻忠实协议的内容不属于合同法调整的对象。忠诚协议的内容并没有设立、变更或终止民事权利义务关系,不符合合同应有的概念;夫妻忠诚协议中的补偿并不是婚姻财产约定,而是一种损害赔偿,对于侵权民事责任的适用,属于法律的强行性规范,不得预先通过约定予以排除适用,因此不得在侵权损害尚未发生时预先约定赔偿数额。

综上所述,笔者赞成最高人民法院民一庭高级法官的观点:对这种忠诚协议书应当认定为有效。因为其符合《婚姻法》的基本精神,是对《婚姻法》中"夫妻应当互相忠实"这一规定的具体化。但这种协议也是属于可撤销的,如果当事人在协议签订后反悔,认为该协议显失公平,或者是在对方要死要活、苦苦相逼的情形下被迫无奈签订的所谓忠诚协议书,则可以在协议签订之日起一年之内提出撤销申请,这一年时间属于除斥期间,超过一年则法院不予支持。但如果当事人约定的赔偿数额过高,超过了实际负担能力,法院可以根据当事人的请求予以适当调整。①

---

① 吴晓芳:《婚姻家庭纠纷审判热点、难点 18 个问题》,转引自《民事法律文件解读》,载"家事法苑"微信公众号,2018 年 3 月 9 日。

第二章 结婚制度

第一节 结婚制度概述

一、结婚的概念和特征

结婚,又称婚姻的成立,是指男女双方依照法律规定的条件和程序确立夫妻关系的一种民事法律行为。

结婚有广义和狭义之分,广义的结婚,包括婚姻的成立和订立婚约两个方面。狭义的结婚,仅指夫妻关系的确立。近现代各国的婚姻立法,大多将婚姻的成立作狭义上的规定,订婚已不再是结婚的必经程序。

结婚,作为一种重要的民事法律行为,具有以下基本特征:

1.结婚行为的主体必须为男女两性

婚姻关系的产生,是以男女两性的生理差别为前提的,人类性本能和自身的繁衍是婚姻的自然属性,这是婚姻区别于其他社会关系的最重要的特征。如果没有两性间的这种自然条件,婚姻则无从产生,也没有其存在的意义。

2.结婚行为是一种特殊的民事法律行为

男女双方必须符合法律规定的条件,履行结婚登记程序,以夫妻名义结合而形成婚姻,这种婚姻才是合法有效的婚姻。

3.结婚行为的效力是确定夫妻关系

男女双方因为结婚形成互为配偶关系的夫妻身份,相互享有权利承担义务。夫妻身份关系确立后,未经法定程序,双方不能任意解除。

二、结婚制度的历史沿革

(一)个体婚制形成初期的结婚方式

1.掠夺婚

掠夺婚亦称抢婚,是指男子以暴力掠夺女子为妻的结婚形式。掠夺婚最早形成于原始社会末期,恩格斯在《家庭、私有制和国家的起源》中提到,当一个青年男子,在朋友的帮助下劫得或拐得一个姑娘时,他们便轮流同她发生性交关系;但是在此之后,这个姑娘便被认为是那个发动抢劫的青年男子的妻子。恩格斯说:"……抢劫妇女的现象,已经表现出向个体婚过渡的迹象,至少是以对偶婚的形式表现出这种迹象。"[①]进入个体婚时代后,掠夺婚作为一种求婚的方式在一些少数民族中被沿袭下来,后来演变为一种徒具形式的礼仪性婚俗。

2.有偿婚

有偿婚是指男方支付女方家庭一定代价如金钱、物品而缔结的婚姻。根据男方支付女方代价的不同,有偿婚又可分为:

(1)买卖婚。指男方向女方家庭支付一定数量金钱或财物作为成婚条件的婚姻。妇女作为商品,可以一定的财物进行交换,在古代,它是一种普遍的婚姻形式,是男女不平等的社会制度的产物。

(2)交换婚。又称互易婚,是指以交换妇女为特征的婚姻。有的父母以自己的女儿换取对方的女儿为自己的儿媳,有的男子以自己的姐妹换取对方的姐妹为自己的妻子。除了"换亲",还有"转亲",表面上虽没有金钱、财物买卖特征,但它是将妇女作为物品进行交换,妇女无独立人格,其本质仍属有偿婚。

(3)劳役婚。指男子以给女方家庭服一定的劳役为代价而成立的婚姻。这种婚姻中的男子地位通常较低,求妻方式以力代财,也属于有偿婚的性质。现实中的男方入赘就是由此演变而来的,赘,质也,男方家贫,无聘财,便以身为质,入赘女方家为婿。

3.无偿婚

指无须以付出一定代价作为成婚条件的婚姻。包括:

(1)赠与婚。指有权力者或父母将其可以支配的女子赠与他人为妻的婚姻。如皇帝将公主或皇宫女子赠与将军等男子为妻,通常称为"赐婚"。

(2)收继婚。指女子在其丈夫死后有义务在家族内部转房的婚姻。如兄死后弟收继其嫂为婚。

(3)强制婚。指官府将罪人之妻女断配给他人为妻的婚姻。

(二)中国古代的聘娶婚

聘娶婚,是指男方向女方家庭交付聘金、彩礼作为结婚条件的婚姻形式。据史书记载,聘娶婚始于伏羲,而大备于周。西周创始的"六礼",为聘娶婚规

---

① 《马克思恩格斯选集》(第4卷),人民出版社1995年第2版,第42页。

定了完备的结婚程序,包括"纳采、问名、纳吉、纳征、请期、亲迎"。到了近代,又简化为订婚和结婚两种仪式。

(三)欧洲中世纪的宗教婚

欧洲中世纪,在许多国家和地区中,婚姻关系主要由宗教法来调整。婚姻的缔结被视为是"神的旨意",教会法规定的结婚宣誓是一种圣典仪式,具有严格的条件和程序。结婚当事人需按教会法规定公告,并举行宗教结婚仪式,由教会神职人员主持并得到祝福,婚姻方可成立且生效。

(四)近现代的共诺婚

共诺婚,是指根据男女双方合意而成立的婚姻。基于婚姻契约的理论,共诺婚强调婚姻当事人双方的合意,法律以双方共同的意思表示为婚姻成立的要件。经过欧洲宗教婚姻改革和世俗运动,新兴资产阶级提出"自由、平等、博爱"等政治口号的同时,对婚姻也提出了自己的观点,摆脱父母包办婚姻,提倡婚姻自由、男女平等,这些思想在婚姻立法史上具有很重要的意义。

三、婚约制度

(一)婚约的概念和历史渊源

婚约,是男女双方以结婚为目的而作的事先约定。或称为订婚,订婚后的男女双方具有未婚夫妻的身份。

在古代,订立婚约通常是结婚必须经过的程序。没有订立婚约的婚姻是无效婚姻,不为国家、社会所认可。如古巴比伦《汉谟拉比法典》规定:"倘自由民娶妻而未订立契约,则此妇非其妻。"《罗马法》也规定,无婚约的结合只属于姘合而不能成为婚姻。在我国,自西周时期开始"六礼"历经两千多年,订婚一直是结婚的重要环节。直到现在,作为民俗习惯仍影响着我们的结婚仪式。

(二)我国法律对婚约的态度

我国婚姻法对婚约的效力未作规定,而是通过司法解释及相关政策,表明了对婚约问题的态度。

1.订婚不是结婚的必经程序

对于订婚,既不禁止,也不保护。是否需要订婚,由当事人自己决定。

2.订婚决定权在当事人本人

订婚决定权在当事人本人,他人无权干涉,包括其父母。《未成年人权益保护法》还特别规定,父母或其监护人不得为未成年人订立婚约。

3.订婚不发生法律效力

订婚对当事人不发生法律约束力,只有在当事人完全自愿的条件下才能履行。解除婚约,只要一方或双方同意即可,无须履行任何法律程序。当然,如果因为解除婚约产生的财产纠纷,法院应当予以受理。如以订婚为名行骗婚之实的、互赠财物的、要求返还彩礼的,根据相关法律规定精神,从有利于贯彻婚姻自由原则、有利于促进社会安定团结出发,区分不同情况加以处理。

第二节 结婚的条件和程序

一、结婚的条件

结婚的条件,即结婚的实质要件,包括结婚的必备要件和结婚的禁止要件。

（一）结婚的必备要件

结婚的必备要件,又称为结婚的积极要件,是当事人结婚时必须具备的法定条件。根据我国现行《婚姻法》第 2 条、第 5 条、第 6 条的规定,结婚的必备条件有三:

1.必须男女双方完全自愿

《婚姻法》第 5 条规定:"结婚必须男女双方完全自愿,不许任何一方对他方加以强迫或任何第三者加以干涉。"结婚合意是结婚的首要条件,是保障结婚自由的前提,是婚姻自由原则在结婚制度中的具体体现。具体说来,包含以下三层含义:一是必须结婚当事人本人自愿,而不是父母或第三者愿意;二是必须是男女双方自愿,而不是一厢情愿;三是必须是男女完全自愿,而不是勉强同意。

2.必须达到法定婚龄

法定婚龄,是法律规定的准予结婚的最低年龄。我国《婚姻法》第 6 条规定:"结婚年龄,男不得早于二十二周岁,女不得早于二十周岁。"凡当事人双方或一方未达到法定婚龄的,婚姻登记机关不予登记。

由于婚姻关系是自然属性和社会属性的结合,法定婚龄的确定必须取决于自然属性和社会属性。自然因素是人的生理和心理的发育规律,人类只有达到一定的年龄,才能具备适合结婚的生理条件和心理条件,才具有婚姻行为能力,履行夫妻义务,承担家庭和社会责任。社会因素,是一定的生产方式和与之相适应的社会条件,包括政治、经济、文化、人口状态、道德、宗教、民族习惯等,对婚龄都有不同程度的影响。我国现行婚姻法确定的法定婚龄是以婚姻的自然属性为基础,以我国的社会经济发展和人口状况为依据的,具有科学性。

3.必须符合一夫一妻制

一夫一妻是我国婚姻家庭制度的基本原则,符合一夫一妻制是结婚的必备要件,法律禁止重婚。《婚姻登记条例》规定,申请结婚登记的当事人已有配偶的,不予登记。对于构成重婚罪的,依照刑法规定,追究刑事责任。

(二)结婚的禁止要件

根据我国《婚姻法》的规定,当事人结婚的禁止条件包括两个方面:

1.禁止直系血亲和三代以内旁系血亲结婚

我国《婚姻法》第7条规定,直系血亲和三代以内旁系血亲,禁止结婚。关于禁婚亲,一些国家不仅禁止一定范围内的自然血亲结婚,还禁止一定范围内的拟制血亲和姻亲结婚。

近亲不婚为古今中外立法通例。人类在漫长的进化过程中和在自然规律的作用下,逐步排出了纵向的直系血亲间的两性行为,以及横向的旁系血亲兄弟姐妹间的通婚。

进入个体婚制后,人类有意识地通过立法限制近亲结婚,其依据:

一是根据优生学的原理,因为血缘太近,易于把上一代身体上和精神上的某些缺陷和疾病遗传给下一代,贻害民族后代。

二是根据伦理学上的要求,认为近亲婚配有碍于人类长期形成的婚姻道德,容易造成亲属身份上和继承上的紊乱。

因而,各国法律根据本国民族习俗,禁止一定范围的亲属结婚。

禁止直系血亲结婚,是各国立法的通例。旁系血亲间的禁婚范围,各国宽窄不一。大体分为三种情况:

一是禁止二等旁系血亲间通婚,即兄弟姐妹及同父异母和同母异父兄弟姐妹间通婚。

二是禁止三亲等以内旁系血亲通婚。

三是禁止四等亲以内的旁系血亲通婚。

我国《婚姻法》按照世代计算方法,规定凡出自同一祖父母、外祖父母的血亲,除直系血亲外,都是三代以内的旁系血亲,禁止通婚,包括:兄弟姐妹、堂兄弟姐妹、姨表兄弟姐妹、姑表兄弟姐妹、舅表兄弟姐妹,及伯、叔、姑与侄、侄女,舅、姨与外甥、外甥女。

关于拟制血亲之间能否结婚的问题。多数国家都明文规定禁止拟制直系血亲结婚,这主要是基于对被收养的未成年人权利保护的考虑。但我国法律对此问题并没有明确的规定,有些学者认为,《婚姻法》规定:养父母与养子女、继父母与形成抚养关系继子女的权利义务,适用本法对父母子女关系的有关规定,因此,他们间通婚也应当受到禁止直系血亲间结婚的制约。至于拟制旁系血亲间的通婚,只要没有血缘上的禁忌,则可以结婚。

关于姻亲结婚问题。不少国家明文禁止直系姻亲结婚。直系姻亲因为婚姻关系消灭如离婚、配偶一方死亡而终止,也不得结婚,这主要是受婚姻伦理道德观念的影响。我国《婚姻法》对姻亲是否禁止结婚问题未作明文规定,但基于伦理上的要求,直系姻亲应予以限制为宜。旁系姻亲,只要没有血缘上的禁忌,应准予结婚。

2.禁止患有医学上认为不应当结婚的疾病的人结婚

法律禁止患有一定疾病的人结婚,取决于婚姻关系的自然属性和特征,其目的是防止和避免疾病的传染和遗传,保护婚姻当事人的利益和社会利益。我国《婚姻法》第7条规定,患有医学上认为不应当结婚的疾病的人禁止结婚。

对于医学上认为不应当结婚的疾病范围,我国《婚姻法》并未作出列举性的规定。《中华人民共和国母婴保健法》第8条规定,婚前医学检查包括对下列疾病的检查:严重遗传性疾病、指定传染病、有关精神病。第9条规定,经婚前医学检查,对患有指定传染病在传染期内或有关精神病在发病期内的,医师应当提出医学意见,准备结婚的男女应当暂缓结婚。第38条规定,指定传染病,是指《中华人民共和国传染病防治法》中规定的艾滋病、淋病、梅毒、麻风病以及医学上认为影响结婚和生育的其他传染病。严重遗传性疾病,是指医学上认为不宜生育的遗传性疾病;有关精神病是指精神分裂症、躁狂抑郁型精神病以及其他重型精神病。

对于因生理缺陷不能为性行为的人是否准许结婚,我国1950年《婚姻法》曾禁止有生理缺陷不能发生性行为者结婚,1980年《婚姻法》取消了该规定。现代大多数国家并不限制性生理缺陷者结婚,而是将其作为婚姻无效的原因。如《美国统一结婚离婚法》规定,一方无性交能力而不能完婚,而另一方在举行结婚仪式时不了解该生理缺陷,婚姻无效。在我国现行《婚姻法》中,没有关于生理缺陷不能性行为者禁止结婚的规定。但是,两性关系是婚姻关系中的自然属性,性生活是夫妻生活的重要组成部分,如果因为一方生理缺陷导致双方的婚姻生活不能协调,婚后配偶因此要求离婚的,则应当准予离婚。

此外,国外亲属立法还有几种婚姻禁例:一是禁止相奸者结婚;二是禁止在待婚期内再婚;三是禁止监护人与被监护人结婚。

二、结婚的程序

(一)结婚程序的概念及意义

结婚程序,即结婚的形式要件,是法律规定的缔结婚姻所必须履行的法定手续。根据各国的规定,目前结婚程序大体有三种形式:

一是登记制。指结婚必须到法定的登记机关进行登记,结婚登记是婚姻成立的法定要件。

二是仪式制。指结婚必须举行一定的仪式,结婚仪式是婚姻成立的法定要件。包括宗教仪式、世俗仪式和法律仪式。

三是登记与仪式结合制。指结婚既要进行登记又要举行仪式,结婚登记和结婚仪式均是婚姻成立的法定要件,缺一不可。

我国结婚实行登记制。《婚姻法》第 8 条规定:"要求结婚的男女双方必须亲自到婚姻登记机关进行结婚登记。符合本法规定的,予以登记,发给结婚证。取得结婚证,即确立夫妻关系。未办理结婚登记的,应当补办登记。"男女在登记结婚并取得结婚证后,无论是否同居生活,或者是否举行结婚仪式,都具有法律意义上的夫妻身份关系,其婚姻受到国家的承认和法律的保护。如有一方反悔,须通过离婚程序解除婚姻关系。反之,如果男女双方举行结婚仪式或同居生活,但没有办理结婚登记的,其婚姻不具有法律效力。

婚姻登记是我国婚姻制度的重要组成部分,包括结婚登记、离婚登记和复婚登记。国家通过婚姻登记对婚姻关系进行监督和管理,可以保障当事人的合法权益,预防和制止违法婚姻的发生,同时也可以提高当事人的法制观念,进行法制宣传教育,减少婚姻纠纷,维护国家、社会和当事人的利益。

(二)结婚登记机关和程序

1.结婚登记机关

根据《婚姻登记条例》第 2 条的规定,内地居民办理婚姻登记的机关是县级人民政府民政部门或乡(镇)人民政府,省、自治区、直辖市人民政府可以按照便民原则确定农村居民办理结婚登记的具体机关。中国公民同外国人,内地公民同香港特别行政区居民、澳门特别行政区居民、台湾地区居民、华侨办理婚姻登记的机关是省、自治区、直辖市人民政府民政部门或省、自治区、直辖市人民政府部门确定的机关。此外,第 19 条规定,中华人民共和国驻外使(领)馆可以依照本条例的有关规定,为男女双方均居住在驻在国的中国公民办理结婚登记。

婚姻登记机关的管辖范围,原则上以当事人双方的户口在同一地区的,可到当地婚姻登记机关办理结婚登记。当事人双方的户口不在同一地区的,可到一方户口所在的婚姻登记机关办理结婚登记。

2.结婚登记程序

(1)申请

当事人结婚,必须双方携带有关材料亲自到婚姻登记机关申请结婚登记。提交材料有:本人户口簿、身份证;本人无配偶以及与对方当事人没有直接血亲和三代以内旁系血亲关系的签字声明。

如果是港澳台公民在大陆办理结婚登记,须提交材料有:本人有效通行证(如往来内地的港澳台同胞回乡证、出入境通行证等)、身份证;经居住地公证机关或有关机关出具的,经我国驻该国使(领)馆认证的本人无配偶以及与对方当事人没有直系血亲和三代以内旁系血亲关系的证明,或者我国驻该国使(领)馆出具的本人无配偶以及与对方当事人没有直系血亲和三代以内旁系血亲关系的证明。

如果是外国人在中国办理结婚登记,须提交材料:本人的有效护照或者其他有效的国际旅行证件,所在国公证机构或者有权机关出具的、经我国驻该国使(领)馆认证或者该国驻华使(领)馆认证的本人无配偶的证明,或者所在国驻华使(领)馆出具的本人无配偶的证明。

(2)审查

婚姻登记机关应当依法对当事人的结婚申请进行审核和查证。除查验当事人提交的证件和证明是否齐全、是否符合规定外,还要通过询问,甚至是调查方式对当事人是否符合法律规定的结婚条件进行全面审核。

(3)登记

婚姻登记机关对当事人的结婚申请进行审查,符合结婚条件的,应当当场予以登记,发给结婚证。有下列情形之一的,婚姻登记机关不予登记:

一是未到法定结婚年龄的;

二是非双方自愿的;

三是一方或双方已有配偶的;

四是属于直系血亲或三代以内旁系血亲的;

五是患有医学上认为不应当结婚的疾病的。

婚姻登记机关对当事人不符合结婚条件不予登记的,应当向当事人说明理由。

(4)补办结婚登记及其效力

最高人民法院《关于适用〈中华人民共和国婚姻法〉若干问题的解释(一)》第4条规定:"男女双方根据婚姻法第八条规定补办结婚登记的,婚姻关系的效力从双方均符合婚姻法所规定的结婚实质要件时起算。"可见,补办结婚登记这一行为对于之前的事实婚姻具有溯及力,但补办结婚登记这一行为的溯及力仅仅只能追溯到男女双方均符合结婚的实质要件时,而不是追溯到男女双方以夫妻名义同居生活时。

第三节　无效婚姻与可撤销婚姻

一、无效婚姻

(一)无效婚姻的概念

无效婚姻,是指男女两性结合因违反了法律规定的某些结婚实质要件而不具有法律效力的婚姻。合法性是婚姻法的本质属性,自从婚姻法律制度出现以来,任何时代、任何国家都要通过法律手段为婚姻的成立规定必须符合的要件,包括实质要件和形式要件,只有符合结婚要件的才赋予婚姻的法律效力。对一些缺乏婚姻成立的实质要件的男女结合,婚姻法明确规定了不产生婚姻的效力。

(二)无效婚姻的原因

《婚姻法》第10条规定:"有下列情形之一的,婚姻无效:(一)重婚的;(二)有禁止结婚的亲属关系的;(三)婚前患有医学上认为不应当结婚的疾病,婚后尚未治愈的;(四)未达法定婚龄的。"具体分析如下:

1.违反一夫一妻制的无效婚姻

法律规定任何人不得同时有两个或两个以上的配偶,有配偶者违反一夫一妻制原则再行结婚的,构成重婚,重婚属于无效婚姻。

重婚包括双方均有配偶的重婚和一方有配偶与无配偶者的重婚。根据我国《刑法》的规定,看无配偶者是否存在主观故意,有配偶而重婚,或自己虽无配偶但明知对方有配偶而与之结婚,应追究其刑事责任;不知对方有配偶而与之结婚,不构成重婚罪,但其行为属重婚,亦属无效婚姻,不受法律保护。

重婚又可分为法律上的重婚和事实上的重婚。根据我国《婚姻法》和最高人民法院《关于人民法院审理未办结婚登记而以夫妻名义同居生活案件的若干意见》第 5 条的规定精神,法律上的重婚是指已登记结婚的一方又与第三人登记结婚。事实上的重婚是指已登记结婚的一方又与第三人形成事实婚姻关系;或事实婚姻关系的一方又与第三人登记结婚;或事实婚姻关系的一方又与第三人形成事实婚姻关系。

此外,2017 年 10 月 1 日起实施的《中华人民共和国民法总则》第 51 条规定,被宣告死亡的人的婚姻关系,自死亡宣告之日起消灭。死亡宣告被撤销的,婚姻关系自撤销死亡宣告之日起自行恢复,但是其配偶再婚或者向婚姻登记机关书面声明不愿意恢复的除外。因此,婚姻关系中一方配偶因另一方被宣告死亡而另行结婚的,即使被宣告死亡的人重新出现,死亡宣告被撤销,其再婚也受法律保护,不构成重婚。

2. 禁婚亲的无效婚姻

基于自然选择规律的要求,以及长期形成的伦理观念,禁止一定范围内的亲属结婚,是各国亲属立法的通例。我国《婚姻法》根据中华民族文化和传统习惯,规定了直系血亲和三代以内旁系血亲禁止结婚,否则,视为无效婚姻。

3. 禁婚病的无效婚姻

禁止特定的疾病患者结婚,是保护当事人权益、防止疾病传播、提高人口素质、维护民族健康的需要。我国《婚姻法》明确规定,患有医学上认为不应当结婚的疾病的人禁止结婚,否则,视为婚姻无效。至于哪些是医学上认为不应当结婚的疾病,必须由医学鉴定,不能任意解释。推广男女双方婚前健康检查,对于避免遗传性疾病和传染性疾病的产生,对于防止无效婚姻的发生具有重要的意义。

4. 未到法定婚龄的无效婚姻

当事人未达法定婚龄结婚,其生理心理尚未发育成熟,不能承担婚姻当事人责任和家庭责任,乃至社会责任。根据我国《婚姻法》的规定,一方或双方未达法定婚龄而结婚的,属无效婚姻,不受法律保护。

(三)宣告无效婚姻的程序和请求权

1. 宣告无效婚姻的程序

结婚是一种民事行为,婚姻无效是一种无效民事行为,在民法领域,无效民事行为一般是以自始无效、绝对无效、当然无效为原则。但在身份法领域,由于无效制度对于婚姻关系、亲子关系、亲属关系,以及因身份关系产生的诸多财产关系,不能因为主张婚姻无效而使这些已经存在的身份关系消失殆尽。因此,在身份法领域,无效的解释,应以宣告无效、裁判无效为其原则。最高人民法院关于《适用〈中华人民共和国婚姻法〉若干问题的解释(一)》(以下简称《婚姻法解释(一)》)第13条规定:"婚姻法第十二条所规定的自始无效,是指无效或者可撤销婚姻在依法被宣告无效或被撤销时,才确定该婚姻自始不受法律保护。"

可见,我国无效婚姻采用宣告无效制度,即婚姻无效的宣告机关只能是人民法院,其他机关均无权宣告婚姻无效。一方户籍所在地的基层人民法院受理当事人申请并依法宣告婚姻无效后,应当收缴双方的结婚证书并将生效的判决书寄送当地婚姻登记管理机关。

在诉讼程序确认无效婚姻时,应当注意以下几个问题:

一是请求确认无效婚姻的诉讼,只能以判决方式结案,不能以调解方式结案。

二是在处理婚姻无效纠纷时,不能以婚姻当事人对本属无效的婚姻并无争议就不加以追究,因为在无效婚姻关系中的利害关系,也有提请确认该婚姻无效的权利。

三是人民法院在审理有关案件中发现无效婚姻的,应当依职权确认其无效,并予以宣告。

四是人民法院在宣告婚姻无效时,应对子女和财产问题一并处理,涉及子女抚养和财产分割等问题的可以调解,另行制作调解书,对子女抚养和财产分割判决不服的,当事人可以上诉。

五是人民法院在同一案件中分别受理了离婚和宣告婚姻无效请求的,应当待申请宣告婚姻无效案件作出判决后进行,婚姻关系被宣告无效后,对子女抚养和财产分割问题继续审理。

2.婚姻无效请求权

(1)请求权人的范围

根据《婚姻法解释(一)》第7条的规定,请求宣告无效婚姻的申请人包括婚姻当事人及利害关系人。根据宣告无效原因的不同,利害关系人主体范围也不一样:如以重婚为由申请宣告婚姻无效的,利害关系人为当事人的近亲属及基层组织;如以未到法定婚龄为由申请宣告婚姻无效的,利害关系人为未达法定婚龄者的近亲属;如以有禁止结婚的亲属关系为由申请宣告婚姻无效的,利害关系人为当事人的近亲属;如以婚前患有医学上认为不应当结婚的疾病,婚后尚未治愈为由申请宣告婚姻无效的,利害关系人为与患病者共同生活的近亲属。

根据最高人民法院《关于适用〈中华人民共和国婚姻法〉若干问题的解释

(二)》第 6 条的规定,利害关系人依法申请人民法院宣告婚姻无效的,婚姻关系当事人双方为被申请人的,夫妻一方死亡,生存一方为被申请人;夫妻双方均已死亡的,不列被申请人。

(2)请求权的行使期限

由于导致无效婚姻的原因不同,请求宣告婚姻无效的期间也有差别。根据婚姻法司法解释规定之精神,一般情况下,当事人请求宣告婚姻无效或人民法院确认婚姻无效没有期限的限制,但有以下几种情形,当事人不得再提出申请:

一是申请人申请时,法定的无效婚姻情形已经消失,如未达法定婚龄者已经达到法定婚龄的、患有医学上认为不应当结婚的疾病已经治愈的。

二是夫妻一方或双方死亡后一年,生存一方或利害关系人依法申请宣告婚姻无效的,人民法院不予受理。一年为除斥期间,不得中止、中断或延长。

二、可撤销婚姻

(一)可撤销婚姻的概念及原因

可撤销婚姻,是指已成立的婚姻关系,因欠缺结婚合意,受胁迫的一方当事人可向婚姻登记机关或人民法院申请撤销,使其丧失原有的婚姻效力。《婚姻法》第 11 条规定:"因胁迫结婚的,受胁迫的一方可以向婚姻登记机关或人民法院请求撤销该婚姻。"所谓胁迫,根据《婚姻法解释(一)》第 10 条第 1 款的规定,是指行为人以给另一方当事人或者其近亲属的生命、身体健康、名誉、财产等方面造成损害为要挟,迫使另一方当事人违背真实意愿结婚的情况。

胁迫的构成要件为:

一是具有胁迫的故意;

二是须有胁迫的行为,包括暴力行为和非暴力行为;

三是胁迫具有违法性,非法的目的和手段;

四是被胁迫人因恐惧违背意愿结婚与胁迫行为有因果关系。

这种被胁迫的婚姻违背了我国婚姻自由原则,违背了当事人自愿结婚的意思表示,属违法婚姻。此外,对于民法学上说的重大误解和显失公平的民事行为是可撤销民事行为,在婚姻法领域未予采纳,即可撤销的婚姻仅限于胁迫。

(二)婚姻撤销程序

撤销婚姻必须有撤销行为,仅有可撤销的事由而无撤销的行为,其婚姻的效力并不消灭。

1.婚姻撤销机关为婚姻登记机关和人民法院

受胁迫一方既可向婚姻登记机关申请撤销,又可向人民法院申请撤销。前者为行政撤销程序,后者为司法撤销程序。同时向婚姻登记机关和人民法院提出撤销申请的,由人民法院予以确认并撤销。如果涉及子女抚养和财产处理的,只能经诉讼程序解决。由人民法院依法撤销婚姻的,应当收缴双方的结婚证书并将生效的判决书寄送当地婚姻登记管理机关。

2.婚姻撤销的请求权主体只能是受胁迫一方当事人

双方均受胁迫的,任何一方都可以请求撤销。法律赋予婚姻当事人享有这项权利,也允许婚姻当事人放弃权利,是否行使撤销请求权,由受胁迫的当事人自行决定。可撤销婚姻制度的设置体现了公民意思自治原则的基本精神。可撤销婚姻在依法撤销前,现存的婚姻关系具有法律效力,可撤销婚姻被撤销后,婚姻效力解除,自始无效。

3.受胁迫一方请求撤销婚姻的,必须在1年内行使请求权

根据《婚姻法》第11条的规定:"受胁迫的一方撤销婚姻的请求,应当自结婚登记之日起一年内提出。被非法限制人身自由的当事人请求撤销婚姻的,应当自恢复人身自由之日起一年内提出。"这里的1年,不适用诉讼时效中止、中断或延长的规定,即受胁迫一方当事人请求撤销权期限为1年。

三、婚姻无效或被撤销的法律后果

《婚姻法》第12条规定,无效或被撤销的婚姻,自始无效。当事人不具有夫妻的权利和义务。同居期间所得的财产,由当事人协议处理;协议不成时,由人民法院根据照顾无过错方的原则判决。对重婚导致的婚姻无效的财产处理,不得侵害合法婚姻当事人的财产权益。当事人所生的子女,适用本法有关父母子女的规定。

确认婚姻无效和撤销,是法律对当事人配偶身份的否定,由此带来对双方共有财产及所生育子女相应的法律后果。

(一)对当事人的法律后果

经宣告无效或被撤销的婚姻自始无效,具有溯及力,婚姻的无效自违法结合之日起便不具有法律效力。由于当事人的配偶身份为法律所否定,不存在夫妻间的权利和义务。因此,当事人间的人身关系和财产关系,均不适用法律有关规定。

1.人身关系方面

(1)在姓名权与从事生产、工作、学习和社会活动的自由权等方面,不适用《婚姻法》第 14 条、第 15 条的规定,应按照其他法律的有关规定处理。

(2)在生育问题上,不适用《婚姻法》第 16 条的规定,双方所生育子女不属于合法婚姻关系下生育的子女。

(3)一方与另一方血亲或双方血亲间不产生姻亲关系。

(4)在监护、代理、收养以及诉讼等问题上,不适用以夫妻身份为基础法律关系的各种规定。

2.财产关系方面

(1)无效或被撤销婚姻的当事人,不适用《婚姻法》有关法定夫妻财产制的规定。同居期间所得的财产,不属于夫妻共同共有财产。如果无效或被撤销婚姻当事人对同居期间所得财产做了书面约定,且该约定符合民事法律行为的有效要件的,应当承认其法律效力。这并不是对无效或被撤销婚姻的承认,而是对公民民事权利的尊重和民事法律行为的保护。婚姻被宣告无效,当事人终止同居关系时,不存在依法分割共同财产问题。按照《婚姻法解释(一)》的规定,当事人在同居期间所得财产按共同共有处理,但有证据证明为当事人一方所有的除外。

(2)对重婚导致婚姻无效的财产处理,不得侵害合法婚姻当事人的财产权益。为此,最高人民法院在《婚姻法解释(一)》第 16 条中规定,人民法院在审理重婚导致的无效婚姻案件时,涉及财产处理的,应当准许合法婚姻当事人作为有独立请求权的第三人参加诉讼。

(3)无效或被撤销婚姻的当事人,相互间没有法定的扶养义务。也不适用《婚姻法》关于一方不履行扶养义务,需要扶养的一方当事人有权要求对方给付扶养费的权利规定。至于当事人自愿扶养另一方的行为,与履行法定扶养义务在性质上有严格的区别。此外,对于双方当事人终止同居关系时,一方就同居期间所付出的费用要求另一方返还的,一般不予支持。

(4)无效婚姻或被撤销婚姻的当事人不能以配偶身份互为第一顺序法定继承人。在一方死亡后,另一方对其父母,尽了主要赡养义务的,不适用《继承法》关于丧偶儿媳对公婆,丧偶女婿对岳父母尽了主要赡养义务的,作为第一顺序法定继承人的规定。但一方死亡时,另一方可根据《继承法》第 14 条的规定,作为继承人外的依靠被继承人扶养的缺乏劳动能力又没有生活来源的,或继承人以外的对被继承人扶养较多的人,分得适当的遗产。如果当事人一方在遗嘱中以另一方为受遗赠人的,遗赠效力不受双方关系违法性的影响,体现了遗嘱人依法对其财产处理的权利,应当承认其法律效力。

（二）对子女的法律后果

父母子女关系在性质上不同于婚姻关系,婚姻无效或被撤销的原因是欠缺婚姻成立的法定条件,父母子女关系则是以相互间的血缘联系为依据的。因此,在无效婚姻或被撤销婚姻中出生的子女,与父母的关系不受父母婚姻无效或被撤销的影响。根据《婚姻法》的规定,由于婚姻无效或被撤销的宣告具有溯及既往的效力,当事人在同居期间所生育子女为非婚生子女。但是,父母与婚生子女、父母与非婚生子女的权利义务是完全相同的。目前不少国家,如德国已经取消了婚生与非婚生子女的区分,统称为亲子关系。因此,婚姻无效或被撤销,其父母子女权利义务依据《婚姻法》中有关父母子女关系的规定,包括父母对子女的抚养教育保护的权利和义务;子女成年后对父母的赡养义务;父母子女间相互继承的权利。

第四节　事实婚姻与非婚同居

一、事实婚姻

（一）事实婚姻的含义

事实婚姻,是指男女双方未办理结婚登记手续即以夫妻名义同居生活,群众也认为是夫妻关系的婚姻。其特征为:一是主体为男女双方;二是没有进行结婚登记;三是具有以共同生活为目的;四是以公开的夫妻身份同居生活。

（二）我国法律关于事实婚姻效力的规定

我国现行《婚姻法》以登记结婚作为合法婚姻成立的形式要件,对符合结婚实质要件,但没有办理登记手续以夫妻名义同居生活的男女双方是否具有夫妻身份关系没有明确的规定。面对司法实践中大量存在的事实婚姻问题,司法解释作出回应。根据最高人民法院1989年《关于人民法院审理未办理结婚登记而以夫妻名义同居生活案件的若干意见》(以下简称《关于审理同居生活案件的意见》)和1994年2月1日民政部《婚姻登记管理条例》(已废止)的立法精神,对未办理结婚登记的事实婚姻分阶段采取相对承认和不承认的态度,具体分析如下:

1. 相对承认事实婚姻阶段

由于我国历史上一直以举行婚礼为结婚成立的形式,受传统习惯的影响,在《婚姻法》颁布实施后,不少人依然不办理结婚登记而以夫妻名义同居生活,并得到周围群众的认可。否认事实婚姻,是脱离社会现实和传统习惯的,因此,根据《关于审理同居生活案件的意见》中的规定承认事实婚姻,分为两个时期:

(1)1986年3月15日《婚姻登记办法》施行前。没有配偶的男女,未办理结婚登记即以夫妻名义同居生活,群众也认为是夫妻关系的,一方向人民法院起诉"离婚",如起诉时双方均符合结婚的实质要件,则应认定为事实婚姻关系;如起诉时一方或双方均不符合结婚的实质要件,则应认定为非法同居关系,并将双方的非法同居关系判决予以解除。

(2)1986年3月15日《婚姻登记办法》施行后至1994年2月1日民政部《婚姻登记管理条例》实施前。在这一期间,没有配偶的男女,未办理结婚登记即以夫妻名义同居生活,群众也认为是夫妻关系的,一方向人民法院起诉"离婚"。如同居时双方均符合结婚的实质要件,则应认定为事实婚姻关系;如同居时一方或双方均不符合结婚的实质要件,则应认定为非法同居关系。

2. 不承认事实婚姻阶段

1994年2月1日《婚姻登记管理条例》实施后。未到法定结婚年龄的公民以夫妻名义同居的,或符合结婚条件的当事人未经结婚登记以夫妻名义同居的,其婚姻关系无效,不受法律保护。最高人民法院在之后的《关于适用新的婚姻登记管理条例的通知中》明确规定:"自民政部门新的婚姻登记条例施行之日起,没有配偶的男女,未办理结婚登记即以夫妻名义同居生活,按非法同居关系对待。"

3. 修改后的《婚姻法》对"事实婚姻"的规定

(1)补办结婚登记的效力问题

最高人民法院《关于适用〈中华人民共和国婚姻法〉若干问题的解释(一)》第4条规定:"男女双方根据婚姻法第八条规定补办结婚登记的,婚姻关系的效力从双方均符合婚姻法所规定的结婚实质要件时起算。"

(2)未补办结婚登记的处理

未按《婚姻法》第8条的规定办理结婚登记而以夫妻名义共同生活的男女,起诉到人民法院要求离婚的,应当区别对待:1994年2月1日民政部《婚姻登记管理条例》公布实施前,男女双方已经符合结婚实质要件的,按事实婚姻处理;1994年2月1日民政部《婚姻登记管理条例》公布实施后,男女双方已经符合结婚实质要件的,人民法院应当告知其在案件受理前补办结婚登记,未补办结婚登记的,按解除同居关系处理。

（3）用语上的变化

将"非法同居关系"改为"同居关系",即 1994 年 2 月 1 日未办理结婚登记手续而以夫妻名义同居生活的,原来称为"非法同居关系",现改为"同居关系"。

二、非婚同居

（一）非婚同居的含义

非婚同居,是指无法律障碍的男女双方基于双方合意而建立的以共同生活为目的的生活模式,这种关系相当于生活合作伙伴关系,但它不包括同性非婚同居和违法的婚外两性同居。

非婚同居是基于男女双方的合意,以共同生活为目的的长期生活合作伙伴关系,这种合作伙伴型关系具有一定的长期性和稳定性,而且其中还有不少同居者自愿选择在这种关系下生育自己的子女。可见,这种同居已具备了婚姻的实质内容,具备了事实婚姻条件。

现行《婚姻法》在总原则上否定非婚同居的合法性,否定非婚同居与合法夫妻身份关系的完全等同性。但是,面对不断增多的非婚同居社会现象,从社会公平原则出发,应适当的予以法律保护,以实现法律的公平,弱者的保护。

（二）非婚同居关系的处理

现行法律对于非婚同居的处理没有具体的规定,只是在《关于审理同居生活案件的意见》第 10 条中规定:"解除非法同居关系时,同居生活期间双方共同所得的收入和配置的财产,按一般共同财产处理。"2004 年 4 月 1 日最高人民法院发布的《关于适用〈中华人民共和国婚姻法〉若干问题的解释(二)》中,规定了"当事人因同居期间财产分割或者子女抚养提起诉讼的,人民法院应当受理"。可见,我国法律对于解除非婚同居关系所涉及的财产分割和子女抚养纠纷问题,规定得较为笼统、模糊,难以操作。而且,如纠纷未涉及财产和子女问题解决的,要求解除非婚同居关系的法院不予受理。笔者认为,以这种态度解决非婚同居关系,太过于随便,不利于社会的稳定。

因此,有必要对非婚同居问题进行立法规制。确定非婚同居男女双方的身份关系,明确相互间的权利义务,明确非婚同居可能带来的预期身份利益风险。比照国外立法,做如下建议:

1.非婚同居双方不形成配偶关系,不随时间的延长而自然成为夫妻身份关系,这是与合法婚姻的本质区别。

2.非婚同居关系当事人与对方亲属之间不产生姻亲关系,不具有相应的姻亲身份权益。

3.非婚同居关系当事人相互间没有法定同居生活保持义务,双方有约定的按约定。但若在同居期间发生"家庭"暴力行为,受害方依然受法律保护。

4.非婚同居双方与所共同生育子女形成亲子关系,均负有抚养子女的法定义务,且不因同居关系的解除而改变。

5.非婚同居关系解除时,如一方身体健康状况不良或生活困难的,另一方有给予帮助的法定义务。

6.非婚同居双方在同居期间所得的财产,按生活合作伙伴型关系处理,即:共同共有。但有证据证明为当事人一方所有的除外。如一方同居前的财产;一方因身体受到伤害获得的医疗费、残疾人生活补助等费用;一方专用的生活用品等。

7.非婚同居双方无相互继承关系。一方死亡后,另一方不能继承遗产,只能按相互扶助关系处理,作为生前对他方照顾较多的人分得适当的遗产。

8.对于抚恤金方面,鉴于其与死者有这种类似婚姻的同居生活事实,一般应为两年以上,也可适当得到一些抚恤金,以慰藉其伤痛。

9.在非婚同居期间,双方签订的同居协议,如同居生活方式、生活费用承担、共同财产分配等,只要不与法律、道德相违背的内容,应承认其合法效力。

10.凡须解除非婚同居关系的,一律由人民法院判决予以解除,即使双方并无子女抚养、财产分割纠纷等问题。

第五节　婚姻的效力

一、婚姻效力概说

(一)婚姻效力的概念

婚姻效力是指男女因结婚而产生的法律后果。它随着婚姻关系的确立而发生,并随着婚姻关系的消灭而终止。

婚姻的效力,可分为广义效力和狭义效力。广义的婚姻效力,泛指因婚姻的成立在婚姻家庭法及其相关法律中产生的法律后果。如民法、刑法、民事诉讼法、刑事诉讼法、劳动法、国籍法等都有关于婚姻效力的规定。狭义的婚姻效力，仅指婚姻在婚姻家庭法上的效力。其又可分为婚姻的直接效力和间接效力。直接效力是指因婚姻而产生的夫妻间的权利义务关系；间接效力是指因婚姻引起的其他亲属间的权利义务关系。本节阐述的婚姻效力，专指婚姻的直接效力，即夫妻间的权利义务。

婚姻的直接效力，从性质上又可分为两个方面：一是婚姻在身份法上的效力，二是婚姻在财产法上的效力。婚姻在身份法上的效力，也称夫妻人身关系，或称配偶关系。它是指与夫妻身份密切联系而不具有经济内容的权利义务关系，包括姓名权、同居义务、忠实义务、婚姻住所决定权及日常事务代理权。婚姻在财产法上的效力，也称夫妻财产关系，包括夫妻财产的归属、管理和使用、收益和处分等权利和债务的清偿，夫妻财产制的设立、变更和废止，夫妻相互扶养权利与义务，以及夫妻相互继承权等。

(二)夫妻在家庭中的法律地位

夫妻在家庭中的法律地位，是与男女两性的社会地位相一致的。夫妻关系的性质和特点取决于一定的社会制度。随着社会经济基础的发展，与之相适应的婚姻家庭制度的产生，夫妻在家庭中的地位也相应地发生变化。

1.古代社会中的"夫妻一体"主义

传统的亲属法学，根据立法主义的不同将夫妻关系分为两大类：一为"夫妻一体"主义，一为"夫妻别体"主义。夫妻一体主义，即夫妻合为一体，人格相互吸收。从表面上看，夫妻地位是平等的，实际上，只是妻的人格被夫所吸收，妻处于夫权支配下。

在西方，早期罗马法和中世纪欧洲教会法中的夫妻关系准则被认为是"夫妻一体"主义的代表。罗马法规定："古罗马的适婚男女，按市民法结婚以后，丈夫即依法对妻子取得夫权，妻子必须接受丈夫的支配。"[①]在东方，印度和古代中国的制度具有典型的意义。《摩奴法典》中记载，婆罗门曾宣布过一句格言："丈夫和妻子只形成一人。"中国古文献的论述有，《白虎通·嫁娶》："妻者齐也，与夫齐体"；《仪礼·丧服·传》："夫妻一体也"。[②]但是古代社会"夫妻一体"主义是妻子的人格被丈夫的人格所吸收，妻子处于依附和屈从的地位，妻子丧失独立性，无民事权利能力和民事行为能力。更谈不上妻子独立的人

---

① 周柟：《罗马法原论（上册）》，商务印书馆 2002 年版，第 117 页。

② 王丽萍：《婚姻家庭法律制度研究》，山东人民出版社 2004 年版，第 97 页。

格自由、人格尊严、人格权利。

2.近现代社会"夫妻别体"主义

夫妻别体主义,或称夫妻分体主义,即夫妻婚后仍是独立的个体,各自有独立的人格。夫妻双方虽受婚姻效力的约束,但仍各有法律行为和财产权利。

英国在1882年的《已婚妇女财产法》中规定了已婚妇女可以独立享有一系列的财产权利;1935年的《婚姻改革法》进一步确认已婚妇女有取得、占有和处分任何财产的能力,有对任何侵权行为、契约义务和其他债务承担责任的能力。[①]

《日本新宪法》第24条第1款规定:"婚姻……必须以夫妻具有同等权利为基础,相互协力合作维持。"且在同条第2款中又宣布制定有关婚姻的法律"必须遵循个人的尊严和两性真正平等的原则"。在这一思想的指导下,日本新修订的法律确认了夫妻作为独立的生活共同体而存在,支配这个共同体的基本原则不再是丈夫支配,妻子服从,而是夫妻平等合作。新法第770条第1款第1项规定夫妻负有平等的贞操义务、居住由夫妻协商决定等。从而保障了夫妻独立的人格权。[②]

资本主义社会提倡"婚姻契约论",认为婚姻是男女双方自愿订立的契约,主张婚姻关系中男女平等、夫妻人格独立,并随着妇女解放运动的深入发展,夫妻关系法表现出一种逐渐向夫妻地位平等演化的趋势。

3.我国《婚姻法》对夫妻地位的规定

《婚姻法》第13条规定:"夫妻在家庭中地位平等。"这是男女平等原则的具体体现,是对夫妻法律地位的原则性规定。夫妻双方都有各用自己姓名的权利,夫妻双方都有参加生产、工作、学习和社会活动的自由,一方不得对他方加以限制或者干涉。

综上所述,不同的社会制度具有不同的夫妻地位。夫妻关系的性质和发展,是由社会经济基础所决定,并受上层建筑诸因素的影响和制约。夫妻在家庭中的地位,与不同的社会制度相适应,可分为三个时期,即男尊女卑、夫权统治时期;在法律形式上逐渐趋向平等时期;从法律形式上平等向实际生活中完全平等的过渡时期。

---

① 杨立新:《侵权法热点问题法律应用》,人民法院出版社2000年版,第596页。

② [日]我妻荣、有泉亨:《日本民法·亲属法》,夏玉芝译,工商出版社1996年版,第57页。

二、夫妻身份权——配偶权

(一)配偶权的概念

在古代法典中我们找不到配偶权的概念。中国古代谈到身份权,只涉及家长权、族权、父权、夫权,没有配偶权之说。同样,在罗马法和法国民法典及德国民法典中,我们也寻找不到配偶权的概念,只有在古罗马法和古日耳曼法中曾经规定过夫权,在夫权婚姻下的妻子地位与所生子女一样,无民事主体资格、无民事权利能力和民事行为能力。只是到了近现代,因夫权不符合男女平等精神而最终退出了历史舞台。

配偶权的概念,是由英美法系国家率先提出并发扬光大使其日臻完善的。在英美法国家看来,配偶权对于表达婚姻结合的法律意义和象征意义具有极大的重要性。因为它能够将构成婚姻实体的各种因素概念化,诸如家庭责任、夫妻交往、彼此爱慕、夫妻性生活等都被概括在其中并为法律所承认。

配偶权是理论上的一种抽象和概括,是针对一系列权利,以夫妻间的配偶身份为前提这一共同特征而抽象出来的。在英美法系国家看来,配偶权应当是基于合法婚姻关系而在夫妻双方之间发生的,由夫妻双方平等专属享有的要求对方陪伴生活、钟爱、帮助的基本身份权。

我国学者对此有不同的看法,杨立新教授认为,配偶权是指夫妻之间互为配偶的基本身份权,表明夫妻之间互为配偶的身份利益由权利人专属支配,其他任何人均负有不得侵犯的义务。[1]

杨大文教授认为,配偶权仅是夫妻双方因结婚,基于婚姻效力和配偶身份而享有或承担特殊的权利义务的统称。[2]

此外,还有学者认为,配偶权是配偶双方互相享有的请求对方体现特定配偶身份利益而作为或不作为的基本身份权。[3]

更有学者从发生学视角对配偶权进行解读,认为:"婚姻产生之后,自然形态的性资源就被改头换面为社会形态的'性权利',而性权利无疑是配偶权最重要的组成部分。发生学意义上的配偶权是一种对性资源的排他占有权,因

---

① 杨立新:《人身权法论》,人民法院出版社 2006 年第 3 版,第 755 页。

② 张晖:《婚姻法修改再掀高潮》,载《民主与法制》2000 年第 17 期。

③ 张保华:《第三者侵害配偶权之民事责任》,载杨立新主编:《侵权法热点问题法律应用》,人民法院出版社 2000 年版,第 581~582 页。

而配偶权首先应被理解为'丈夫对其他男性的权利'或'妻子对其他女性的权利'。"并认为："即便在现代社会中，配偶权也首先是一种丈夫对其他男性，妻子对其他女性的权利，其次才是一种'夫对妻，妻对夫'的权利。"①

以上学者都从不同角度对配偶权的概念进行了描述，虽有所差异，但都有一个共同点，即配偶权是夫妻基本身份权，是基于法律规定的夫妻身份地位而产生的基本权利，是权利人享有专属支配其身份利益和财产利益的权利，对方及其他第三人均负有不得侵犯的义务。

（二）配偶权的性质与特征

配偶权是基本身份权，是基于法律规定的夫妻身份地位而产生的，配偶权"不独立为权利人之利益，同时为受其行使之相对人之利益而存在"②。这决定了配偶权从本质上讲是权利，却以义务为中心，权利人在道德和伦理观的驱使下自愿或非自愿地受制于相对人的利益。因而权利之中包含义务，基于此，有的学者称配偶权为"合权利义务为一体的新型权利"，具有以下特征：

1. 配偶权的权利主体是配偶双方，由夫妻双方平等享有。即丈夫对妻子享有配偶权，有权请求妻子陪伴、钟爱、帮助自己，反之，妻子对丈夫也同样享有该项权利，配偶权由夫妻双方平等享有，充分实现了男女人格地位的法律平等。基于配偶身份权，丈夫不得支配妻子，使妻子处于从属、服从的地位，反之亦然。正因为如此，现代民法上的配偶权才同传统意义上的夫权存在着天壤之别，也正是由于在配偶权中自始至终贯穿着男女平等的原则，才使得配偶权获得了生命，才有其存在的价值。

2. 配偶权的客体是配偶之间的身份利益和财产利益。最主要的内容是身份方面的利益，也包括财产权、继承权等财产利益，如夫妻财产共有权，夫妻相互继承权等。配偶身份权不包括婚姻自主权，婚姻自主权属于人格权的性质，而配偶身份权为基本身份权，其基本利益是确定夫妻关系所体现的身份利益和财产利益。

3. 配偶权具有支配性。配偶权是一种支配权，但其支配的是配偶的共同身份利益和财产利益，而不像传统夫权，支配的是对方配偶的人身，这是一种平等的身份利益支配权，是配偶权同传统夫权的又一重要区别。

4. 配偶权是具有相对性的绝对权。因为配偶权是由独立的男女两性权利

---

① 桑本谦：《配偶权：一种"夫对妻，妻对夫"的权利?》，载《民商法学》2004年第4期。

② 史尚宽：《亲属法论》，中国政法大学出版社2000年版，第35页。

主体共同组成的,在夫妻之间依然存在独立的人格,具有相对的权利义务关系,即相对性。夫妻之间任何侵害对方人格权的行为,如家庭暴力、虐待、遗弃等,同样受法律制裁。但配偶共同享有的人身权利,如夫妻同居权、共同生育权、相互扶助权等具有对世性,绝对权性质,其权利只能由配偶专属所有。其他任何人都是配偶身份权的义务主体,均负有不得侵犯配偶权利的义务。因而,配偶权也可能成为侵权行为的客体,任何人侵害配偶权,都应当承担相应的法律责任。

(三)配偶权的内容及立法完善

1.配偶权的内容

配偶权是基于法律规定的夫妻身份地位而产生的基本身份权,但配偶权作为基本身份权还包括诸多派生的身份权,基本身份权确定,则当然发生派生身份权,基本身份权变动,则派生身份权变动,究竟配偶权包括哪些派生的身份权利,其具体内容,我国学者有多种看法。

有的学者认为它应包括八项:夫妻姓氏权;同居义务;忠实义务;住所决定权;职业、学习和社会活动自由权;日常事务代理权;相互扶养、扶助、救助权;及生育权和计划生育义务。[①]

有的学者认为,配偶权的具体内容为:受尊重权;贞操请求权;同居权;住所决定权;姓名权;配偶的人身自由权;家事代理权、协助权。

还有的学者认为,配偶权除上述权利外,还包括财产管理权、收养子女权、继承权、夫妻定约权等十五项之多。[②]

笔者认为,要正确界定配偶权的具体内容及性质,须从婚姻的功能和目的入手分析,才能得出正确的答案。

《礼记·昏仪》说:"昏礼者,将合二姓之好,上以事宗庙,而下以继后世也,故君子重之。"可见,在古人眼里,婚姻的目的不但是夫妻双方,而且是为家、为祖、为后世。[③] 婚姻的目的在于传宗接代,在于生育。同样,在国外,婚姻的目的也是继血统、承祭祀,以宗族利益为基础。正如五大法学家之一的莫德四体努斯对婚姻所下的定义称:"婚姻是一夫一妻的终身结合,神事和人事的共同

---

① 杨立新:《人身权法论》,民法院出版社 2006 年第 3 版,第 761~770 页。

② 刘引玲:《配偶权问题研究》,中国检察出版社 2001 年版,第 100~122 页。

③ 张晋藩:《清代民法综述》,中国政法大学出版社 1998 年版,第 186 页。

关系。"①可见,夫妻结婚,生男育女,继血统是当时社会制度下的婚姻目的。

但现代社会对婚姻的理解,已经注入了新的内容和精神,认为婚姻是男女两性为永久共同生活而缔结的一种特殊的社会关系,即夫妻关系,或称配偶关系。婚姻的目的和功能不仅在于共同生育,还在于夫妻性爱以及夫妻间相互扶助。

由此,夫妻因特定的身份而产生了特定的主体资格,享有权利承担义务,具有了配偶身份利益。根据对婚姻的功能与目的的分析,笔者认为,在上述学者认为是配偶权的具体内容中,属于夫妻人格利益的有配偶的人身自由权、受尊重权、姓氏决定权等。属于夫妻财产利益的有财产继承权、管理权,日常事务代理权等。而属于夫妻身份利益的有夫妻同居生活、保持贞操义务,共同生育子女,相互陪伴、钟爱和帮助等权利和义务。

三、夫妻的人身关系

(一)现行法律的规定

婚姻家庭法具有较强的伦理道德性,法作为国家公权力对国民生活的介入和调整,不仅要考虑个案当事人纠纷的解决、利益的平衡,更重要的是实现社会稳定的预期效果。因此,在规范夫妻身份关系的法律制度中,在维护配偶身份利益上,应当着眼于家庭的稳定和社会的和谐。

2017 年 10 月 1 日实施的《中华人民共和国民法总则》第 112 条对婚姻家庭中的人身权利作了原则性的规定:"自然人因婚姻、家庭关系等产生的人身权利受法律保护。"我国《婚姻法》关于配偶身份权益保护的规定较少,对最能体现配偶身份权本质特征的夫妻同居义务和夫妻忠实义务均未作任何具体的规定,这不能不说是立法上的一个重大缺陷。婚姻法的制定和完善是关系到千家万户的大事,关系到家庭生活的稳定、社会秩序的稳定。配偶身份利益的保护,对于规范婚姻行为、维护良好的社会秩序,衡平当事人利益起到了积极的作用。

(二)夫妻间相互尊重的权利和义务

1.含义

现代配偶身份权意味着配偶双方在家庭中的地位完全平等,在平等的基础上需要相互尊重。夫妻是由两个独立的个体组成的,他们都具有独立的人

---

① 周枏:《罗马法原论》,商务印书馆 2002 年版,第 178 页。

格尊严。每个配偶都应当尊重对方的独立人格权,包括生命权、身体健康权、人身自由权、职业选择权、宗教信仰权、隐私权、名誉权、人格尊严等身体和精神方面的权利。严禁辱骂、侮辱、殴打及性暴力,或对他方实施精神虐待,或限制他方人身自由,或侵犯他方隐私权等非法行为。否则过错配偶一方应承担相应的民事赔偿责任。

2.国外立法

国外婚姻家庭立法分别规定了夫妻相互尊重的权利。如1985年《保加利亚人民共和国家庭法典》第15条规定:"夫妻间的相互性,夫妻关系应建立在互相尊重、互相谅解、互相信任以及对家庭共同关心的基础上。"1975年《塞尔维亚社会主义共和国婚姻法》第41条规定:"夫妻有义务彼此重视和互相尊重。"[①]1987年《菲律宾共和国家庭法》第68条规定:"丈夫和妻子应当一起生活,相互热爱、相互尊重、彼此忠诚,相互帮助、相互扶养。"1995年《俄罗斯联邦家庭法典》第31条第3款规定:"夫妻双方应在相互尊重与相互帮助……"[②]

3.我国的规定

同样,我国《婚姻法》第4条明确规定:夫妻间应互相忠实、互相尊重。尊重对方的人格尊严,只有这样才能实现婚姻生活的幸福与和谐。

(三)夫妻人身自由权

1.含义

人身自由权是指公民依法享有的其人身和行为完全由自己支配,不受任何组织或个人非法限制、侵害的权利。它是公民最一般的人格权利,也是公民参加政治、文体、社会、诉讼活动和享受其他权利的先决条件。婚姻法中夫妻的人身自由权主要是指已婚男女依法享有参加社会活动、进行社会交往、从事社会职业的权利。

2.国外立法

国外立法对此作了相应的规定。如1985年《保加利亚家庭法典》第17条

---

① 张贤玉:《外国婚姻家庭法资料选编》,复旦大学出版社1991年版,第238～292页。

② 中国法学会婚姻法学研究会编:《外国婚姻家庭法汇编》,群众出版社2000年版,第241～475页。

规定:"夫妻双方都有选择职业的自由。"①1987 年《菲律宾共和国家庭法》第 73 条规定:"夫妻均有权从事正当职业、工作、商业或社会活动,无须征得对方同意。"1995 年《俄罗斯联邦家庭法典》第 31 条第 1 款规定:"夫妻各方都有选择工作类型、职业、居所和住所的自由。"②现行《瑞士民法典》"亲属编"第 161 条规定:"妻子可不丧失其单身时享有的州和镇的公民权而取得丈夫的州和镇的公民权。"③可见,结婚后妻子仍保留自己独立的人格自由权,不因结婚而增减。

3.我国的规定

我国现行《婚姻法》第 11 条规定:夫妻有参加生产、工作、学习和社会活动的自由。一方不得对他方加以限制或干涉。夫妻有无人身自由权,是夫妻在家庭中的地位是否平等的重要标志。然而,在现实生活中,由于受旧传统、旧思想意识的影响,丈夫限制或干涉妻子人身自由的侵权行为时有发生。我国立法今后应加强对该权利的强制性保护措施和法律救济。

(四)姓名权

1.含义

姓名权是夫妻双方在婚姻关系建立以后有使用自己姓名的权利。夫妻各自拥有独立的姓名权是夫妻拥有独立人格的标志,也是男女平等原则的具体体现。

2.国外立法

关于夫妻姓名权的立法,取决于法律采取何种夫妻关系基本原则。纵观世界各国关于夫妻姓名权的立法,不外乎有 4 种基本类型:

第一,坚持妻从夫姓原则。如现行的《瑞士民法典》第 160 条第 1 款规定"夫的姓氏为配偶双方之姓氏"④,再如 1969 年施行的《意大利民法典》第 144 条规定:"丈夫为一家之长,妻子随丈夫的市民身份,使用夫姓,并且有义务在丈夫选定的任何住所陪伴丈夫"。

第二,允许双方当事人任意约定原则。如现行《德国民法典》第 1355 条第 2 款规定:"配偶双方可以向民事身份官员作出意思表示,将妻或夫的出生姓

---

① 张贤玉:《外国婚姻家庭法资料选编》,复旦大学出版社 1991 年版,第 239 页。
② 中国法学会婚姻法学研究会编:《外国婚姻家庭法汇编》,群众出版社 2000 年版,第 241 页。
③ 殷生根、王燕译:《瑞士民法典》,中国政法大学出版社 1999 年版,第 44 页。
④ 殷生根、王燕译:《瑞士民法典》,中国政法大学出版社 1999 年版,第 44 页。

氏或在作出关于姓氏的确定的意思表示时所使用的姓氏确定为婚姻姓氏。"①
再如 1995 年《俄罗斯联邦家庭法典》第 32 条规定的夫妻选择姓的权利,第 1
款规定:"结婚时夫妻可以按照自己的意愿选择一方的姓作为他们的共同的
姓,或者双方各自保留自己婚前的姓,或者将另一方的姓与自己的姓
合并……"②

第三,妻子在姓名前冠以夫姓原则。如我国民国时期《民法》第 1000 条规
定,妻子其本姓前冠以夫姓,赘夫以其本姓冠以妻姓。

第四,夫妻婚后保持自己原来各自姓氏原则。如我国现行的婚姻法。

3. 我国的规定

我国《民法通则》第 99 条规定:"公民享有姓名权,有权决定、使用和依照
规定改变自己的姓名,禁止他人干涉、盗用、假冒。"我国婚姻家庭法坚持夫妻
地位平等原则,现行《婚姻法》第 10 条明确规定:"夫妻双方都有各用自己姓名
的权利。"当然,法律作出这一规定并不排除配偶之间可以就夫妻姓氏进行
约定。

(五)婚姻住所决定权

1. 含义

婚姻住所决定权是指夫妻选定婚后共同生活住所的权利。婚姻或家庭住
所是配偶共同生活的依托,关系到共同生活的基础,是未成年子女稳定生活的
保障,应由配偶双方共同决定。

2. 国外立法

现代各国关于住所决定权的立法,主要有 4 种:

第一,丈夫权利主义。这种立法仍然规定住所决定权由丈夫单方行使,只
不过行使权利的专制性质有所改变。例如 1938 年法国民法典仍规定:夫为一
家之长,有选定其居所之权利。

第二,丈夫义务主义。这种立法规定丈夫有义务为妻子提供住所,而妻子
则享有在该住所居住的权利。如《英国 1967 年婚姻住房法》和《1970 年婚姻
程序及财产法》便作此规定,且为了更好地保障妻子的居住权,还规定了即使
夫对婚姻住所并无产权,未经司法裁判,也不得强制令妻迁移。

第三,协商一致主义。这种立法规定婚姻住所由配偶双方协商一致确定。

---

① 陈卫佐译:《德国民法典》,法律出版社 2006 年第 2 版,第 433 页。
② 中国法学会婚姻法学研究会编:《外国婚姻家庭法汇编》,群众出版社 2000 年版,
第 247 页。

如现行《法国民法典》第 215 条第 2 款规定:"家庭的住所应设在夫妻一致选定的处所"①,现行《瑞士民法典》第 162 条明确提出:"配偶双方共同决定其婚姻住所"②。

第四,自由主义。这种立法规定夫妻各方都有选择居住地点的自由,如我国。

3.我国的规定

我国《婚姻法》第 8 条规定:"登记结婚后,根据男女双方约定,女方可以成为男方家庭的成员,男方也可以成为女方家庭的成员。"这表明在我国男女双方都有平等决定夫妻住所的权利。由此可见,我国婚姻法对住所决定权实行的是自由主义原则。

(六)夫妻同居义务

1.含义

同居义务是基于配偶身份关系而产生的夫妻间的法定义务。夫妻同居权利和义务是指合法婚姻关系双方当事人共同生活、共同寝食、相互扶助和进行性生活的权利和义务。夫妻性生活是同居义务的重要内容。此外,配偶的同居义务还表现为夫妻相互协力义务、共同寝食义务,这两种义务要求夫妻相互支持对方的意愿和活动,共同料理家事,相互抚养、扶助,当配偶一方遭遇危难,对方负有救助、救援的义务。同居义务是一种法定义务,是夫妻双方共同的、平等的义务,非有正当理由夫妻任何一方不得拒绝履行同居义务。

2.国外立法

在近代民事立法上,曾基于妻对于夫的人身依赖性和依附性,而认同居是妻子的单方义务,而不是夫的义务。如日本旧民法(1947 年前)规定,妻负有与夫同居之义务,夫须许妻与之同居。而现代民事立法中实行男女平等,规定同居是配偶双方的平等义务。夫妻的同居权利和义务是受法律保护的。因此,有些国家就规定了,无正当理由违反同居义务的要承担相应的法律后果。如英国法律规定,配偶一方违反同居义务,他方享有恢复同居的诉讼请求权;关于恢复同居的判决虽不得强制执行,但不服从该判决的可视为遗弃行为,构成司法别居的法定理由之一。现行《法国民法典》第 214 条第 4 款规定:如果夫妻一方不履行其义务时,他方得依民事诉讼法规定的方式迫其履行,就同居

---

① 罗结珍译:《法国民法典》,中国法制出版社 1999 年版,第 73 页。
② 殷生根、王燕译:《瑞士民法典》,中国政法大学出版社 1999 年版,第 44 页。

义务而言,主要是申请扣押收入或进行精神损害赔偿。①

当然,法律在规定夫妻同居义务的同时,也规定在一定条件下夫妻可以暂时或部分中止同居义务,这些条件是:

第一,因处理公私事务,需要在较长时间内合理离家;

第二,一方因生理原因对同居义务部分或全部地不能履行;

第三,一方被依法限制人身自由而无法履行同居义务;

第四,配偶一方在其健康、名誉或者经济状况原因,夫妻共同生活受到严重威胁时,在威胁存续期间有权停止共同生活;

第五,提起离婚诉讼后,配偶双方在诉讼期间均有停止共同生活的权利。

3. 我国的规定

我国现行的《婚姻法》虽然没有直接明文规定夫妻互负同居义务,但是从第 3 条规定"禁止有配偶者与他人同居"、第 4 条规定"夫妻应当互相忠实"、第 32 条第 4 款规定"因感情不和分居满 2 年的"作为认定为夫妻感情破裂标准等,以及长期以来适用的司法解释的内容,都将"婚后未同居""分居满 3 年""判决不准离婚后再分居满 1 年"等情形视为夫妻感情确已破裂,从而准予离婚的规范性意见,必然可推出夫妻有同居义务这一法律要求。建议我国婚姻立法今后应在条文中明确该项权利义务,并进一步加以完善。

(七)夫妻忠实义务

1. 含义

忠实义务又称配偶性生活排他专属义务,它是指配偶专一性生活的义务,它要求配偶双方互负贞操忠实义务,有权要求他方不为婚外性生活,一方的权利恰是他方的贞操义务,即夫妻忠实义务。广义的贞操义务还包括不得恶意遗弃他方以及不得为第三人利益牺牲、损害配偶他方的利益。夫妻互负贞操忠实义务是婚姻关系的最本质的要求,婚姻关系的稳定性很大程度上依赖于性生活上的忠诚。婚姻以爱情为基础,爱情以性爱为基础,因而,爱情具有强烈的专一性和排他性,如果性生活没有排他性,那么它就失去了婚姻的根本属性,即社会性。夫妻一方违背忠实义务,将对另一方配偶的名誉、社会地位、人格尊严产生巨大的影响。夫妻性爱的排他性是夫妻关系中最富象征性也最具有实际意义的因素,性的纯洁和忠贞问题对维系配偶关系和和谐稳定举足轻重,性的背叛成为婚姻关系中人们不可容忍的事情。由此可见,夫妻互负贞操

---

① 罗结珍译:《法国民法典》,中国法制出版社 1999 年版,第 73 页。

忠实义务对婚姻关系的稳定和婚姻生活的和谐有着极其重要的作用。

2.国外立法

夫妻忠实义务是法定义务,夫妻任何一方违反该项义务都要承担相应的法律责任,违反忠实义务的最主要表现形式就是配偶一方与第三人的通奸行为。为了维护婚姻家庭的稳定和保证贞操忠实义务的履行,各国立法均规定在配偶一方与第三人通奸的情况下,无过错方可依此请求离婚。如现行的《葡萄牙民法典》第1779条、第1794条规定:任何故意违反忠实义务的行为,都会构成配偶一方据以请求法院判决分产或分居直至离婚的合理依据。配偶一方通奸是构成他方配偶提起离婚诉讼的最重要法定理由。此外,无过错的配偶一方还可以提起侵权诉讼,要求第三人和与之通奸之配偶赔偿其经济上和精神上的损失。如现行《日本民法》规定:对与配偶通奸的第三方,无过错方可单独向第三者请求赔偿。① 依日本民法的解释:"与夫妻一方发生不正当关系的第三者,对于故意或过失、诱惑等,不问是否是自然的爱情,均对作为他方配偶的夫或妻的权利构成侵害,其行为具有违法性,对他方配偶精神上的痛苦有支付慰抚金的义务。"②

3.我国的规定

我国现行的《婚姻法》在总则中对此加以规定,第4条:"夫妻应当互相忠实,互相尊重。"该规定虽未安排在家庭关系一章,带有一定的宣言性,但它毫无疑问是专门针对夫妻的规定,应理解为它是配偶权的有机组成部分。

(八)夫妻日常事务代理权

1.含义

日常事务代理权亦称家事代理权,是指配偶一方在与第三人就实施日常事务为一定法律行为时,享有代理配偶他方权利行使的权利。其法律后果是配偶一方代表家庭所为的行为,对方配偶必须承担后果责任,配偶双方对其行为承担共同的连带责任。这种家事代理权与表见代理相似,适用表见代理的原理。其目的在于保护无过失第三人的利益,有利于保障交易的动态安全。

2.国外立法

世界上多数国家都对夫妻日常事务代理权作出规定,例如,英国1970年

---

① 杨立新、孙博:《国外人格权的历史发展》,载《河北法学》1995年第4期。
② 孔祥瑞、李黎:《民法典亲属编立法若干问题研究》,中国法制出版社2005年版,第105页。

婚姻程序及财产法就明确规定夫妻互有家事代理权,承认了夫妻双方的对等地位;美国则规定妻以夫的信用与商人交易,只要夫未表示反对,法律则承认妻有代理权。而大陆法系国家如现行的《德意志民主共和国家庭法典》第 11 条规定,对于有关双方共同生活的事务,夫妻一方有权代替另一方采取行动,在此范围内所引起的法律责任,夫妻双方都要共同承担。《瑞士民法典》第 166 条第 1 款规定:"配偶双方中任何一方,于共同生活期间,代表婚姻共同生活处理家庭日常事务。"第 2 款第 3 项规定:"配偶中任何一方对其行为负个人责任,但该行为无法使第三人辨明已超越代理权的,配偶他方亦应负连带责任。"①但如果第三人明知配偶他方不负责任的,他方配偶可不负责。如现行《日本民法典》第 761 条规定:"配偶一方事先对第三人表示了不负责任意思后,他方即使在处理日常事务范围内的事宜,也不负连带责任。"②

3.我国的规定

对配偶的家事代理权,我国现行的《婚姻法》未作规定。但台湾地区的"民法典"第 1003 条曾规定:"夫妻于日常事务互为代理人。夫妻一方滥用前项之代理权时,他方得限制之,但不得对抗善意第三人。"该规定较为科学和严谨,建议今后立法可借鉴之。

(九)夫妻共同生育权

1.含义

共同生育权是夫妻双方依照法律规定及共同意愿决定是否生育子女的权利。在古代,缔结婚姻就意味着生儿育女,传宗接代。虽然现代婚姻观念改变了,并不强调婚姻的唯一功能是生育,但是我们也并不否认,生育在婚姻生活中的重要性,它是人类生命的延续。

一方面,生育权对个体而言,它属于人格权,是一种建立在男女生殖健康权基础上的两性生育权,是一项神圣的基本人权。生育权作为基本人权受法律保护,侵害配偶生育权应受到法律的制裁。如妻子无正当理由擅自终止妊娠;双方婚前、婚后未达成不生育协议,一方配偶无故拒绝生育;未征得对方同意,擅自采取人工生育方式等。如果一方配偶故意侵害另一方配偶的正常生育权,侵害对方人格利益,另一方配偶叮以此为由起诉离婚,并可同时提起侵权诉讼,获得民事损害赔偿,包括精神损害赔偿。

---

① 殷生根、王燕译:《瑞士民法典》,中国政法大学出版社 1999 年版,第 45~46 页。

② 渠涛编译:《最新日本民法》,法律出版社 2006 年版,第 161 页。

另一方面,生育权对夫妻双方而言,它属于配偶身份权。因为,行使生育权本身虽为夫妻个体所决定,利益为个体所享有,具有人格权的性质,但生育子女必须由夫妻双方相互协作才得以实现,基于特定的身份关系而产生的夫妻共同生育权,从某种意义上说,也是配偶间一项重要的身份权益,具有绝对性特征,配偶以外的第三人不得侵害。如擅自婚外生育,使一方配偶完全或部分丧失生育权(如发现子女是非亲生时配偶已无生育能力),侵害合法夫妻共同生育权的行为。对此,有过错方配偶与第三人应负连带赔偿责任。再如,第三者(包括医院中的医生)故意或过失造成一方配偶丧失生育能力,也是一种侵害配偶共同生育权的行为,侵害人应承担民事赔偿责任。

2.我国的规定

我国原先在《婚姻家庭法(专家建议稿)》第 27 条规定:夫妻有平等的生育权。实行计划生育是双方的权利义务。但未被采纳。新颁布的现行《婚姻法》只是对夫妻的计划生育义务提出要求。如,第 2 条第 3 款规定:"实行计划生育";第 16 条规定:"夫妻双方都有实行计划生育的义务"。但《中华人民共和国妇女权益保障法》考虑到对妇女人身权的保护,专门对妇女生育自由权作出规定,第 47 条明确:"妇女有按照国家有关规定生育子女的权利,也有不生育的自由"。

3.延伸思考

在现实中,对丈夫的生育权是否应受到法律保护引起越来越多人的关注,笔者认为,男子通过结婚,享有唯一合法生育子女的渠道应当予以保障,丈夫的生育权应当得到法律的保护,否则是对丈夫人格权益、配偶身份权益的双重侵害。中国自古重视传宗接代,作为凡人,无可厚非。婚姻很重要的一项功能在于生育自己的后代,剥夺丈夫生育子女的权益,无异于剥夺他的生命,剥夺他生命的延续性,对其造成的身心伤害是极其严重的,对此,应当引起我国立法者的重视。

(十)小结

夫妻人身权作为配偶间的基本身份权益,主要包括上述几项派生身份权,配偶身份权不仅规定了夫妻间的权利义务,规范、约束着夫妻的行为,全面反映了婚姻生活的内在本质要求,而且配偶身份权还保障着婚姻生活的健康发展以及婚姻生活的安全、和谐、幸福。正是由于配偶身份权在调整婚姻家庭生活中发挥着其他民事权利所不能替代的作用,所以,世界上除英美法系国家明确规定配偶身份权定义及具体内容外,许多大陆法系国家的法律也都采用不同的形式,或以立法形式,或以司法判例形式,分别规定了配偶权的派生身份权,例如,《法国民法典》《日本民法典》《德国民法典》《瑞士民法典》都对配偶权的派生身份权作了明确的规定。

针对夫妻人身权的民法保护问题,笔者建议在《民法总则》立法精神的指导下,在婚姻家庭法中明确规定配偶身份权概念,明确界定配偶身份权益,其主要内容应当包括配偶的同居生活权、生活保持义务;配偶的共同生育权、夫妻忠实义务等。立法规制非婚同居准配偶身份关系,确立夫妻别居权和婚姻住所权,保护配偶身份权益,维护婚姻弱者的利益,并就婚姻关系存续期间夫妻地位平等、人格独立予以确认,坚决制止家庭暴力等任何侵害相对方配偶人身权的一切行为。配偶身份利益作为绝对权,依法受国家法律保护,任何第三人均不得侵害。由于第三者的故意或过失造成配偶身份利益直接或间接损害的,可依据民法、侵权行为法的相关规定追究第三者的责任,且对受害者非财产上的损失,一并予以赔偿,以实现法律的公平与正义。

四、夫妻的财产关系

(一)夫妻财产制的概念和种类

夫妻财产制是指规定配偶财产关系的法律制度。其内容包括各种夫妻财产制的设立、变更与废止,夫妻婚前个人财产和婚后共有财产的归属、管理、使用、收益和处分,以及家庭生活费用的负担,夫妻对外财产责任,婚姻终止时夫妻财产的清算和分割问题。

男女双方因结婚产生配偶关系,夫妻财产关系从属于夫妻人身关系,是夫妻关系存在的基础,是家庭经济职能的具体表现,是夫妻生活中的一项重要内容。

夫妻财产制的种类具有一定的地域性和时代性。在古代"夫妻一体"主义下,夫妻财产多采"吸收制",即妻的财产因结婚而为夫家所有,否认妻独立的财产权。到了近代"夫妻别体"主义下,夫妻财产制出现了多种形式,从不同的角度可分为:

1.按发生根据的不同分为法定夫妻财产制和约定夫妻财产制

法定夫妻财产制是指夫妻婚前或婚后财产依法律规定而直接适用的夫妻财产制。由于各国政治、经济、文化和民族传统习惯不同,各国规定直接适用的法定财产制形式也不相同。目前,各国采用的法定财产制主要有共同财产制、分别财产制、剩余共同财产制、统一财产制等形式。

约定夫妻财产制是指相对于法定财产制而言,允许夫妻以契约的方式选择决定夫妻财产制形式的制度。如果当事人不选择夫妻约定财产制形式,就适用法定财产制。约定财产制从立法限制程度来看,分为两种情况:一种是立法限制较少,对当事人约定财产关系的范围和内容不作严格限制;另一种是立法限制较多,在约定财产的范围上、内容上,还有程序上,要求夫妻严格按照格式要求订立协议,方能生效。

2.按适用情况的不同分为普通财产制和非常财产制

普通财产制是指通常情况下依夫妻双方约定或法律规定而适用的财产制,包括法定财产制和约定财产制。

非常财产制是相对于普通财产制而言的,指在特殊情况下当出现法定事由时,依法律或依夫妻一方或双方债权人的申请,由法院宣告撤销原依法定或约定设立的共同财产制改设为分别财产制。非常财产制根据产生的程序不同,又可分为当然的非常财产制和宣告的非常财产制。

当然的非常财产制,是指如夫妻一方受破产宣告或已有持清偿不足证书的债权人时,基于法律规定,其夫妻财产制当然设定为分别财产制。

宣告的非常财产制,如依夫妻一方或双方债权人的申请,由法院裁决宣告撤销原共有财产制,改设为分别财产制。如夫妻一方无能力管理共同财产或滥用所管理的共同财产;夫妻分居;夫妻不履行扶养家庭义务;夫或妻财产不足清偿其债务或夫妻财产不足清偿其总债务;夫妻一方无正当理由,拒绝对共同财产的通常管理予以应有的协作或拒绝他方为夫妻财产上之处分;配偶一方为禁治产宣告等。[①]

3.财产制内容分为共同财产制、分别财产制、剩余共同财产制、联合财产制和统一财产制

共同财产制,指婚后夫妻财产所得共有。当然还可细分为一般共有制,动产及所得共有制,所得共有制,劳动所得共有制等形式。一般共有制是指夫妻婚前和婚后财产均为夫妻共有财产;动产及所得共有制是指夫妻婚前的动产及婚后所得财产为夫妻共有的财产制;所得共有制是指夫妻在婚姻关系存续期间所得财产为夫妻共有的财产制;劳动所得共有制是指夫妻婚后的劳动所得为夫妻共有,非劳动所得财产如继承受赠等,则归各自所有的财产制。此外,夫妻劳动所得共有制中还可细分为体力劳动所得共有,不包括劳心所得,即体力劳动所得共有,智力成果所得却是分别所有。

---

① 参见《德国民法典》第 1447 条至第 1449 条,《瑞士民法典》第 183 条至第 185 条,《法国民法典》第 1441 条至第 1442 条。

分别财产制是指夫妻婚前、婚后所得财产均归各自所有,并独立行使管理、使用、收益和处分权。但不排除双方拥有一部分共同共有财产,也不排除一方以契约形式将其个人财产的管理权交付另一方使用。

剩余共同财产制,指夫妻对于自己婚前财产及婚后财产,各自保留其所有权、管理权、使用收益权以及有限处分权,待夫妻财产制终止时,以夫妻双方增值财产的差额为剩余财产,归双方分享。我国台湾地区就适用该财产制。即分别财产制框架下的夫妻剩余财产共有制。

统一财产制、联合财产制,主要是指对夫妻财产属性不变情况下统一归丈夫所有,或归丈夫管理的财产制度。

4.按财产制涉及的范围可分为特有财产制与共同财产制

如上所述,不少设有共同财产制的国家,对婚后夫妻共同财产制范围作了限制,将婚后所得的一定范围财产依法或依双方约定为个人的特有财产。

所谓夫妻特有财产,又称为夫妻保留财产,是指夫妻婚后在实行共有财产制的同时,各自保留一定范围的个人所有财产,并对该财产享有管理、使用、收益和处分的权利,并承担相应的法律责任。

特有财产制不同于分别财产制,特有财产制是对夫妻共有财产制的限制和补充,包括约定的特有财产制和法定的特有财产制。如我国现行法律规定,婚前财产属于个人特有的财产。

(二)现代夫妻财产制的立法宗旨和立法原则

1.约定先于法定原则

在夫妻财产制这个问题上,国家法律只是规定某种特定形式,但是允许夫妻双方根据自己的实际财产情况约定财产制形式,包括婚前财产、婚后财产归属等问题。如有约定,则适用约定的夫妻财产制形式,也就是说约定优先于法定适用。有约定,按约定;没约定,按法定。

2.夫妻双方的财产权利和财产义务平等原则

夫妻在婚姻关系存续期间,平等地共同享有这个财产权利。即对夫妻共有财产享有平等的所有权和处理权。这个就是我们说的,男女双方在家庭财产问题上,权利义务平等原则。

3.保障弱者利益的原则

保障弱者利益主要体现在,夫妻离婚分割财产,要对妇女的财产予以特殊保护。在婚姻关系存续期间,家庭全职妇女,因为照看孩子没有出去工作,那么,该妇女可以平等地分享其丈夫的一切劳动所得,妇女的财产权益受法律保护。

4.保护夫妻合法财产权益与维护第三人利益相兼顾原则

夫妻在婚姻关系存续期间,可能会产生一些共同债务和个人债务。如何认定共同债务和个人债务,涉及第三人,也就是债权人的权益的保护问题,债权人能否向夫妻双方主张权利,关键要判断该借款是夫妻共有债务,还是个人债务。现实生活中,可能会出现夫妻一方借债,不是用于家庭共同生活,而是用于赌博或个人的消费,在这种情况下,要求其配偶共同承担这个债务,是不公平的。所以,在共同债务和个人债务的认定问题上,应当解决好配偶合法财产权益保护与债权人第三人财产利益保护间的冲突与协调问题。

(三)我国现行的夫妻财产制

我国的夫妻财产制立法,自新中国成立以来经历了一个不断发展的过程,其内容也逐渐具体完善。2001年4月28日《婚姻法》修正案及相关司法解释,进一步充实完善了我国的夫妻财产制度。

1.规定夫妻共同财产制为法定财产制

在我国,夫妻共同财产制,是指夫妻双方没有约定、约定不明或约定无效时,在婚姻关系存续期间所得财产归夫妻双方共同所有的财产制度。《婚姻法》第19条规定,没有约定或约定不明确的,适用夫妻共同所有制,除特有财产外。《婚姻法》第17条、第18条,及司法解释的相关规定,以列举和概括的方式明确规定了夫妻婚姻关系存续期间所得的财产,为夫妻共有财产。其范围包括:

(1)工资、奖金;生产、经营的收益(劳力所得);

(2)实际取得或已经取得的知识产权的收益(劳心所得);

(3)继承或赠与所得的财产(无偿所得),但遗嘱或赠与合同中确定只归夫或妻一方的财产除外;

(4)婚后一方以个人财产投资取得的收益,但不包括个人财产产生的孳息;

(5)男女双方实际取得或者应当取得的住房补贴、住房公积金、养老保险金、破产安置补偿费;

(6)军人名下的复员费、自主择业费等一次性费用的,以夫妻婚姻关系存续年年限乘以年平均值,所得数额为夫妻共同财产;

(7)一方婚前承租、婚后用共同财产购买的房屋,房屋权属证书登记在一方名下的,为夫妻共同财产;

(8)当事人结婚后,父母为双方购置房屋出资的,该出资应当认定为对夫妻双方的赠与,为夫妻共有财产,但父母明确表示赠与一方的除外;

(9)由双方父母出资购买的不动产,产权登记在一方子女名下的,该不动产可认定为双方按照各自父母的出资份额按份共有,但当事人另有约定的除外;

(10)夫妻一方以个人财产支付首付款并在银行贷款,婚后用夫妻共同财产还贷,共同还贷支付的款项及其相对应财产的增值部分,为夫妻共同财产。

2.明确了夫妻个人特有财产的范围

夫妻个人特有财产,是指法律明确规定的属于个人的财产。《婚姻法》第18条及司法解释,以列举和概括的方式,明确界定夫妻一方特有财产。其内容包括:

(1)一方婚前财产,指婚前已经得到的财产,包括动产和不动产;

(2)一方因身体受到伤害获得的医疗费、残疾人生活补助费等费用;

(3)遗嘱或赠与合同中确定只归夫或妻一方的财产,体现了婚姻法对遗嘱人和赠与人意愿的尊重;

(4)一方专用的生活用品,如衣物、鞋帽等,贵重物品及其他奢侈品不宜认定为一方个人财产;

(5)军人的伤亡保险金、伤残补助金、医药生活补助费属于个人财产;

(6)当事人结婚前,父母为双方购置房屋出资的,该出资应当认定为对自己子女的个人赠与,为个人特有财产,但父母明确表示赠与双方的除外;

(7)夫妻一方婚前以个人财产购买,并登记在自己名下的房产,婚后虽用夫妻共同财产还贷,原则上依然认定该不动产归登记一方个人所有,对婚后共同还贷部分给予另一方经济补偿;

(8)婚后由一方父母出资为子女购买的不动产,产权登记在出资人子女名下的,视为对自己子女一方的赠与,该不动产应认定为夫妻一方的个人财产。

3.完善了夫妻约定财产制

夫妻约定财产制作为我国夫妻法定财产制即所得共同共有制的必要补充,是指夫妻双方通过协议的方式对夫妻在婚姻关系存续期间所得财产以及在婚前财产所有权的归属、管理、使用、收益和处分,债务的清偿,婚姻解除时财产的清算等事项讲行约定的财产制度。

(1)约定的行为主体是夫妻双方。任何单位和任何人都不得对该财产进行约定,否则,视为侵权。

(2)约定的行为客体是夫妻婚姻关系存续期间所得的财产,也包括夫妻婚前个人财产。但对于一方当事人约定将所有房产赠与另一方,则不属于夫妻约定财产制规定的内容,赠与方在赠与房产变更登记之前撤销赠与,另一方请求判令继续履行的,根据最高人民法院《关于适用〈中华人民共和国婚姻法〉若干问题的解释(三)》第 6 条的规定,人民法院可以按照《合同法》第 186 条的规定处理。

(3)约定财产制的类型。我国法律允许当事人在一般共有制、部分共有制和分别财产制三种方式中选择一种类型为双方约定的夫妻财产制。一般共有制是婚前财产和婚姻关系存续期间所得财产,均归夫妻双方共同所有;部分共有制是婚前财产和婚姻关系存续期间所得财产中,部分财产设为共有,部分财产设为个人所有。分别财产制是婚前财产和婚姻关系存续期间所得财产,归各自所有。

(4)约定财产制的效力。我国《婚姻法》规定,约定的形式只能是书面的形式。约定的时间,可以在婚前,也可以在婚后或离婚时,但婚前订立的协议只能在婚姻关系成立时生效。财产约定生效后,夫妻双方还可以经过重新约定,对原先的约定内容进行变更、撤销或废止。如果双方约定的内容不符合法律规定,或为法律所禁止,那么该约定无效。

4. 肯定了家务劳动的价值

《婚姻法》第 41 条首次以立法的方式肯定了一方抚养子女、照料老人、协助另一方工作付出较多义务的,离婚时有权请求另一方给与补偿,但该制度只适用于夫妻约定的分别财产制。

5. 健全了夫妻共同债务清偿制度

(1)夫妻共同债务清偿制度的立法沿革

我国 1950 年《婚姻法》规定的内容,更多的是考虑妇女财产权益保护,即在夫妻关系存续期间所欠的债,由夫妻共同偿还;如果共同财产不足以偿还的,则由男方负责偿还。当时的立法主要是考虑到离婚后妇女经济能力有限,为维护妇女的权益而作出的规定,符合当时的社会经济状况和妇女的实际生活情况。

1980 年《婚姻法》强调男女平等、意思自治,在解决第三人债务问题上,提出尊重夫妻双方的意愿,可以由夫妻双方协商解决夫妻共同债务的偿还问题。由此,在司法实践中出现了一些夫妻通过假离婚手段来逃避夫妻共同债务的承担,这不利于债权人利益的保护,由此侵害了善意第三人合法财产的利益。

(2)现行法律规定及司法实务

随着我国市场经济的不断发展,人们更加注重善意第三人财产利益的保护。因此,在 2001 年《婚姻法》修正案,尤其是最高人民法院《关于适用〈中华人民共和国婚姻法〉若干问题的解释(二)》第 24 条规定的出台,婚姻关系存续期间一方配偶所欠的债务,如果非欠债方配偶没有证据证明该借款不是用于夫妻共同生活的,则推定为是夫妻共同债务。这种举证责任的承担方式,不利于非举债方配偶财产权益的保护。该司法解释出台后,司法实践中又出现了一种现象,即离婚时夫妻一方为了侵吞另一方财产,采取虚构债务的方式,与所谓善意的第三人合谋骗取对方配偶的财产。此时,法律强调了善意第三人债权人的利益保护,却忽略了非借债方配偶的利益保护。

针对上述问题,2017 年 2 月 28 日最高人民法院公布,在原来《最高人民法院关于适用〈中华人民共和国婚姻法〉若干问题的解释(二)》第 24 条的基础上增加两款,分别作为该条第 2 款和第 3 款:"债权人就婚姻关系存续期间夫妻一方以个人名义所负债务主张权利的,应当按夫妻共同债务处理。但夫妻一方能够证明债权人与债务人明确约定为个人债务,或者能够证明属于婚姻法第十九条第三款规定的情形除外。夫妻一方与第三人串通,虚构债务,第三人起诉主张权利的,不予支持。夫妻一方在从事赌博、吸毒等违法犯罪活动中所负债务,第三人起诉主张权利的,不予支持。"同时,为使补充规定落地,最高人民法院发出《最高人民法院关于依法妥善审理涉及夫妻债务案件有关问题的通知》,对法院系统审理此类案件提出了要求,内容包括:坚持法治和德治相结合的原则;保障未具名举债夫妻一方的诉讼权利;审查夫妻债务是否真实发生;区分合法债务和非法债务,对非法债务不予保护;把握不同阶段夫妻债务的认定标准;保护被执行夫妻双方基本生存权益不受影响;制裁夫妻一方与第三人串通伪造债务的虚假诉讼。

为了更好地解决夫妻双方及债权人在夫妻共同债务认定问题上的举证责任分配问题,2018 年 1 月 17 日颁布,1 月 18 日实施的《最高人民法院关于审理涉及夫妻债务纠纷案件适用法律有关问题的解释》中明确规定了夫妻共同债务的认定标准,及各方当事人举证责任的分担。具体规定如下:

第一,夫妻双方共同签字或者夫妻一方事后追认等共同意思表示所负的债务,应当认定为夫妻共同债务;

第二,夫妻一方在婚姻关系存续期间以个人名义为家庭日常生活需要所负的债务,债权人以属于夫妻共同债务为由主张权利的,人民法院应予支持;

第三,夫妻一方在婚姻关系存续期间以个人名义超出家庭日常生活需要所负的债务,债权人以属于夫妻共同债务为由主张权利的,人民法院不予支持,但债权人能够证明该债务用于夫妻共同生活、共同生产经营或者基于夫妻双方共同意思表示的除外。

该司法解释的最大亮点在于夫妻一方负债的认定标准回归了《婚姻法》第

41条,彻底废止了第24条对婚姻关系或财产共有关系的推定规则和举证责任。就当前实践中争议较大的夫妻共同债务认定标准作出明确的规定,即用于家庭需要才是判断夫妻共同债务的真正标准,并合理分配举证证明责任,平衡保护各方当事人的合法权益。

6.小结

综上所述,我国夫妻财产制度中的法定财产制是婚后所得共同制,对共同所有财产,夫妻有平等的处理权。同时,强调对夫妻个人特有财产的保护,且不排除夫妻约定财产制的适用。对婚姻关系存续期间夫或妻一方所负债务,有证据证明善意第三人知道该夫妻约定采用分别财产制;或夫妻一方与第三人串通,虚构债务;或夫妻一方在从事赌博、吸毒等违法犯罪活动中所负债务,以夫或妻一方所有的财产清偿。此外,我国夫妻财产制对家务劳动价值在立法上作了规定,值得肯定,但制度构建尚不完善,须进一步健全。

(四)夫妻相互扶养权利与义务

1.夫妻相互扶养的含义

扶养是指根据身份关系,在一定范围的亲属之间,有经济能力的人对无力生活的人给予扶助以维持其生活的法律制度。夫妻关系属于亲属关系的范畴,夫妻间相互扶养义务则属于法定义务。根据修正后的《婚姻法》第20条、第42条规定之精神,我们认为可以从以下三个方面来理解夫妻扶养义务:

(1)夫妻扶养义务是一项法定义务,属于生活保持义务,具有强制性。当一方没有固定收入和缺乏生活来源,或者没有独立生活能力或生活困难,或者因患病、年老等原因需要对方扶养而另一方不履行该扶养义务时,需要扶养的一方就有权请求对方扶养。如果对方不履行扶养义务,需要扶养的一方可以向人民法院起诉,要求法院判决对方支付扶养费。

(2)夫妻扶养义务随着婚姻关系的缔结而产生,随着婚姻关系的结束而终结。夫妻扶养义务是夫妻缔结婚姻所当然产生的一项法定义务,只要有婚姻产生,就有夫妻扶养义务的存在。但值得注意的一点是,法律规定如果离婚后造成一方生活困难的,另一方应给予经济帮助。我们认为它的性质是夫妻扶养义务的延伸,是特定条件下的离婚后的扶养义务,与婚姻关系存续期间的夫妻扶养有明显的区别。

(3)夫妻扶养义务是双向的,夫妻都有扶养对方的法定义务,也都有要求对方扶养自己的法定权利。夫妻扶养义务属于法定的人身权利,夫妻间的扶养权利与义务是配偶身份权的重要内容,也是配偶身份关系和婚姻共同体的物化表现。夫妻间互相扶养的义务内容是指夫妻关系存续期间,夫妻双方在生活上互相照应,在经济上互相供养,在日常生活上互相扶助,在精神上互为支柱。夫妻间的扶养义务是无条件的,是基于婚姻家庭关系的责任而产生的法律行为。这种扶养关系,是保持婚姻家庭和睦平等的基本要求,有利于增进夫妻间的情感,有利于夫妻间的正常生活,有助于加强夫妻间在物质上的帮助和精神上的慰藉,促进社会的稳定。

2.正确理解夫妻扶养义务应注意的要点

(1)夫妻扶养义务是夫妻间生活保持义务,其内容不仅包括物质供养,生活扶助,还包括精神扶养

夫妻间扶养的完整含义应该包括物质供养、生活扶助和精神扶养。物质供养是指为对方提供经济和物质帮助,以满足家庭的物质生活需要。生活扶助是指夫妻同居生活、家务的代理和分担、生活中的关心和体贴等。精神扶养指在家庭生活中,相互间在感情、心理等方面给予关心和帮助,使双方情感上得到的慰藉、精神上得到的安慰,相互关心、相互尊重、相互协力,保持共同生活之幸福。综观以上各国的婚姻立法,我们认为夫妻间的法定扶养义务是以经济上相互供养、生活上相互扶助、精神上的相互安慰为内容的,它是婚姻内在属性和法律效力对主体的必然要求。婚姻具有自然属性,但更重要的是具有社会属性,我国婚姻法的基本原则是婚姻自由,男女双方缔结婚姻以感情为基础,感情破裂是夫妻离婚的法定条件。由此可见,夫妻间的婚姻生活应当包括感情生活,它也是夫妻间相互扶养义务的重要内容之一。目前,人们较关注的家庭"冷暴力"问题,说明了夫妻间的精神扶养正在引起越来越多人的关注,随着人们物质生活的提高,夫妻精神扶养的要求将会更为迫切,我国立法应在此方面作出更为明确具体的规定。如夫妻间的扶养方式可规定为包括给养、迎养和精神扶养。给养是指夫妻一方定期提供一定数量的金钱或物品,以满足对方生活需要的扶养方式。迎养是指夫妻一方将另一方接来同吃、同住,双方共同生活的一种扶养方式,即夫妻间生活保持义务的具体体现。精神扶养是指夫妻在生活中的相互关心和体贴,情感上的慰藉、精神上的安慰。否则,将构成夫妻间的遗弃、不履行夫妻同居义务等行为,从而产生相应的法律后果。1930年《闽西婚姻法》第7条曾规定:"有下列条件之一者准予离婚:……(3)夫妇有互相反目,半年以上不同居者,准予离婚。"可见,夫妻间不履行相互扶养义务,对对方漠不关心,形同路人,也可构成夫妻间的遗弃,作为离婚的法定条件之一。如果情节严重,造成对方人身伤害的,还可作为离婚损害赔偿的法定情形予以确认。

（2）夫妻扶养义务包括婚姻关系存续期间的夫妻扶养和离婚后的扶养

根据我国《婚姻法》第20条的规定，可知夫妻间的扶养发生在法定的夫妻关系之间，非婚同居关系不产生夫妻扶养义务，由于离婚而使婚姻消亡后的男女双方也不存在夫妻扶养关系。由此我们可以得出这样的结论：夫妻扶养义务是以合法的婚姻关系存在为基础的，并随着婚姻关系的结束而终结。那么，夫妻离婚后生活困难的一方是否有权要求对方承担扶养义务？我国《婚姻法》第42条又作了规定，离婚时，一方生活有困难的，另一方应从住房等个人财产中适当给予帮助。可见夫妻关系终止后，夫妻间的扶养义务虽然随之终止，但是夫妻一方有责任向对方提供适当的经济帮助，用于弥补因离婚而造成的各自生活条件的太大差异，其性质是夫妻扶养义务的延伸，是离婚的附带事项，而不是离婚的法律后果。离婚后的经济帮助不以对方有过失为必要条件，而是基于公平原则承认离婚连带产生的效力，以保障婚姻当事人中弱者在离婚后的基本生活条件。这种帮助属于离婚后的夫妻扶养，也称为"救助性的扶养"，它是指夫妻一方在离婚后将陷入经济困难而他方又有能力提供援助之情况下，后者对前者所承担的救助义务。救助的形式主要有给付金钱和提供住房、家庭生活用品两种形式。

夫妻离婚后的扶养与婚姻关系存续期间的夫妻扶养有着本质的区别，主要是：

第一，产生的时期不同，离婚后的扶养是发生在夫妻离婚后，而婚姻关系存续期间的扶养是指在婚姻关系存续期间。

第二，扶养的内容不同，离婚后的扶养仅限于物质上的帮助，而婚姻关系存续期间的扶养应包括物质、生活和精神等方面。

第三，产生的原因和条件不同，离婚后的扶养源于因离婚而造成一方生活困难，另一方又有能力提供帮助，而婚姻关系存续期间的扶养是因为他们缔结婚姻，是合法婚姻本质属性的要求，是无条件的。

第四，法律效力不同，离婚后扶养是属于酌定效力，由当事人协商，当事人协商不成，则由法院判定，而婚姻关系存续期间的扶养是属于法定效力。

目前法律对于离婚后的经济帮助，帮助的内容、帮助的程度、帮助的时间、帮助的方式等均未作出具体的规定，导致实践中难以执行。如一方生活困难无房居住，另一方应当予以帮助。这种帮助是提供房屋所有权，还是使用权；是临时居住权，还是长期居住权，我国立法并无明确规定。实践中我们只能根据实际情况和我国的立法精神，对离婚后一方生活陷入困境，丧失劳动能力、就业机会，不能维持正常生活；或与原来生活条件相差悬殊，而本人在离婚中并无过错的当事人给予适当的经济帮助,该经济帮助,可以是临时的,也可以是较为长期的经济帮助。如《广州市妇女权益保障若干规定》第14条,明确规定了需要经济帮助的具体条件:"城市居民离婚时,女方因患病丧失劳动能力,或者年龄超过50周岁收入低于本市职工最低工资标准的,男方应给予力所能及的经济帮助。具体办法由双方协议。协议不成的,由人民法院裁决。"只有这样,才能真正实现法律对弱者的保护,才能严惩利用离婚手段达到逃避夫妻法定扶养义务的行为。

（3）夫妻约定分别财产制并不能否认夫妻法定扶养义务

即使在婚姻关系存续期间,夫妻约定实行分别财产制也不能否定夫妻间法定的扶养义务。因为分别财产制是夫妻约定的财产制度,是夫妻双方就婚前、婚后所得的财产权利进行的约定,具有约定性;而夫妻扶养义务是基于夫妻身份关系而产生的法律规定的义务,具有法定性。约定财产制下权利与责任都是财产上的权利和义务,而夫妻扶养义务则是夫妻身份上的权利和义务,是基于人身关系而产生的义务,是法定的义务。夫妻在婚姻关系存续期间对双方财产的归属约定,并不能因此否定夫妻间相互扶养义务,更何况夫妻间的扶养义务的内涵不仅包括物质供养,还包括生活扶助和精神扶养。我国现行的法律也没有明确规定实行约定财产制的夫妻可以免除相互扶养的义务。因此,约定的经济上的约定财产制与法定的身份上的扶养义务是可以并存的,在实行约定财产制的夫妻之间,该法定扶养义务一样存在。尤其是在夫妻一方出现意外情况,比如患病、伤残、下岗等情况,并因此而造成丧失劳动能力,或者生活困难,或者出现自己难以独立支付的债务,此时一方就应当从自己个人财产中拿出一部分用以扶养需要扶养的一方,维持其基本生活条件,以使需要扶养的一方的生活水平同自己的生活水平大体相当。当然,如果夫妻一方虽然出现诸如患病、伤残、下岗等情况,但是自己仍然有能力维持基本生活,并没有因此而造成生活困难,那么夫妻另一方也可以免除物质上的夫妻扶养义务,但精神、生活方面的相互扶养义务并不能免除。只有这样,才能真正体现婚姻家庭的经济职能,从而实现婚姻家庭生活的和谐幸福。

（4）子女成年后对父母的赡养并不影响夫妻扶养义务的存在

婚姻关系一旦成立,即在夫妻之间产生一种特殊的身份权利,法理上称作"配偶权"——基于合法婚姻关系而在夫妻之间产生的,由夫妻双方平等享有的,要求对方陪伴生活,忠实、扶养、帮助的基本身份权利。所以配偶间互为扶养义务是一种夫妻之间特有的婚姻关系共生共存的绝对责任,它的身份属性决定了扶养配偶的义务是不可能因为成年子女应负担的赡养义务而发生替代和削减的法律后果。子女成年后对父母的赡养是源于父母子女身份取得为基础条件而产生的法定权利义务关系,要求配偶扶养与要求子女赡养是可以并存的,其内涵有一定的区别。夫妻的扶养义务是以要求配偶间在经济上互相帮助、生活上互相扶助、精神上互相安慰为基本内容的,这种夫妻间的陪伴生活之法定义务,是配偶间基于相互钟爱而发生的,这种相互扶养义务无法由成年子女来替代。而成年子女对父母的赡养,虽然也包括了经济上供养、生活上的帮助、精神上的安慰,但是它是由父母子女间亲情所决定的,其内涵与夫妻间的扶养义务有本质的区别。因此说,子女成年后对父母的赡养并不影响夫妻扶养义务的存在。当然,当扶养权利人子女已成年,开始对其尽赡养义务,并足以达到生活需求时,夫妻间的物质扶养义务可以免除,但精神、生活方面的扶养义务并不同时免除。

3. 小结

综上所述,夫妻互负扶养义务是我国婚姻法规定的法定义务,法律对此作了原则性的规定,我们在实践中应正确理解立法精神,把握实质要点,认真贯彻实施,从而维护婚姻当事人中弱者一方的合法权益。当然,我们更希望立法者借鉴国外立法经验,尽快完善我国现行夫妻扶养制度和离婚后的经济帮助制度。对婚姻关系存续期间夫妻扶养义务和离婚后经济帮助的具体内容、扶养程度、扶养方式、扶养条件,以及不履行夫妻扶养义务应承担的法律责任等问题作出更为明确具体的规定。

(五)夫妻遗产的相互继承权

夫妻遗产继承权是婚姻效力的表现之一,是夫妻权利义务不可缺少的内容。夫妻遗产相互继承权,是指夫或妻基于配偶身份而依法享有的相互继承对方遗产的权利。我国《婚姻法》第 24 条规定:"夫妻有相互继承遗产的权利。"

1. 夫妻互为第一顺序法定继承人

根据我国《继承法》关于继承人范围和顺序的规定,夫妻互为第一顺序继承人,夫妻一方死亡,另一方就有依法继承其财产的权利,任何人不得加以限制和侵犯。

2. 夫妻互相继承遗产的权利,来源于合法有效的婚姻关系

夫妻互相继承遗产的权利,来源于合法有效的婚姻关系,因结婚而产生,因离婚而消灭。只要一方在婚姻关系存续期间死亡,包括已经进入离婚诉讼程序,甚至已经判决离婚但未生效时,一方死亡,另一方都享有继承权。

对于无效婚姻和被撤销婚姻,由于婚姻自始无效,当事人不存在夫妻关

系,不产生夫妻间的权利和义务,因而也不存在相互继承遗产的权利。但可撤销婚姻在被撤销前一方死亡的,另一方有继承其遗产的权利。

不被法律认可的事实婚姻,属于非婚同居,不形成夫妻关系,没有相互继承遗产的权利。但如果同居生活时间长,可根据《继承法》第14条的规定,对继承人以外的依靠被继承人扶养的缺乏劳动能力又没有生活来源的人,或者继承人以外的对被继承人扶养较多的人,可以分给他们适当的遗产。

3.夫妻相互继承遗产,应对夫妻财产、家庭财产进行分割,将死亡一方个人财产从家庭共有财产中分割出来,从夫妻共有财产中分出一半为配偶所有,其余部分由所有第一顺序继承人共同继承,包括配偶。

第六节 经典案例分析与探讨

专题讨论一 夫妻共同财产处理权问题

一、问题提出

夫妻在婚姻关系存续期间所得财产属于夫妻共有财产,夫妻对共有财产享有平等的处理权。那么,在婚姻关系存续期间,一方擅自动用夫妻共有财产赠与"第三者",其行为是否构成对夫妻共有财产的侵害,受害方是否有权要求第三者予以返还。即婚姻关系存续期间一方赠与他人(第三者)财产是否有效,另一方可否要求返还?返还多少?全部还是部分?

【案例一】周某和丈夫陆某1987年结婚,陆某在上海开了家公司,生意不错。结婚十多年后,已有点"审美疲劳"的陆某认识了二十多岁的女子小芳,这给步入中年的陆某带来一种年轻、活力的感觉,两人随即发展成情人关系,并一直保持到2011年2月才被周某发现。夫妻二人在一场激烈的争吵后,丈夫陆某将与小芳的地下情向妻子和盘托出,称曾分多次将几十万元赠与小芳,并帮助小芳购买了房产。

周某一气之下,将陆某和小芳列为共同被告告上了法院,称丈夫在婚姻存续期间,擅自动用夫妻共同存款为"第三者"购房,侵犯了其作为妻子的合法权益,请求法院判决两被告之间的赠与行为无效,判令被告小芳归还全部钱款。

[一审判决]支持周某的诉请,判决小芳向周某返还38万余元。

小芳不服,提出上诉,称与陆某不存在不正当男女关系,38 万元是自己在陆某公司的劳动报酬。她还认为即使 38 万元是陆某送给自己的,也是有效的赠与合同,因为陆某处分的是个人财产。

中级人民法院在审理中查明,小芳和陆某的公司没有签订过劳务合同,也没有工资、提成的约定,所以对 38 万元是劳动报酬一说不予采信。根据双方确认的手机短信以及汇款记录等,认定小芳和陆某之间是婚外情关系,小芳取得的大额钱款是赠与款。

[二审判决]2011 年 10 月,法院作出终审判决,维持原判,"第三者"小芳需返还 38 万余元。[①]

【案例二】一直以来,张某都以为自己是个幸福的女人。结婚十多年来,膝下已有两个孩子,自己尽心尽力操持家务,丈夫陈某致力于公司经营,事业有成,家底日丰。谁料几年前,丈夫陈某在生意场上搭识了一名刘姓女子后,对自己逐渐冷漠,还经常恶语相加。

2011 年,张某发现了陈某的婚外情,并得知,2008 年至 2010 年,丈夫陆续给刘某钱款 8 万元,供其日常花销。气愤的张某向人民法院提起诉讼,要求被告返还不当得利。

[法院判决]2012 年人民法院作出判决,被告刘某支付给原告张某 4 万元,驳回原告的其他诉讼请求。[②]

二、理论探讨

(一)赠与合同应属无效

1. 从《婚姻法》规定分析

《婚姻法》规定,夫妻双方未选择其他财产制的情形下,其共同财产视为共同共有,非按份共有。在婚姻关系存续期间,共同共有的财产是一个不可分割的整体,夫妻对全部共同财产不分份额地共同享有所有权。《婚姻法》第 17 条规定:"夫妻对共同所有的财产,有平等的处理权。"但这并不意味着夫妻各自对共同财产享有一半的处分权。只有在共同共有关系终止时,才可对共同财产进行分割,确定各自份额(最高人民法院《关于适用〈中华人民共和国婚姻法〉若干问题的解释(三)》第 4 条规定除外)。因此夫妻一方擅自将共同财产

---

① 溪晓明:《民事审判指导与参考》(第 54 辑),人民法院出版社 2013 年第 11 版。
② 溪晓明:《民事审判指导与参考》(第 54 辑),人民法院出版社 2013 年第 11 版。

赠与他人的行为应为全部无效。

2.从《合同法》规定分析

《合同法》第52条规定,损害社会公共利益,有悖公序良俗的合同无效。婚外情人之间的赠与行为当然应当认定的无效。而且,感情出轨双方之间的赠与行为,一方配偶将大额钱款赠与第三者,既非日常生活需要,又未取得共有人另一方配偶的同意,严重损害了共有人另一方配偶的财产权益,亦有违公平原则,是以对夫妻关系的背叛和精神伤害为代价,以对他人权利的侵害为前提的,形成了财产权利的不对等转移。《合同法》第52条还规定,恶意串通、损害第三人利益的合同应认定为无效。更何况,这种赠与是建立在明知对方有配偶的情况下,有悖公序良俗的婚外情的基础上的,第三者取得的财产亦属于非善意的不法取得,不符合"善意取得"的构成要件,甚至多数情况下这种赠与是违反公序良俗、挑战道德底线、需要谴责的行为。因此,赠与"第三者"财产行为理当认定为无效。

(二)赠与财产应当返还

婚姻关系存续期间,一方配偶将夫妻共有财产赠与第三者,侵害配偶利益,属无效赠与行为。那么,另一方是否有权要回赠与财物。司法实践中存在四种不同的意见:

一是认为,丈夫非因日常生活需要,未经妻子同意擅自将夫妻共同财产赠与他人,事后也未经妻子追认,应属无效行为,无过错配偶方完全有理由要求"第三者"返还受赠的全部财产,以维护自己的合法权益。

二是认为,丈夫把财产赠与情人,违背公序良俗,属于"不法原因给付",不能要求返还。而夫妻共同财产未分割前是一个整体,该不法给付行为及于财产的整体,无论是丈夫还是妻子都不能要求返还,诉讼请求不成立,予以驳回。

三是认为,夫妻对共同财产享有平等的处理权,原则上夫妻均等分配,丈夫有权处理共同财产中属于自己的部分。因此,丈夫转让妻子的财产给情人的行为无效,妻子可以主张返还;而丈夫转让自己的财产给情人的行为由于违背社会公德和公序良俗,属无效行为,但属于"不法原因给付",不能要求返还,妻子只能主张返还财产一半的权利。

四是认为,根据《物权法》对个人财产权利的规定,认为丈夫有自由处分属于自己那一部分财产的绝对权利,尽管有些没有顾忌和尊重社会公德,但由于没有违反法律法规的强制性、禁止性规定,没有损害社会公共利益,赠与属于自己部分财产的行为没有损害到妻子的利益,所以赠与只是部分无效,"第三者"应该返还受赠财产的一半。

综上观点,第一种观点是应当全额返还,第二种观点是不予返还,第三种和第四种观点是返还赠财产的一半,但依据的理由和观点各不相同。

目前,最高人民法院的倾向性意见是,夫妻一方与他人婚外同居违反了婚姻法的禁止性规定,这种婚外同居关系属于违法关系。在婚姻关系存续期间,夫妻双方对共同财产不分份额地共同享有所有权,夫或妻非因日常生活需要处分夫妻共同财产时,应当协商一致,任何一方无权单独处分夫妻共同财产。如果夫妻一方超出日常生活需要擅自将共同财产赠与他人,这种赠与行为应认定为无效;夫妻中的另一方以侵犯共有财产权为由请求返还的,人民法院应予支持。

专题讨论二　夫妻不动产约定效力认定问题

一、问题提出

近年来,随着不动产的价值在家庭财产中变得日益重要,夫妻之间就婚前与婚内的单独所有或共有的不动产给予另一方,对不动产的所有权或份额进行约定的现象屡见不鲜。夫妻之间给予不动产的约定问题,涉及合同法、物权法与婚姻法的交叉领域,其约定效力认定,在法学理论界存在分歧,在审判实践中也认识不一,同案不同判的现象依然存在,值得我们进一步探讨。

【案例】唐凌诉李英爱、唐××夫妻财产约定纠纷案①

唐为忠与李英爱经他人介绍相识,于 1999 年结婚,婚后两人育有一子唐××。2010 年,唐为忠与李英爱感情破裂,但为不影响儿子唐××的健康成长,两人约定,以离家不离异的方式解决两人的婚姻问题,并自愿签订了分居协议书,该协议载明:唐为忠与李英爱共有四套房产,其中,财富中心(位于北京市朝阳区财富中心×单元×号)和慧谷根园(朝阳区广泽路×号院×号)的房屋归李英爱所有,湖光中街(朝阳区湖光中街×号院×号)和金兴街(朝阳区金兴街×号)的房屋归唐为忠所有。其中,财富中心的房屋系唐为忠于 2002 年购买,该房屋登记在其名下,尚有贷款未还清;慧谷根园的房屋于 2009 年登记在李英爱名下;湖光中街的房屋为唐为忠与李英爱共同购买,2008 年登记

---

① 转引自《夫妻约定财产制下不动产物权直接发生权属变动效力》,http://blog. sina. com. cn/s/blog_65c07fe00102wlhq. html,下载日期:2018 年 3 月 3 日。

在唐为忠名下;金兴街的房屋是唐为忠 2004 年从其单位承租的公有住房。2011 年,唐为忠因心脏病突发,不幸去世,夫妻双方约定的房屋未办理变更产权登记,且唐为忠未留有遗嘱。另查明,唐凌是唐为忠与其前妻所生,并由其前妻抚养长大。

唐凌以财富中心的房子登记在其父亲的名下,是其父亲的财产,属于遗产为由,提起诉讼,请求对上述四套房产重新分割继承。

[一审判决]一审法院认定:财富中心的房屋登记在唐为忠的名下,虽然分居协议中明确了房屋的归属,但是因未办理产权变更登记,根据物权登记主义原则,应认定该房屋系唐为忠与被告李英爱的共同财产,以房屋价值减去尚未还清的贷款,所得数额的一半为被告李英爱所有,另一半为唐为忠遗产,均等分割。

一审法院判决:湖光中街房屋归被告李英爱所有,被告李英爱向原告唐凌支付折价款 180 万元;财富中心房屋归被告李英爱所有,由被告李英爱偿还剩余贷款并向原告唐凌支付折价款 885180.69 元;驳回原告唐凌其他诉讼请求。

被告李英爱、唐××不服一审判决,提起上诉称:分居协议书是被告李英爱与唐为忠在自愿、平等的基础上签订的,具有法律效力。按照该分居协议书的约定,财富中心的房屋应为被告李英爱个人所有,并非唐为忠的遗产,一审法院将该房屋认定为夫妻共同财产,属于事实认定错误,应予以纠正。

[二审判决]维持一审判决第一项;撤销一审判决第三项;变更一审判决第二项为:财富中心房屋归上诉人李英爱所有,并由上诉人李英爱偿还剩余贷款;驳回被上诉人唐凌其他诉讼请求。

二、理论探讨

(一)夫妻约定财产制的性质及效力认定

夫妻约定财产制,是指法律允许夫妻用契约、协议的方式对他们在婚前和婚后财产的归属、占有、管理、使用、收益和处分以及对第三人债务的清偿、婚姻解除时财产的分割等事项作出约定,从而排除或部分排除夫妻法定财产制适用的制度。夫妻财产约定是以结婚这一形式的身份行为为前提的,是一种身份行为,不同于一般的财产约定。

我国《婚姻法》规定,夫妻财产约定协议需符合以下条件才能发生法律效力:

1.约定的主体必须是有婚姻关系的夫妻双方;

2.约定必须出于当事人的真实意思表示;

3.约定的内容必须合法,并且不违反社会公共利益；

4.约定的方式要求采用书面形式。

夫妻约定的财产包括动产和不动产。夫妻不动产约定,因涉及不动产的物权变动问题。那么,该财产约定协议适用《婚姻法》调整,还是《合同法》《物权法》调整,在司法审判中存在一定的分歧。

(二)夫妻不动产约定无偿给予的性质评析

针对夫妻间约定无偿给予不动产的性质,我国学说分歧明显,大体可以归纳如下：

1.不动产约定无偿归对方所有是一种赠与行为

该观点认为：夫妻将婚前财产约定为双方共有时,该协议性质为约定财产制协议；夫妻将一方婚前财产约定归对方单独所有而不是双方共同所有时,该协议内容则超出现行《婚姻法》第19条规定的约定财产制的规范范围。如当事人一方将自己的婚前财产约定归对方所有,是一种赠与行为,应适用《合同法》关于赠与关系的规定。其依据：

一是最高人民法院《关于适用〈中华人民共和国婚姻法〉若干问题的解释(三)》第6条的规定,可以有条件地认定为夫妻之间的赠与合同。

该司法解释起草者认为："我国婚姻法规定了三种夫妻财产约定的模式,即分别所有、共同共有和部分共同共有,并不包括将一方所有财产约定为另一方所有的情形。在夫妻一方将其所有的不动产无偿给予为另一方所有时,因为不能构成夫妻财产制契约,因而属于赠与行为,虽然双方达成了有效的协议,但因未办理房屋变更登记手续,依照《物权法》的规定,房屋所有权尚未转移,而依照《合同法》关于赠与一般规定,赠与房产的一方可以撤销赠与。"[①]

二是最高人民法院民一庭认为："婚姻家庭领域的协议常常涉及财产权属的条款,对于此类协议的订立、生效、撤销、变更等并不排斥合同法的适用。"

在实际生活中,赠与往往发生在具有亲密关系或者血缘关系的人之间,合同法对赠与问题的规定也没有指明夫妻关系除外。一方赠与另一方不动产或约定夫妻共有,在没有办理变更登记之前,依照《合同法》第186条的规定,是完全可以撤销的,这与婚姻法的规定并不矛盾。无论夫妻双方约定将一方所有的房产赠与对方的比例是多少,都属于夫妻之间的有效约定,实质上都是一

---

① 冉克平：《夫妻之间给予不动产约定的效力及其救济——兼析法释〔2011〕18号第6条》,载《法学》2017年第11期。

种赠与行为。因此,夫妻一方将个人房产约定为共同共有或按份共有,赠与人在产权变更登记之前可以行使任意撤销权。

但是,也有学者认为应将夫妻间赠与的任意撤销权调整为法定撤销权,以体现《婚姻法》立法原则和立法精神。如严重违反婚姻义务、侵害赠与人或者赠与人的近亲属的权益导致赠与人或赠与人近亲属贫困等,应作为行使法定撤销权的情形。

2. 不动产约定无偿归对方首先推定为夫妻财产制的契约行为

该观点认为:夫妻之间给予不动产的约定首先推定为夫妻财产制契约,只有在当事人明示赠与的情况下,才能视为赠与行为。《婚姻法》第19条规定的全部所有、分别所有、部分共有、部分分别所有,实际上已经涵盖了夫妻双方财产归属可以约定的所有情形,是允许当事人通过约定将个人财产与夫妻共有财产加以任意变动。当事人无论是将夫妻一方财产约定为夫妻共有财产,还是将夫妻共有财产约定归一方所有,抑或是将夫妻一方所有财产约定归另一方所有,都属于夫妻财产约定的范畴。夫妻之间关于房产的约定,隐含着其他财产的归属仍适用法定夫妻财产制的意思,属于约定夫妻财产的范畴。其依据如下:

一是夫妻之间给予不动产的约定以夫妻身份关系为基础,以维系、巩固和增进婚姻家庭生活为目的,不同于一般的赠与。

夫或妻作为各自独立的民事主体,自然可以订立一般财产法上的赠与合同,从而适用《合同法》有关赠与合同的规范。但是,夫妻之间存在极为密切的人身关系,双方以合作互惠为基础,夫妻之间给予不动产的约定并不是无偿的,而是将另一方在家庭中的给付行为视为此种给予行为的对价,使其间有关给予不动产的约定与一般赠与合同中的受赠人无偿取得有所不同。

同时,婚姻是男女基于爱情期待而共同生活的,存在最大信赖的相互扶助的命运共同体,若是将夫妻之间给予不动产的约定视为赠与,并赋予给予不动产的一方享有任意撤销权,会对夫妻的信赖与期待造成巨大的伤害。

二是国外立法通常不将夫妻之间给予不动产的约定视为赠与。

在德国,对于夫妻一方在婚姻存续期间为另一方的利益而给予实物或金钱的行为,首先从当事人的意图来判断赠与存在与否,司法判例中很少将夫妻间的给予行为认定为赠与,而是视为"以婚姻为条件的给予",从而不适用有关赠与的规定。这种给付的结果是产生补偿请求权,即对配偶另一方获得的并且仍然持有的财产增值根据公平原则进行分配。例如丈夫拥有一块土地并修建了房屋,他将该不动产二分之一的所有权转移给妻子。德国法认为该行为不是赠与,而是"以婚姻为条件的给付",因为丈夫期待婚姻会继续存在,并且他可以继续使用给付标的。另外,如果夫妻双方是为了追求某种明显超越一般婚姻共同生活的目的,判例就会认可内部合伙关系,从而适用有关内部合伙关系的规定。这是因为,德国婚姻法上的法定夫妻财产制是建立在分别财产制基础上的财产增益共同制。依据该制度,夫或妻仍保留对各自财产的单独所有权。婚姻解除时,双方各自财产的增益作为夫妻共有财产原则上予以平均分配。

在法国,《法国民法典》第 1525 条第 1 款规定:"夫妻双方约定对共同财产各占不等份额以及不等额分配财产的条款,无论从其实质,还是从其形式,均不视为赠与,而仅仅属于有关婚姻财产的协议,且属于合伙人之间的协议。"

比较而言,由于我国现行法上并无与德国法上"以婚姻为条件的给予"相对应的概念,而且依据《婚姻法》第 18 条的规定,我国法定的夫妻财产制采取的婚后所得共有制,与法国相同而与德国有异。因此,法国法上将夫妻之间的不动产归属约定视为夫妻财产制度契约更为适合。

综上所述,夫妻之间给予不动产约定的性质,应当结合当事人的意图与夫妻财产制予以判断。通常情况下,应当认定该约定为夫妻财产制契约,除非夫妻之间明确表示该约定为赠与的,或是夫妻之间在想到离婚的可能性后仍然作出此种给予约定的,则该约定可以认定为赠与合同。

可见,前述最高人民法院《关于适用〈中华人民共和国婚姻法〉若干问题的解释(三)》第 6 条及最高人民法院民一庭的意见,将两者以婚姻为基础的财产给予行为与一般财产给予行为赋予同等的效果,并未考虑两者之间的实质性差异,显然有失妥当。

3. 不动产约定无偿归对方构成婚内财产分割协议

该观点认为:夫妻之间给予不动产的约定,由于其并非针对全部财产,仅仅构成婚内财产分割协议。夫妻财产制契约是夫妻双方从法律规定的财产制形态中进行选择的约定,因此它并非针对某个或某些特定的财产归属作出的约定,而是一般性地建构夫妻之间的财产法状态,对契约成立之后的夫妻财产关系将产生一般性的、普遍性的拘束力。婚内财产分割协议只是针对某个或某些特定财产归属作出的约定,并不具有普遍的拘束力,更不具有对未来夫妻财产关系的拘束力。它只是夫妻之间从事的一般意义上的财产法性质的法律行为。

结合本案,唐为忠与李英爱在婚姻关系存续期间,基于自愿针对财产归属签订的分居协议,该协议的性质系婚内财产分割协议,因其出于双方真实意思表示,且不违反法律规定,故其为合法有效的协议,对夫妻双方均具有法律约束力。分居协议签订后,夫妻双方针对约定的不动产归属虽未办理不动产变更登记,但因分居协议是夫妻二人依附于人身关系签订的婚内财产分割协议,是一种身份行为,应由调整身份关系的法律,即《婚姻法》来调整,而《物权法》调整的是因物的归属而产生的财产关系,在调整身份性财产关系时应保持适度谦抑性,因此不宜直接以《物权法》中规定的登记制度作为确定物权归属的唯一依据,而应根据《婚姻法》的相关规定确定不动产权属。同时,夫妻财产约定具有物权契约属性,故夫妻约定财产制度下的不动产,无须借助于不动产登记,即可在夫妻之间直接发生不动产物权变动效力。综上所述,应以夫妻双方签订的分居协议中的约定确定不动产的真实归属。

三、小结

该判例认为,夫妻双方就特定的不动产归属状态予以约定,构成我国现行法上的约定夫妻财产制契约。夫妻财产制契约所涉及的范围既包括夫妻全部财产,也涵盖夫妻的特定财产。正如有些学者所言:"夫妻财产契约不必及于全部财产,对于一定之个别财产,亦为可能。"此种情形,主要表现为限定共同制,即夫妻对于婚前和婚姻关系存续期间所得的财产,将部分财产设定为夫妻共同共有、部分设定为一方个人所有,这已为最高人民法院发布的公报案例所肯定。

夫妻作为具有独立人格的民事主体,其间自然可以实施各种类型的法律行为。但是,由于婚姻关系是基于伦理而形成的相互依赖的生活共同体,因此夫妻之间达成给予不动产的约定,不能与一般民事主体之间的法律行为等同视之。相反,应当探寻当事人订立该约定的意图,并结合我国《婚姻法》第9条规定的夫妻财产制类型予以综合判断。具体而言:

第一,如果夫妻之间明确表示,给予相对方不动产的目的是赠与,而且即使离婚仍然不会放弃此种约定的,应当将其作为一般的赠与合同,适用最高人民法院《关于适用〈中华人民共和国婚姻法〉若干问题的解释(三)》第6条的规定。

第二,如果夫妻之间给予不动产的约定具有维护、巩固和增进婚姻家庭关系的目的,则通常应当将该约定作为夫妻之间缔结的财产制契约,或者依据夫妻双方的明确约定认定为含有道德义务的赠与。于此情形,给予不动产的约定一旦达成并生效,给予不动产的一方不得任意撤销。

第三,夫妻之间无偿给予不动产的约定构成夫妻财产制契约的,一旦生效即可在夫妻之间发生不动产物权的变动。但是非经登记,该不动产物权的变动不得对抗善意的第三人与配偶的继承人。在体系上,该约定属于基于法律行为的物权变动,系登记对抗主义的类型。

第四,在夫妻之间达成不动产给予约定之后,如果接受给予的配偶一方违反夫妻忠实义务或者有其他背信弃义的行为,给予不动产的配偶一方可以缔结合同的基础发生动摇为由,在离婚之时提出变更或者解除先前的约定时,人民法院可以类推适用情势变更规则使其获得合理的救济。①

专题讨论三　婚姻登记瑕疵的法律效力及救济途径

一、问题提出

婚姻登记瑕疵与无效婚姻、可撤销婚姻是三个不同的概念,不能因为婚姻登记上的瑕疵而主张婚姻无效或可撤销。《婚姻法》对无效婚姻和可撤销婚姻的法定事由作了明确的规定,不能随意进行扩大解释。因此,对当事人请求宣告婚姻无效或撤销婚姻关系的,只能从符合无效或可撤销婚姻要求的几类法定情形来处理,不能以婚姻登记瑕疵为由随意确认婚姻无效或撤销婚姻登记。

新《婚姻登记条例》第 9 条规定:婚姻登记机关对因胁迫结婚的,有撤销该婚姻,宣告结婚证作废的权利。同时,民政部制定的《婚姻登记工作暂行规范》第 46 条规定:"除受胁迫结婚之外,以任何理由请求宣告婚姻无效或者撤销婚姻的,婚姻登记机关不予受理。"可见,婚姻登记机关无权行使宣告婚姻无效,仅授权婚姻登记机关对因胁迫结婚的,依当事人申请行使撤销婚姻的职责。

但是,近些年在审判实践中出现了不少因为婚姻登记存在瑕疵而主张婚姻无效的情况,如有的当事人认为一方结婚时隐瞒外国人的身份而主张婚姻无效;有的以非法占有钱物为目的伪造身份证或用别人的身份证办理结婚登记,婚后不久即失踪,受骗方主张婚姻无效;有的一方使用亲友的身份证办理结婚登记婚后实际共同生活,双方产生矛盾后一方主张婚姻无效;有的当事人没有到一方户籍所在地的民政部门申请结婚登记而是异地办理,随后一方主张婚姻无效;有的一方或双方当事人未亲自到场办理结婚登记而后主张婚姻

---

① 冉克平:《夫妻之间给予不动产约定的效力及其救济——兼析法释〔2011〕18 号第 6 条》,载《法学》2017 年第 11 期。

无效等,对此类问题该如何处理。

【案情】原告韦枝(化名)诉市民政局一案,原告韦枝(以下均为化名)的姐姐韦凤与其姐夫樊某登记结婚时使用的身份证是一张信息错误的身份证,该身份证上除了相片是姐姐的,其余的身份证信息都是妹妹的(包括出生时间、名字以及身份证号码),在《申请结婚登记申明书中》姐姐签的名字也是妹妹韦枝的名字,姐夫樊某在一旁也未作任何解释。两年后,妹妹到婚姻登记处登记结婚的时候才发现自己"已婚"。在知道原因后,妹妹让姐姐去当地派出所更正了身份证信息,公安机关为姐姐换发了新身份证并出具了相应的证明文件,本以为这样妹妹就可以顺利结婚了,可是被告认为该情形并不符合《中华人民共和国婚姻法》第10条和第11条无效和可撤销的情形,也没有相关的法规授权民政局对错误的结婚信息更正。无奈之下,妹妹为了还自己一个未婚的身份将民政局诉至了法院,要求确认民政局的婚姻登记行为无效。

法院查明姐姐韦凤和姐夫樊某是自愿进行结婚登记的,但是由于两人都是文盲,不知道身份证信息有误,签名的时候就依葫芦画瓢,导致了现在的局面。①

二、理论探讨

(一)婚姻登记瑕疵的概念

婚姻登记瑕疵,是指在婚姻登记过程中,因当事人或者登记机关原因而导致欠缺婚姻登记的实质要件或违反婚姻登记形式要件的婚姻登记行为,是违法婚姻登记和不当婚姻登记的总和。

婚姻登记的法律属性是行政确认,故婚姻登记瑕疵的法律性质应认定为行政行为瑕疵。

(二)婚姻登记瑕疵的主要类型

1.根据引起婚姻登记瑕疵的主体不同分为:

第一,婚姻登记机关引起的婚姻登记瑕疵。因婚姻登记员的过失所导致的,如婚姻登记员的失误将结婚证上的姓名弄错,或婚姻登记员资质欠缺等原因。

第二,婚姻当事人引起的婚姻登记瑕疵。婚姻当事人的过错,包括故意或过失,导致婚姻登记违法或者登记不当的行为。如当事人提交虚假证明导致

---

① 陈忠强:《浅议婚姻登记瑕疵问题的路径》,转引自《中国法院网》,2012年7月12日。

的婚姻登记瑕疵就属于此类。

2.根据婚姻登记违反法律规定属于实体要件还是程序要件分为：

第一，婚姻实体瑕疵。欠缺结婚实质要件的瑕疵婚姻，如未达法定婚龄、属于禁婚亲、禁婚病，或重婚登记等。

第二，登记程序瑕疵。违反婚姻缔结程序要件的不当婚姻登记，如不在一方户籍所在地登记结婚、不是双方亲自登记结婚、一方受胁迫受欺诈登记结婚、提供虚假身份证登记结婚等。

（三）婚姻登记瑕疵的法律效力及救济途径

1.因实体瑕疵由法院宣告婚姻无效

婚姻登记瑕疵是否具有婚姻效力，主要看婚姻登记瑕疵属于实体瑕疵还是程序瑕疵，即根据是否具备合法婚姻的实质要件判断，如果符合婚姻实质性要件，即使婚姻登记有瑕疵，也不能因此否定其法律效力。反之，如果婚姻登记瑕疵属于实体瑕疵，那么因不符合实质要件而婚姻无效。

2.因程序瑕疵的行政救济途径

至于登记瑕疵婚姻是否有效，不得一概而论。因为婚姻效力涉及身份关系问题，在司法实践中还得从是否利于婚姻家庭关系的稳定，是否符合婚姻法的立法宗旨以及能否体现婚姻价值等方面进行考量。

但是，从民事审判程序来看，当事人以法定无效婚姻四种情形以外的理由申请宣告婚姻无效的，法院应当判决驳回当事人诉讼请求，告知其可以依照《行政复议法》《行政诉讼法》规定的程序办理。

如一方当事人向婚姻登记机关提供虚假身份证明骗取结婚证，婚姻登记机关行政行为存在明显瑕疵，则属于无效行政行为，由行政主体或由法院在行政诉讼中进行认定，确认该行政行为无效。即受骗一方的救济途径是提起行政复议或行政诉讼，请求撤销结婚登记，或由人民法院依法作出确认被诉具体行政行为违法或者无效的判决。

第三章 家庭关系

第一节 家庭关系概述

一、家庭关系的概念与特征

(一)家庭关系的概念

家庭是由一定范围的亲属组成的共同生活单位。亲属是由两性关系和血缘关系联系起来的一定范围的人相互之间的特定社会关系的外在表现和称谓。

法律意义上的亲属身份关系是由婚姻、血缘和法律拟制而形成的、具有权利义务内容的特定主体之间的社会关系。

现代国家将亲属分为配偶、血亲、姻亲,各国法律对亲属身份关系所产生的权利义务都作了明确的规定。在我国,《民法通则》《婚姻法》《继承法》规定了亲属权主要包括:配偶权、亲权、其他亲属权和监护权,规定了他们之间基于特定的身份关系所享有的权利。

(二)家庭关系法律特征

家庭关系作为亲属身份的法律外在表现,并非所有亲属间都产生家庭关系。只有特定身份的亲属才产生扶养的权利义务关系,形成亲属身份权。

亲属身份权的法律特征主要表现为:

第一,亲属身份权表达的是亲属间的身份地位。表明特定的亲属之间各自所处的不同地位和关系。

第二,亲属身份权是亲属间的权利义务关系。这种权利义务关系是基于不同亲属身份地位而发生的,产生各不相同的权利义务关系。

第三,亲属身份的主体范围有法律限制。根据法律的规定,一定范围的近亲属才发生身份权,才是亲属身份关系的主体。

第四,亲属身份权的客体是身份利益。亲属相互间可以支配对方身份利益。

第五,亲属身份权的本质是以义务为中心。

亲属身份权并不是以权利为中心的,而是以义务为中心的,将权利的中心转向对对方亲属的保护。所以,原则上权利人不得放弃该权利,在特定情形下,权利人甚至有行使此项权利的义务。配偶权、亲权、其他亲属权中都含有权利的内容,但其核心是义务。所以,原则上权利人不得放弃该权利,在特定情形下,权利人甚至有行使此项权利的义务。正如台湾学者史尚宽先生所说:"身分权不独为权利人之利益,同时为受其行使之相对人之利益而存在,原则上权利人不得放弃,甚至有可能认为权利人有行使之义务。"①配偶权、亲权、其他亲属权中都含有权利的内容,但其核心是义务。

二、家庭关系形成的原因和内容

(一)家庭关系形成的原因

家庭身份关系的产生有赖于一定事实和行为的出现。一类为自然事实,另一类为法律特定行为。这具有客观性和规范性特征。

1.结婚

结婚即婚姻关系的成立。结婚是产生配偶身份关系的唯一原因,同时结婚也产生姻亲关系,如直系姻亲身份关系在特定情况下的赡养和继承的权利和义务关系。我国法律规定,丧偶儿媳对公婆、丧偶女婿对岳父母尽主要赡养义务的可以视为第一顺序的继承人继承公婆、岳父母的遗产。

2.出生

出生指胎儿完全脱离母体且是活体。出生是产生亲权、其他亲属身份权的主要原因,因为出生,产生父母子女关系;因为出生,产生其他直系血亲和旁系血亲关系。

3.拟制行为的成立

拟制行为包括两种情形:一种是收养关系的成立,另一种是继父母与继子女间形成事实上的抚养教育关系。拟制行为的成立产生亲权、其他亲属身份权。

(二)家庭关系的内容

家庭成员间特定的亲属关系,形成了配偶权、亲权、其他亲属权和监护权

---

① 史尚宽:《亲属法论》,中国政法大学出版社2000年版,第35页。

等亲属身份权,同时也赋予了法律意义上的权利和义务内容,具体包括:

1.配偶权(具体内容在第二章第五节夫妻关系中阐述)

配偶权是夫妻之间互为配偶的基本身份权,表明夫妻之间互为配偶的身份利益,由身份权人专属支配,其他任何人均不得侵犯的义务。配偶权是随着夫权的日益衰亡而兴起的,它已经成为支配婚姻内部权利义务关系的主要体系。配偶权排斥了其所包含的权利和特权内容,注入义务概念,由对妻子人身的专制支配转变为夫妻双方平等的、进步的对身份利益的支配,具有权利义务同构一体的特征。

我国新修正的《婚姻法》对配偶身份权内容作了规定:如第4条规定夫妻应当互相忠实;第13条规定夫妻双方地位平等;第14条规定夫妻都有各自使用姓名的权利;第15条规定夫妻双方都有参加工作、生产、学习和社会活动的自由,一方不得对他方加以限制或干涉;第20条规定相互扶养权。这些规定涉及婚姻配偶权的部分内容,但尚不全面。我国未来民法典中婚姻家庭法应进一步充实完善配偶权的具体内容。

配偶权是一种基本身份权,其具体派生身份权主要包括:夫妻同居权、相互忠实义务、帮助协助义务、相互扶养义务、夫妻姓氏权、夫妻居住所决定权、夫妻人身自由权、日常事务代理权、共同生育权、相互继承权等。

2.亲权

亲权是指父母对未成年子女在人身和财产方面的管教和保护的权利义务。亲权渊源于罗马法和日耳曼法。罗马法中的亲权表现为父亲对子女的占有支配权。日耳曼法的亲权表现为父亲对子女的保护权。前者以亲权人的利益为出发点,后者以子女利益为出发点。近现代许多国家的亲权制度多为继受日耳曼法,以保护子女为中心,不仅是权利,也是义务。现代亲权体系的权利性不断削弱,更加强调其义务性,立法着重强调亲权更深层次上的含义,体现了父母对未成年子女的抚养教育义务,在某种程度上讲,亲权正逐渐演变为未成年子女对父母享有的权利。

我国新修正的《婚姻法》对亲权内容作了规定,如第23条规定父母有保护和教育子女的权利和义务。该规定虽简略,但与亲权的内涵是相符的,只是对亲权的具体内容未作详细的规定,在未来民法典的婚姻家庭法中应进一步充实。

亲权的派生身份权包括:对未成年子女进行管教、保护的权利;子女住所决定权;法定代理权和同意权;职业许可权;财产管理权;抚养义务;未成年人致害赔偿义务等。及离婚后不与未成年子女共同生活的父母一方享有对子女的抚养、教育和探视的权利义务。

3. 其他亲属权

其他亲属权是指除配偶、父母与未成年子女以外的其他近亲属之间的身份权。具体地说，它是父母与成年子女、祖父母与孙子女、外祖父母与外孙子女以及兄弟姐妹之间的身份权。

我国新修正的《婚姻法》对其他亲属权有明确的规定：如第 28 条关于祖父母、外祖父母与孙子女、外孙子女相互有条件的抚养关系；第 29 条关于兄姐对弟妹有条件的抚养关系；第 21 条涉及父母与成年子女之间的关系以及相互的抚养、赡养关系。我国法律规定将其他亲属权等同于扶养权，不能涵盖其他亲属权的全部内容。在未来民法典中婚姻家庭法应进一步充实完善其他亲属权的具体内容。

其他亲属权的派生身份权包括：亲情权、亲属称谓权、亲属名誉权、亲属间的相互尊重；相互抚养和赡养；相互帮助和体谅等权利与义务。

4. 监护权

监护权是指监护人对于不能得到亲权保护的未成年人和精神病成年人的人身、财产权益所享有的监督、保护的身份权。监护权是否为身份权？在学说上存在争论。肯定者认为，监护人享有监护权，这是由于监护人与被监护人之间具有特定的身份关系，不是任何人都能担任监护人的。正是由于他们之间具有特定的身份关系，才能更好地尽自己的职责，保护被监护人的合法权益。显然，监护权是一种身份权。[①] 否定者认为，父母、亲属以外的自然人、组织甚至政府机关都可以充当监护人，而这些人，难谓其有身份权。甚至认为我国立法无身份权，监护自然也不是身份权。[②]

笔者认为，监护权是一种介于亲属法与非亲属法之间的身份权，是一种特殊的身份权。因为大多数监护权产生于身份权，对未成年人的监护权，是基于亲权欠缺，而由一定亲属身份关系的人，才能担任监护人，享有监护权；对精神病患者的监护权，产生于配偶权和其他亲属权。只有在被监护人没有上述亲属时，才可以由其他自然人、组织担任监护人。而且，监护人对被监护人的关系体现了一定的身份关系。身份关系的实质，是特定的自然人之间就其相互

---

① 李由义：《民法学》，北京大学出版社 1988 年版，第 574 页；张俊浩：《民法学原理》，中国政法大学出版社 1991 年版，第 121 页、第 160 页。

② 梁慧星：《民法》，四川人民出版社 1988 年版，第 88 页。

利益所具有的支配关系。监护人对被监护人的人身利益和财产利益具有支配关系,这种关系,就是对身份利益的支配关系。因此,监护权属于身份权。

关于监护权和亲权的关系。大陆法系民法认为,两者互不相容,各自独立,因而严格区分亲权与监护权。认为处于亲权保护之下的未成年人,其利益已经得到充分保障,无须再设置监护制度。而我国立法未采用"亲权"的概念,《民法通则》第 16 条规定对未成年子女的监护权,从其内容来看,似乎亲权已为监护权所吸收。其实,亲权与监护权的产生条件、权利主体及权利限制并不相同。亲权的产生源于出生,而监护权的产生,以未成年人丧失亲权保护为前提,即亲权丧失之后才能对未成年人发生监护权;亲权的权利主体单一,即未成年子女的父母,而监护权较为广泛,包括其他近亲属及有关组织。在立法上,对亲权人权利限制较少,而对监护权人权利限制则较多。

第二节　配偶权与夫妻关系

(该部分在第二章第五节"婚姻的效力"中介绍)

第三节　亲权与亲子关系

一、亲权

(一)亲权的概念

亲权,是指父母对未成年子女在人身和财产方面的管教和保护的权利和义务。[①] 亲权包含以下几层含义:

第一,亲权是一种身份权,是基于父母子女的身份关系而产生的。

第二,亲权是父母对未成年子女的权利和义务,如子女已成年,相互间就不存在亲权关系,而是其他亲属权关系,但已成年子女如无民事行为能力或限制民事行为能力,则实行监护,即父母是无民事行为能力或限制民事行为能力的成年子女的法定监护人。

---

① 李志敏:《比较家庭法》,北京大学出版社 1988 年版,第 227～228 页。

第三,亲权是权利义务之和,父母对未成年子女的人身和财产,不仅仅享有权利,更多的是承担义务。正如日本学者我妻荣所云:"父母子女关系所产生的最重要的效力,而且是与其他亲属关系有本质不同的父母子女关系的特有效力,恐怕是父母应该处于对未成年进行哺育、监护、教育的地位。这与其说是权利,莫若说是权利和义务融合在一起的一种应尽的职责。"①

(二)亲权的性质和特征

1.亲权的性质

亲权的性质是基本身份权,是由若干派生身份权构成的权利的集合体。具有专属性特征,不可让与,只能由父母专属行使,不能转让、不能继承,更不能抛弃。亲权是绝对权,亲权人在行使亲权时,不需要义务人作出积极的行为,只要义务人不妨碍亲权人行使亲权即可。亲权具有一定的支配权,但这种支配性质并非专制的人身支配,而是以教养、保护未成年子女为目的的,对亲权利益进行的支配。亲权具有时间性,只能在子女未成年阶段行使。

2.亲权的法律特征

(1)亲权是权利义务的综合体。一方面,亲权是父母的权利,未成年子女必须服从父母的教养和保护;另一方面,亲权的行使,又具有职责的性质,是法定义务,父母应对未成年子女的养育和照顾尽全责。

(2)亲权是父母对未成年子女的权利义务。亲权的主体是父母与未成年子女。子女既已成年,即脱离父母亲权的保护,享有完全的民事能力,父母与成年子女之间的权利义务关系就成为其他亲属权关系。

(3)亲权是以保护、教育未成年子女为目的的,亲权人须依法行使,不得滥用。否则,将承担相应的法律责任,情节严重的,将被依法剥夺亲权。

我国《婚姻法》中有亲权的实际内容,但不采用亲权的概念。如1950年的《婚姻法》对父母子女关系作了专章规定,规范了父母子女间的权利义务关系,并且在第13条中规定父母对子女有抚养教育的权利义务。1980年的《婚姻法》扩大了亲属关系的调整范围,增加了父母对未成年子女的管教、保护等规定。如除了第15条规定"父母对子女有抚养教育的义务"外,第17条还规定"父母有管教和保护未成年子女的权利和义务。在未成年子女对国家、集体或他人造成损害时,父母有赔偿经济损失的义务"。这些规定突出了父母对子女

---

① [日]我妻荣、有泉亨:《日本民法·亲属法》,夏玉芝译,北京工商出版社1996年版,第130页。

抚养、教育、管教、保护和代理的权利义务。2001 年修正后的《婚姻法》,在第 21 条、第 22 条、第 23 条、第 25 条、第 26 条、第 27 条的规定中,体现了亲权的全部内涵,与亲权概念完全相符,但过于简略。

(三)亲权的历史沿革

1.古代家父权和父权

从亲权制度的历史发展来看,亲权源于罗马法和日耳曼法。罗马法称其为家父权,家父是指在罗马家庭中的直系尊亲属,他可以是父亲、祖父或曾祖父。家父的对称是家子,家子是指家父家庭中的其他任何成员,即妻、子、女及子妇、孙子女等。在家父权法律关系中,家父是自权人、家子是他权人。家父对家子具有完全的权利,具有专制的人身支配权。在日耳曼法中,父权则表现为对子女的保护权。是以子女利益为出发点的,规定父亲对子女的身份权。它与现代亲权制度比较接近,既是权利,又是义务。近现代许多国家亲权制度多继受日耳曼法的原理。

中国古代的家长权制度,也是亲权制的渊源之一。中国经历二千多年的封建社会,在这漫长的历史时期,其传统的家庭模式几乎没有发生实质性的改变。"父为子纲"成为父子间的行为准则,子女的独立人格权不被承认,父母对子女拥有财产支配权、人身支配权、婚姻决定权,家长可以把子女作为私有财产任意送人或卖给别人。但家长权中也包含父母对子女教养和保护的义务,如《三字经》中的"养不教,父之过"正说明了这一观点。

2.近代父权

近代各国民法典,均规定了亲权制度。如 1804 年的《法国民法典》第 1 卷第 9 章专门规定"亲权",共 17 条,第 10 章专设"亲权的解释"一节,共 12 条,规定了亲权的基本制度。如该法第 373 条规定:"父母婚姻关系存续中,亲权由父单独行使。"[①]可见,此时的亲权为单独的父权,即:由父亲单独行使权利,子女在成年或亲权解除前,均处于父权之下,非经其父许可,不得离开其父的家庭,父亲对子女有惩戒权、教育权、对子女财产有用益权。

3.现代共同亲权

现代亲属法的亲权,是父母共同亲权。如 1970 年修订后的《法国民法典》第 372 条规定:"父母在婚姻关系期间,共同行使亲权。"[②]《意大利民法典》第

---

① 李浩培等译:《拿破仑法典》,商务印书馆 2006 年版,第 49 页。

② 罗结珍译:《法国民法典》,中国法制出版社 1999 年版,第 126 页。

316 条第 2 款规定:"亲权由父母双方协商行使。"[①]《魁北克民法典》第 600 条规定:"父母共同行使亲权。如父母一方死亡、被剥夺亲权或不能表达意愿,亲权由他方父母行使。"[②]1980 年《德国民法典》第 1626 条、第 1628 条、第 1631 条规定,进一步强调父母共同拥有并行使亲权;父母行使亲权应尊重、重视子女的意思和利益;违反子女尊严之教育措施是不被允许的。[③] 这些立法实现了亲权制度的根本性改革。

亲权从父权发展为父母共同享有权利,体现了男女平等的基本原则;亲权从家长权、父权,对子女享有特权发展为父母对未成年子女承担义务和职责,体现了保护未成年子女最大利益原则。

(四)亲权的内容

亲权的内容,是指亲权人依法享有的对未成年子女所有的权利和义务的总和,可分为财产和人身两个方面。

1. 人身方面的亲权

人身照护权的基本内容,是父母对未成年子女人身的教养、保护的权利和义务。各国法律均对此作了规定,如,《日本民法典》第 820 条规定:"行使亲权人有监护、教育子女的权利及义务。"[④]我国台湾地区"民法"第 1084 条第 2 款规定:"父母应对于未成年子女,有保护和教养之权利义务。"《中华人民共和国婚姻法》第 23 条规定:"父母有保护和教育未成年子女的权利和义务。"

保护教养是人身照护权的概括权利。保护,指预防及排除危害,以谋子女身心之安全,保护为消极作用;教养,指教导养育子女,以谋子女身心健全成长,教养为积极作用。保护与教养相辅相成,构成浑然一体的权利义务。居住所指定权、管教权、人身保护权、子女人身方面同意权与代理权、抚养义务、赔偿义务等各项权利义务,都是保护教育权的具体体现。

(1)居住所指定权

居住所,包括居所和住所。父母为行使保护教养未成年子女的权利义务,保障未成年子女的安全,必须享有居住所指定权。此为各国立法通例,如:《法国民法典》第 371 条第 3 款规定:"子、女,非经父与母许可,不得离开家庭,并

---

① 费安玲等译:《意大利民法典》,中国政法大学出版社 2004 年版,第 82 页。
② 孙建江等译:《魁北克民法典》,中国人民大学出版社 2005 年版,第 80 页。
③ 陈卫佐译注:《德国民法典》,法律出版社 2006 年版,第 509~513 页。
④ 渠涛译:《最新日本民法》,法律出版社 2006 年版,第 175 页。

且仅在法律规定的必要场合,才能从家庭中被领走。"①《德国民法典》第1631条第1款规定:"人身照顾权,特别是包括了对子女的培养、教育、监督和决定其住所的权利和义务。"②《日本民法典》第821条规定:"子女应于行使亲权人指定的处所定其居所。"③《瑞士民法典》第301条第3项规定:"子女非经父母同意,不得离父母他去。"④

居住所决定权,是教育、保护未成年子女的重要权利,应当由父母共同行使。居住所指定权的相对人,只能是未成年子女。对于非婚生子女,该权利由母亲行使。根据我国户籍法的规定,对于父母离异的未成年子女的居住所指定权归属同该子女共同生活的父母一方,其住所和户籍应当与共同生活的父母一方一致,不得自行决定;至于居所可以由父母双方商定,或由已经有一定识别能力的未成年子女选择,但是必须与父母中的一方住所或居所一致,不得别居。对于未成年子女入学、参军等需要与父母别居者,父母不再行使居住所指定权。除此之外,未成年子女无权自行选定自己的居住所。

但父母行使居住所指定权,不得妨碍子女身心的健康发育,否则,构成居住所指定权滥用,得为停止亲权之原因。

(2)管教权

管教权,是指父母对于未成年子女不符合社会规范和社会公共生活准则的行为,加以必要管教的权利。管教权是保护教养权延伸出来的一项权能。关于教育权的行使,《瑞士民法典》第302条规定:"(1)父母应依其状况教育其子女,并应促进和保护其体育、智育及德育的发展。(2)父母应设法使子女,特别是使那些身体或智力上有缺陷的子女接受合适的、与其能力及爱好尽可能一致的普通教育或职业教育。(3)为此目的,父母应以适当的方式,与学校,必要时,与公共、公益的青年教育及救济机构合作。"⑤而《日本民法典》认为,父母在教育子女的过程中应行使适当的惩戒权。该法第822条规定:"行使亲权人,于必要范围内可以亲自惩戒子女,或经家庭法院许可,将子女送入惩戒场。"⑥《德国民法典》不但规定父母行使管教权,而且还规定限制父母滥用管

---

① 罗结珍译:《法国民法典》,中国法制出版社1999年版,第125页。
② 陈卫佐译注:《德国民法典》,法律出版社2006年版,第512~513页。
③ 渠涛译:《最新日本民法》,法律出版社2006年版,第175页。
④ 殷生根、王燕译:《瑞士民法典》,中国政法大学出版社1999年版,第84页。
⑤ 殷生根、王燕译:《瑞士民法典》,中国政法大学出版社1999年版,第84页。
⑥ 渠涛译:《最新日本民法》,法律出版社2006年版,第175页。

教权的条款。该法第 1631a 条规定:"在有关教育和职业的事务上,父母特别应考虑子女的能力和爱好。有疑问的,应征求教师或其他适当的人的意见。"同时,为防止父母对子女滥用管教权,该法第 1631 条第 2 项规定:"有损尊严的教育措施,特别是身体和精神上的虐待是不准许的。"①

我国《婚姻法》第 23 条只规定了教育权,没有规定惩戒权,但在实际生活中,父母适度惩戒(或称管教)其未成年子女,并不认为是违法行为。而且,我国《未成年人保护法(2006 年修订)》第 11 条规定:"父母或者其他监护人应当关注未成年人的生理、心理状况和行为习惯,以健康的思想、良好的品行和适当的方法教育和影响未成年人,引导未成年人进行有益身心健康的活动,预防和制止未成年人吸烟、酗酒、流浪、沉迷网络以及赌博、吸毒、卖淫等行为。"这里规定的"预防和制止未成年人"的非法行为就包含了必要的管教权。同时,该法第 53 条规定:"父母或者其他监护人不履行监护职责或者侵害被监护的未成年人的合法权益,经教育不改的,人民法院可以根据有关人员或者有关单位的申请,撤销其监护人的资格,依法另行指定监护人。被撤销监护资格的父母应当依法继续负担抚养费用。"说明了法律对于超出必要的管教范围的行为是严格禁止的。

父母行使管教权的目的是教育子女改恶从善,父母行使管教权应限制在保护教养的范围内,超越一定限度则构成管教权滥用,得为停止亲权之原因,并可追究父母的侵权责任。触犯刑律的,负刑事责任,父母不得以亲权人身份而主张免责。

(3)人身保护权

人身保护权,是指当未成年子女被人诱骗、拐卖、劫掠、隐藏时,亲权人享有请求交还子女的请求权以及父母排除任何人对其未成年子女的人身侵害的权利。人身保护权包括子女交还请求权和人身侵害排除权两个方面的内容,如父母对非法扣留其子女的人有权要求交出,对毁损未成年人名誉、公开宣扬未成年人的隐私或诱导教唆未成年人犯罪等行为,父母有权也有义务进行预防和排除。

对子女的人身保护权是亲权人为尽保护教养之责应具备的权利。《德国民法典》第 1632 条第 1 款规定:"人身照顾权包括要求对子女的父母或父母的

---

① 陈卫佐译注:《德国民法典》,法律出版社 2006 年版,第 513 页。

一方非法藏匿子女的人交还子女的权利。"①日本及我国台湾地区对此无明文规定,但学说及判例都认为基于保护教养权,应有此权利。②

《婚姻法》未明文规定人身保护权,但在《未成年人保护法(2006年修订)》第49条中规定:"未成年人的合法权益受到侵害的,被侵害人及其监护人或者其他组织和个人有权向有关部门投诉,有关部门应当依法及时处理。"该规定告诉我们,当未成年子女遭受不法侵害时,包括被人诱骗、拐卖、劫掠、隐藏,其法定监护人父母有权要求有关主管部门处理,或者依法向人民法院提起诉讼。

父母行使人身保护权不得违反保护教养之目的,否则构成亲权的滥用。离异的父母,其未成年子女由一方抚养,行使监护权,不行使监护权的一方不得强行夺走该子女归自己抚养,否则,监护权人有权起诉至法院,请求判令交还子女。当交还子女明显不符合子女利益时,则可申请法院裁判重新选定监护权人。

(4)子女人身方面的同意权和代理权

亲权人的法定代理权和同意权,是父母保护未成年子女人身权益的一项重要权限。世界各国立法对此分别作了规定。《德国民法典》第1629条第1款规定:"父母照顾权包括对子女的代理。由父母共同代理子女;如果需要相对于子女作意思表示,只需相对于父母的一方作出即可。在父母的一方单独行使父母照顾权或依照本法第1628条被委托行使决定权的情况下,由该父母一方单独代理子女。"③《瑞士民法典》第304条第1款规定:"父母在其亲权范围内,对第三人,依法得为子女的代理人。"④《日本民法典》第823条第1款规定:"子女除非经行使亲权人许可,不得经营职业。"⑤

《民法总则》第27条第1款规定:"父母是未成年子女的监护人。"第23条规定:"无民事行为能力人、限制民事行为能力人的监护人是其法定代理人。"第19条规定:"八周岁以上的未成年人为限制民事行为能力人,实施民事法律行为由其法定代理人代理或者经其法定代理人同意、追认,但是可以独立实施纯获利益的民事法律行为或者与其年龄、智力相适应的民事法律行为。"可见,父母享有对其未成年子女人身方面的法定代理权和同意权。具体包括:

第一,身份行为同意权。即限制民事行为能力的未成年人可以实施有关

---

① 陈卫佐译注:《德国民法典》,法律出版社2006年版,第513页。

② 陈棋炎、郭振恭、黄宗乐:《民法亲属新论》,台湾三民书局1988年版,第364页。

③ 陈卫佐译注:《德国民法典》,法律出版社2006年版,第511页。

④ 殷生根、王燕译:《瑞士民法典》,中国政法大学出版社1999年版,第84页。

⑤ 渠涛译:《最新日本民法》,法律出版社2006年版,第176页。

亲属身份的丧失变更方面的行为,但须征得亲权人同意。如认领宣告之申请,收养、送养之承诺。

第二,身份行为代理权。即亲权人有权代子女为身份方面的意思表示。由于身份行为不但关系到当事人身份的丧失变更,而且会涉及相应的财产权利义务变更。因此,身份行为代理只有在法律明文规定时始发生。

第三,身上事项决定同意权。未成年子女身上事项,由父母代理,它包括身上事项的代理及法律行为补正。如未成年子女的肖像使用,其承诺应由父母代理或补正;子女动手术之同意、子女病休学之决定等,均须父母的同意。

第四,职业许可权。未成年子女从事职业,必须经父母同意。16 岁以下未成年人参加职业劳动,父母有权撤销;已满 16 周岁的未成年人,从事职业,须经父母同意。

(5)抚养义务

父母对未成年子女的抚养义务,是子女生存的物质基础。古往今来均为法定义务。亲权人为保障未成年子女的成长须提供生活必备的物质条件,包括哺育、喂养、抚育,提供生活、教育和活动的费用等。父母对未成年子女的抚养义务是无条件的,即使父母离婚,双方均不能免除对子女的抚养义务。

许多国家的法律中都规定父母对于未成年子女的抚养义务。《联合国儿童权利公约》中规定,每个儿童均有固有的生命权,应最大限度地确保儿童的存活和发展,有受其父母照料的权利。[①] 我国《婚姻法》第 21 条规定:"父母对于子女有抚养教育的义务。父母不履行抚养义务时,未成年的或不能独立生活的子女有要求父母付给抚养费的权利。"同时,《未成年人保护法(2006 年修订)》第 10 条进一步规定:"父母或者其他监护人应当创造良好、和睦的家庭环境,依法履行对未成年人的监护职责和抚养义务。"第 60 条规定:"违反本法规定,侵害未成年人的合法权益(包括遗弃未成年人),其他法律、法规已规定行政处罚的,从其规定;造成人身财产损失或者其他损害的,依法承担民事责任;构成犯罪的,依法追究刑事责任。"这些规定包含我国亲权法中父母抚养义务的全部内容。亲权中的抚养义务基于亲子关系而生,并不包括未成年人和其他亲属或非亲属监护人之间的抚养关系。

父母是抚养子女的义务主体,父母只要有维持自己生计的能力,就须负有对未成年子女的抚养义务,并以直接养育为原则,即与未成年子女共同生活保

---

① 董云虎、刘武萍:《世界人权约法总览续编》,四川人民出版社 1993 年版,第 1290 页。

持义务。如第三人侵害亲权人的人身造成致残、致死后果,间接侵害了未成年子女受抚养权的权利,未成年子女有权要求侵权人承担损害赔偿责任。

（6）赔偿义务

亲权中的赔偿义务,是指当未成年子女致他人损害时,亲权人须承担赔偿受害人损失的义务。我国《婚姻法》第23条规定:"在未成年子女对国家、集体或他人造成损害时,父母有承担民事责任的义务。"父母应依照民法通则的相关规定代替未成年子女承担民事赔偿责任。这种责任是法定责任,亲权人不得推诿。当然,如果父母已经尽了对子女的监护职责,可适当减轻其赔偿责任。

造成国家、集体或他人损害的未成年子女,如果其本人有财产的,从本人财产中支付,不足部分仍由其父母承担。

2.财产方面的亲权

（1）财产行为代理权和同意权

父母是未成年子女的法定代理人,未成年子女在设定、变更或废止有关财产的法律行为时,须征得父母的同意。父母作为法定代理人,代未成年子女行使财产权利时,不得侵害到子女的财产利益,否则,视为无效代理行为。

（2）财产管理权

父母对未成年子女的财产行使管理权。管理权范围,包括未成年子女已享有的所有财产。管理应以财产价值的保存或增值为目的,父母在行使管理权时未尽注意义务,导致未成年子女财产利益受损的,应当承担赔偿责任。

（3）使用收益权

父母有合理支配、利用未成年子女的财产和获得孳息的权利。父母在行使财产收益权时,应当从有利于保护未成年子女的财产利益出发,尽到高度注意义务,避免财产损失。行使收益权后的收入,原则上归未成年子女所有。

（4）财产处分权

父母对未成年人子女财产不得任意处分,行使处分权受到法律的严格限制。只有处于对子女利益和需要考虑,经法院或监督机关批准,才能行使对子女财产的处分权。如《德国民法典》规定,禁止父母代子女为赠与行为,但合乎道义的代赠不在此限。《瑞士民法典》规定,为子女支付的抚养、教育或职业培训费用时监护官得许可父母动用子女财产中的一定款项。

（五）亲权的中止和丧失、恢复和消灭

1.亲权的中止和丧失

亲权的中止和丧失,是指亲权人因法定事由而中止或丧失亲权的资格。

法定事由包括：

（1）被宣告为无民事行为能力或限制民事行为能力人。

（2）离婚后不与未成年人共同生活的父母一方，除部分亲权在行使外，其他已处于中止状态。

（3）因长期在外、重病等原因无法行使亲权。

（4）父母对未成年人有重大犯罪行为，严重伤害子女利益，影响子女身心健康或财产利益被剥夺亲权而丧失。

（5）亲权因协议或法院宣告，由亲权人转移给他人或社会福利机构行使而丧失。如父母将子女送养他人，产生亲权转移。

2.亲权的恢复和消灭

（1）亲权的恢复，是指丧失亲权的人在法定条件下重新获得亲权。如收养关系解除后，未成年子女与生父母的权利义务关系恢复。

（2）亲权的消灭，是指基于法定事由致使亲权无须履行或无法履行，从而使亲权归于消灭。包括绝对消灭和相对消灭，如子女死亡或子女已成年而自然消灭为绝对消灭。如父母一方死亡，死亡一方亲权消灭，而另一方亲权尚在为相对消灭；或父母双方虽死亡，但未成年子女可另设监护，以监护代亲权之延伸为相对消灭。

二、亲子关系

（一）亲子关系的概念

所谓亲子关系，是指父母和子女之间的法定的权利义务关系。亲子关系是由父母子女的身份关系而发生的权利和义务关系，是以父母保护、教育未成年子女为根本内容的。

（二）亲子关系的种类

1.中国古代亲子关系的种类

在我国封建社会法制史上，基于纳妾、宗祧制度，父母子女的种类很多。大体上有两种：一是自然血统关系，即亲生父母子女关系；二是法律拟制血亲关系与名分恩义关系。拟制关系为嗣父嗣子、养父母子女，名分恩义之亲子关系，即礼俗法典上所称之三父八母，"三父"依朱子家礼为同居继父、先同居后异居继父、不同居继父，依元典章为同居继父、不同居继父、从继母嫁。"八母"为嫡母、继母、养母、慈母（生母死其父命别妾抚育成人者称为慈母）、嫁母、出母、庶母、乳母。其中仅养父母、继母、嫡母、慈母视同亲生父母。在子方面，则有嫡子、庶子、奸生子、婢生子、嗣子、养子等区别。"亲"与"子"的种类不同,其在法律上的地位以及所享有的权利义务关系也有很大的区别。如关于家产的继承,元代则嫡四庶三,奸及婢各一;依明清法制,妻、妾、婢之子均分,奸生子为其一半。只有到1930年国民政府颁行的民法亲属编才吸收了外国立法特别是大陆法系国家亲子法的立法经验,将父母子女关系分为自然血亲和拟制血亲两种,前者为婚生子女与非婚生子女,后者为生前收养关系与死后指定继承关系之别。在父母方面,唯有父母与养父母两种,继父母、嫡母只构成姻亲关系,不再有嗣父之名称。庶母、嫡母、乳母,不构成亲属关系。出母、嫁母,仍不失为母。在子女方面,亦不复有庶子、嫡子、嗣子等名称,庶生子、婢生子、奸生子均为非婚生子女,不过庶生子因自幼抚养视为认领而成为婚生子女。①

2.现代亲子关系的种类

中华人民共和国成立后,废除了封建的婚姻家庭制度,实行男女平等、一夫一妻、保护儿童合法权益的新型的社会主义国家婚姻家庭制度。我国1950年《婚姻法》明确规定了父母与婚生子女、非婚生子女,继父母与继子女关系。1980年《婚姻法》则更加明确规定了父母与婚生子女,非婚生子女,养父母与养子女、继父母与继子女之间的权利义务关系。总之,在我国现行的婚姻法中,父母子女关系可以分为两大类:

一类为自然血亲的父母子女关系。它是基于子女的出生这一自然事实而发生的父母子女关系。自然血亲的父母子女关系是客观存在的,不能人为地解除,只能因一方死亡而消灭。这种父母子女关系包括父母与婚生子女的关系和父母与非婚生子女的关系。

另一类为法律拟制的父母子女关系。这是指本无该种血亲应具有的血缘关系,但法律上确认其与自然血亲具有同等的权利义务的亲子关系。此类亲子关系基于法律的拟制而依法产生,也可依法解除。这种父母子女关系包括养父母子女关系和形成抚养关系的继父母子女关系。

3.人工生育的子女

自1987年,世界上第一个试管婴儿在英国诞生以来,打破传统的生育关系与遗传关系合为一体的生育规律。人工生育子女的出现,对现行的亲子关系提出了挑战。有人认为,人工生育子女与父母有血缘关系的按婚生子女对待;有人认为,如用"供精"授精的情况,精子不是丈夫的,只能视为或拟定为婚

① 史尚宽:《亲属法论》,中国政法大学出版社2000年版,第533~534页。

生子女对待;有人认为,人工授精子女一律视为养子女或继子女对待,即按拟制血亲对待;还有人认为,应根据不同的供精渠道,区别为婚生子女、非婚生子女、养子女等不同的类别。由于精、卵来源、怀孕情况的复杂性,通过医疗技术手段人工生育子女的情况也比较复杂。因此,对人工生育的父母子女关系法律应予以明确规定,即凡经夫妻双方协议实施人工生育的,其父母子女之间的权利义务关系一律视为婚生父母子女关系对待。[①]

很多国家的法律通常将子女分为婚生子女、非婚生子女、养子女、继子女等,由于婚生子女与非婚生子女这一分法是以父母之间的合法有效的婚姻关系作为子女出生的前提条件的,对于非婚生子女十分不利。在刚刚过去的20世纪里,男女平等、子女权益的保护成了世界各国新的亲属法的重要追求目标,承认子女在家庭中的独立人格、独立的主体地位,强调父母对子女的照顾、保护、监护的义务和责任,强调子女的最大利益,已成为世界各国立法中的共识。如德国1997年12月16日颁布的《子女身份法改革法》《非婚生子女在继承法上的平等权》和1998年4月6日颁布的《未成年子女生活费统一法》,是对非婚生子女法律地位的重大修改,法律明确规定了子女的亲生性,而不是婚生性。而我国现行的《婚姻法》中仍然将子女分为"婚生子女"和"非婚生子女",对非婚生子女带有一定的歧视性。为了更好地保护未成年子女的合法权益,建议将父母子女关系分为父母与亲生子女、养父母与养子女、继父母与继子女以及人工生育的父母子女关系几个方面,取消婚生子女与非婚生子女之分,将其统称为亲生子女。

三、婚生子女

(一)婚生子女的概念

婚生子女是指婚姻关系存续期间所生育的子女。婚生子女,必须同时符合以下四个条件:一是父母之间必须存在有效的婚姻关系。无效婚姻和被撤销婚姻自始无效,其所生育子女也不能视为婚生子女。二是受胎在婚姻关系存续期间,或受胎虽不在婚姻关系存续期间,但因生父母结婚,使得非婚生子女准正为婚生子女。三是必须是生父的妻子所分娩。四是必须是受胎为生母丈夫所为。

---

① 孔祥瑞、李黎:《民法典亲属编立法若干问题研究》,中国法制出版社2005年版,第178~179页。

（二）婚生子女的推定和否认

1. 婚生子女的推定

亲子关系的推定是指子女系生母在婚姻关系存续期间受胎或出生,该子女被法律推定为生母和生母之夫的子女。

《法国民法典》第 312 条规定:"夫妻婚姻期间生育的子女,夫为其父。"第 314 条规定:"夫妻结婚后满 180 天出生的子女为婚生子女,并且视其自受孕起即为婚生子女。"[①]《意大利民法典》第 231 条规定:"夫是在婚姻关系存续期间受孕的子女的生父。"第 232 条规定:"自婚礼举行之日起 180 天以后出生的子女,以及自婚姻被宣告无效、解除或丧失民法效力之日起 300 日以内出生的子女,被推定为婚姻关系存续期间受孕的子女。对自判决宣告分居之日起、获准协议分居之日起、已经准许分居但是在分居诉讼中迟延的夫妻自出庭之日起,或自提起前款规定的诉讼之日起 300 日以后出生的子女,不适用以上推定。"第 233 条规定:"配偶一方或子女本人不否认生父身份的,则认为自婚礼举行之日起未满 180 日出生的子女为婚生子女。"第 234 条规定:"任何一方配偶及其继承人,均可以举证说明自婚姻被宣告无效、解除或丧失民法效力之日起 300 日以后出生的子女是在婚姻关系存续期间受孕的子女。同样的方法还可以证明自判决宣告分居之日起、获准协议分居之日起、已经准许分居但在分居诉讼中迟延的夫妻自出庭之日起或者自提起前款规定的诉讼之日起 300 日以后出生的子女,是在同居期间受孕的子女。在任何情况下,子女均可以提起确认婚生子身份的诉讼。"[②]

在美国,普通法将父亲定义为"与子女具有血缘关系,与子女的母亲具有合法或社会关系者"。实务上认为,对于已婚父亲而言,其与子女的母亲关系较血缘更为重要,即母亲之夫推定为子女生父,而不问子女的真正生父为何人。一般在新生儿出生后 60 日内,其生父在医院签署自愿认领书,并进行宣誓,就能确认父子关系。[③]

我国亲属法虽然规定了婚生子女的概念,但是对于如何认定婚生子女没有规定标准。对此,我们认为,我国应借鉴国外立法,设立亲子关系推定制度。当然,婚生子女推定实际上是在用婚姻关系的存续期间来推定子女的父亲,确

---

① 罗结珍译:《法国民法典》,中国法制出版社 1999 年版,第 102～103 页。

② 费安玲等译:《意大利民法典》,中国政法大学出版社 2004 年版,第 63～64 页。

③ 王丽萍:《亲子法研究》,法律出版社 2004 年版,第 51 页。

定婚生子女身份,而不是靠血缘关系,因此可能出现错误,可能被客观事实所推翻。法律允许利害关系人提出婚生子女否认之诉,推翻婚生子女推定。

2.婚生子女的否认

婚生子女的否认,是指夫妻一方或子女对妻所生的子女否认其为夫的亲子的民事法律行为,也就是在婚生子女推定的前提下,否认婚生子女为丈夫所生,而是由妻与婚外异性结合所生的非婚生子女的行为。

《德国民法典》第 1593 条规定:"在婚姻期间,或者在婚姻解除后或婚姻宣告为无效后 302 日内出生的子女,仅在已经否认此子女为婚生,并于法有效的确认为非婚生者,始得主张其为非婚生。"[①]同时还规定婚生子女否认制度的具体内容。《意大利民法典》第 235 条规定:"否认在婚姻关系存续期间受孕子女的生父身份的诉讼,只允许在下列情况下提起:(1)在子女出生前 300 日至出生前 180 日的期间内夫妻双方没有同居;(2)在上述期间内丈夫有性功能障碍或者没有生育能力;在上述期间内,妻子有与他人通奸或者对丈夫隐瞒怀孕和分娩的事实。在上述情况下,允许丈夫证明子女所显示的遗传性质或者血型不相符合,或者证明任何一个旨在排除生父身份的事实。生母单方面的声明不能排除丈夫的生父身份。凡允许父亲提起否认生父身份的诉讼,同样允许母亲或者达到成年年龄的子女提起。"[②]

我国原来的《婚姻法》没有规定婚生子女否认制度,2001 年修正后的《婚姻法》也没有规定,但司法实践证明,有确认这一制度的必要性。

四、非婚生子女

(一)非婚生子女的概念

非婚生子女是指没有婚姻关系的男女所生的子女,非婚生子女是婚生子女的对称。包括未婚男女所生子女、已婚男女在婚外与第三人所生子女、无效婚姻和可撤销婚姻男女所生子女,也包括女方被强奸、诱奸所生子女。

(二)非婚生子女准正和认领

1.非婚生子女准正

非婚生子女准正,又称婚生推定,是指因父母结婚而使非婚生子女取得婚生子女资格的法律制度。大多数国家都有私生准正制度,通过该制度,使非婚

---

① 陈卫佐译注:《德国民法典》,法律出版社 2006 年版,第 493 页。
② 费安玲等译:《意大利民法典》,中国政法大学出版社 2004 年版,第 64 页。

生子女因其生父与生母在其出生后结婚,而被婚生化,即赋予与婚生子女相同之地位。这种制度巧妙地将尊重正式婚姻和保护非婚生子女相连接,这对非婚生子女的保护是较好的途径。

关于非婚生子女准正制度存在大陆法系和英美法系两种不同的做法:大陆法系国家的非婚生子女准正制度,他们以父母结婚而使非婚生子女取得婚生子女资格。如《法国民法典》第 330 条规定:"非婚生子女取得婚生子女资格,得因父母结婚,或者依法院裁判而发生。"①而《日本民法典》第 789 条规定的准正制度,即"父认领的子女,因其父母结婚而取得婚生子女的身份。婚姻中的父母认领的子女,自认领时起,取得婚生子女的身份。"②英美法系国家的非婚生子女准正是基于父母结婚或法院的宣告,而取得婚生子女资格,如英国 1926 年颁布的准正法就有此规定。

由此我们可以总结出,准正须具备两个条件:

(1)须有事实上非婚生父子关系;

(2)须有生父与生母结婚的事实。

对于婚姻无效时,是否可以发生准正关系,德国、瑞士民法典有婚姻被宣告无效时亦不妨碍因生父母结婚而成为婚生子女的规定。

2.非婚生子女认领

非婚生子女认领,是指通过法定的程序使非婚生子女婚生化的法律行为。在现行各国的亲属法中,对非婚生子女的地位婚生化分为两种情形:一是非婚生子女与生母的关系可基于分娩的事实予以确认亲子关系,无须生母认领。二是非婚生子女与生父的关系,通常由生父表示认领或通过生母和其他利害关系人提出认领并以其他物证、人证加以证明。可见,生父认领一般有两种方式,即自愿认领和强制认领。

(1)自愿认领

自愿认领,又称为任意认领,是指生父承认非婚生子女为自己的子女,并自愿承担抚养义务的法律行为,无须他人或法律的强制。对于自愿认领的方式和要件,各国的法律规定有所不同,但大多数国家承认认领是一种要式行为,生父只有通过公证认领、登记认领和事实认领得以实现。如《法国民法典》

---

① 罗结珍译:《法国民法典》,中国法制出版社 1999 年版,第 106 页。

② 渠涛编译:《最新日本民法》,法律出版社 2006 年版,第 166 页。

第 335 条规定认领除载入出生证明外,还须以出生证书为之。^① 日本则采用登记认领方式,《日本民法典》第 781 条规定,认领须向户籍部门申报认领或遗嘱方式认领。^② 我国台湾地区"民法"亲属编承认事实认领,即生父已经抚养非婚生子女,并且有认为该子女是自己的子女的意思表示。

(2)强制认领

强制认领,又称为寻认生父,是指非婚生子女的生父不自动认领时,由非婚子女的生母或有关当事人诉请法院予以认领,经法院诉讼程序责令其认领。请求强制认领的非婚生子女,必须与被强制认领人之间存在血缘关系,否则,强制认领不可能成立。在强制认领的举证责任上,各国法律多适用诉讼法上原告举证责任制,实体法不加规定,但有的法作概括性规定,有的法采用列举主义。在行使强制认领诉讼请求的时效上,《法国民法典》第 340 条第 4 款规定:"诉讼权应在子女出生后两年内提起,否则,因逾期丧失权利。如在子女未成年时期没有提起诉讼,该子女成年后两年内,仍可提起诉讼。"^③《瑞士民法典》第 263 条规定:"诉状由母在分娩后一年内呈交或由子女在其成年后一年内呈交。"^④

非婚生子女和生父生母的亲权自认领时或强制认领的判决生效之日起开始计算。非婚生子女经生父自愿认领或强制认领后,视为婚生子女,与生父之间权利义务与婚生子女相同,这种效力应该溯及非婚生子女出生时。

国外的非婚生子女准正制度和认领制度对非婚生子女来说是一项非常重要的立法制度,通过这一制度可以使非婚生子女合法地变成婚生子女,从而享有同婚生子女一样的权利,使非婚生子女的身份利益得到保障。

(三)非婚生子女法律地位

《中华人民共和国婚姻法》第 25 条规定:"非婚生子女享有与婚生子女同等的权利。任何人不得加以危害和歧视。不直接抚养非婚生子女的生父或生母,应当负担子女的生活费和教育费,直至子女能独立生活为止。"法律强调了对非婚生子女的保护,原则性规定与婚生子女享有同等的权利和义务,但缺乏具体的实施细则。

此外,《中华人民共和国婚姻法》没有规定关于非婚生子女的认领制度,现

---

① 罗结珍译:《法国民法典》,中国法制出版社 1999 年版,第 109~110 页。

② 渠涛编译:《最新日本民法》,法律出版社 2006 年版,第 165 页。

③ 罗结珍译:《法国民法典》,中国法制出版社 1999 年版,第 111 页。

④ 殷生根、王燕译:《瑞士民法典》,中国政法大学出版社 1999 年版,第 72 页。

行法律关于亲子认定的规则,仅在 2011 年最高人民法院《关于适用〈中华人民共和国婚姻法〉若干问题的解释(三)》第 2 条第 2 款中对亲子认定问题,作了补充规定"当事人一方起诉请求确认亲子关系,并提供必要证据予以证明,另一方没有相反证据又拒绝做亲子鉴定的,人民法院可以推定请求确认亲子关系一方的主张成立",但该规定只涉及强制认领,没有规定自愿认领,且强制认领也存在不少问题,如强制认领的请求权人范围不明确、必要证据的标准不清晰,强制认领请求权诉讼时效没有限制等,建议在今后的立法中加以完善。

五、继父母继子女

(一)继父母继子女的概念

继子女是指夫与前妻或妻与前夫所生的子女;继父母是指父之后妻或母之后夫。继父母与继子女关系产生的原因:一是由于父母一方死亡,他方再行结婚;二是由于父母离婚,父或母再行结婚。子女对父母的再婚配偶称为继父或继母。夫或妻对其再婚配偶的子女称为继子女。继父母子女关系是由于父或母再婚而形成的姻亲关系。

继父母子女关系可分为三种情形:

一是父或母再婚时,继子女已独立生活,继父母继子女间未形成抚养关系;

二是父或母再婚后,未成年子女或未独立生活的继子女未与继父母共同生活,未形成抚养教育关系;

三是父或母再婚后,未成年子女或未独立生活的继子女长期与继父母共同生活,且受其抚养教育,形成抚养关系。

(二)继父母继子女的法律地位

我国《婚姻法》第 27 条规定:"继父母与继子女间,不得虐待或歧视。继父或继母和受其抚养教育的继子女间的权利义务,适用本法对父母子女关系的有关规定。"

1.未形成抚养关系的继父母与继子女

未形成抚养教育关系的继父母与继子女之间属于姻亲关系,他们之间只是一种亲属称谓上的父母子女关系。继父或继母没有履行对继子女的抚养教育义务,同样,继父或继母也不享有受继子女赡养的权利。

2.形成抚养关系的继父母与继子女

形成抚养教育关系的继父母与继子女之间属于法律上的拟制血亲关系,

他们之间具有与自然血亲的父母子女间相同的权利和义务。同时,该继子女与没有与他共同生活的生父或生母关系依然存在,他们间的自然血亲关系并不因为未共同生活在一起而消除。这种类型的继子女具有双重的法律地位,即一方面保持与生父母间的权利和义务关系,另一方面又与抚养教育自己的继父或继母形成拟制血亲父母子女间的权利和义务关系。同样,受继父或继母抚养成年的继子女除了负有赡养生父母的义务外,还负有赡养继父或继母的义务;除了享有继承生父母遗产权利外,还享有继承继父或继母遗产的权利。

3.形成收养关系的继父母与继子女

继父或继母经继子女的生父母同意,可以收养继子女。通过收养行为,继父或继母与继子女间的关系转化为养父母子女关系。继子女被继父或继母收养后,双方的法律关系适用于《收养法》有关养父母子女关系的规定。如此,该继子女与不直接抚养自己的生父母间权利义务关系消灭,与收养自己的继父或继母形成法律上的拟制血亲关系,享有权利承担义务。

(三)继父母继子女关系的解除

继父母子女关系能否解除,我国现行法律没有规定。但从理论上说,继父母子女关系解除可基于一定原因而解除。

1.没有形成抚养关系的继父母继子女,因生父与继母或生母与继父离婚而终止其姻亲关系。但是如果因为生父或者是生母死亡而导致婚姻终止的,这个时候继子女与继父母之间是不是要继续保持这种继父母子女关系,尊重当事人意愿和风俗习惯。

2.形成抚养关系的继父母继子女,因生父与继母或生母与继父离婚,受其抚养教育的继子女,继父或继母不同意继续抚养的,未成年子女仍由生父母抚养,形成的拟制血亲关系随之解除。

3.形成抚养关系的继父母继子女,在生父或生母死亡时,继父母子女关系是否解除,根据最高人民法院《关于继父母与继子女形成的关系能否解除的批复》规定:"继父母和继子女已形成的权利义务关系不能自然终止,一方起诉要求解除这种权利义务关系的,人民法院应视具体情况作出是否准予解除的判决或调解。"原则上,继父母子女关系不能自然解除,继子女的生父或生母要求领回的除外。

4.在生父与继母或生母与继父的婚姻关系存续期间,受继父母抚养教育成年的继子女,原则上不能解除拟制血亲关系,成年子女应承担赡养继父母的责任。但是,如果双方关系恶化不堪共同生活的,可通过协商解除,或经当事人申请,由人民法院解除其拟制血亲关系。对于继子女成年后因虐待继父或继母而解除拟制血亲关系的,继父或继母有权要求继子女补偿共同生活期间为其支付的生活费和教育费。对缺乏劳动能力又没有生活来源的继父母,继子女还有给付赡养费的义务。

第四节　收养关系

一、收养制度概述

(一)收养的概念和法律特征

收养是指自然人依照法定条件和程序领养他人子女为自己子女,使得原本没有父母子女关系的人之间创设拟制血亲关系的民事法律行为。在此民事法律关系中,领养他人子女的人为收养人,也就是养父母;把子女或儿童送给他人抚养的父母或其他监护人或社会福利机构统称为送养人;被他人收养的人为被收养人。

收养具有如下法律特征:

1.收养属于民事法律行为。收养不仅关系到当事人的利益,也关系到社会的整体利益。因此,各国通过立法规范收养行为,包括收养的成立条件和程序,收养的效力和解除等。

2.收养是变更亲属身份和权利与义务关系的行为。收养关系成立后,收养人与被收养人之间产生父母子女的身份关系,及由此产生的父母子女间权利义务关系。同时,被收养人与生父母间权利义务关系消除。这是收养与寄养的区别所在,寄养是指父母在某种特殊情况下不能直接抚养子女时,委托他人代为抚养子女的行为。在寄养关系中,被寄养子女与受托人之间并不发生父母子女关系的变更。

3.收养必须符合一定的条件和程序。在现代社会中,各国将收养纳入法律的调整范畴,收养关系的成立必须符合法定的条件和程序,不符合法定条件和程序进行的收养,法律不承认该收养行为的效力。

4.收养只能发生在非直系血亲之间。法律设定收养制度的目的是使没有父母子女关系的当事人间发生拟制父母子女关系,由此决定了收养只能发生在非直系血亲之间。

（二）收养制度的历史沿革

1. 古代法中的收养制度

作为变更亲属身份的收养制度，在人类历史上由来已久。早在原始社会末期便为当时的习惯所确认，收养外族人作为本氏族成员，有利于壮大本氏族的力量。在传统的亲属法学中，有些学者主张将收养制度的沿革分为族的收养、为家的收养、为亲的收养和为子女的收养等不同发展阶段，反映了收养制度发展的历史顺序性和收养宗旨的变化。收养制度从最初的基于家族法上的血统继承原理而发生，在实际生活中难免又缺乏血统继承的现象发生，于是，罗马法率先创立了收养制度，唯家长有收养权，即为家的收养。

在中国古代，实行以男性为中心的宗祧制度，其收养制度分为"立嗣"和"乞养"两类。"立嗣"或称为过继或称为过房，是指因该男子无子，许立同宗辈分相当的他人之子为嗣子。"乞养"为非亲属间的收养。乞养主要出于怜悯之心收养 3 岁以下的弃儿，不分男女，收养人为义父母，被收养人为义子女。立嗣仅规定为同宗同姓的男子，其效力高于乞养，即嗣子地位也高于义子女。

2. 近现代法中的收养制度

近现代随着夫权的家族制度衰弱，以宗族为本位的收养逐渐被以个人为本位的收养所替代。于是作为家庭制度的补充和组成部分，当代的收养制度将为子女的收养和为亲的收养结合起来，体现了以安慰晚年父母或增加家庭劳动力和私有财产继承制度为目的而收养子女的为亲的收养，和保障被收养子女利益的为子女收养两者的紧密结合。如 1923 年修订的《法国民法典》第 343 条指出"收养除有正当之事由为子女之利益外，在所不许"。

中国收养制度在近现代，始于 20 世纪之初，从清朝末年到北洋军阀政府统治时期，两部民律草案规定了收养制度，提出废止立嗣制度，但仍有歧视养子女的内容。新中国成立后制定的《婚姻法》对收养关系也仅作原则性规定或由有关司法解释调整，真正完备的收养法律规范直到 20 世纪 90 年代初才颁行。1991 年 12 月 29 日颁布了我国第一部《中华人民共和国收养法》，1992 年 4 月 1 日起施行，1998 年对该法作了修正，修正后《收养法》共 6 章 34 条，分别是总则、收养关系的成立、收养的效力、收养关系的解除、法律责任和附则。

（三）我国收养法的基本原则

《收养法》第 2 条和第 3 条对收养法原则作了明确的规定，这些原则体现了我国收养法的指导思想，是立法和执法的基本依据。

1.有利于未成年人的抚养和成长的原则

保障未成年人的健康成长是实行收养制度的首要目的。由于未成年人的身心发育尚不成熟,缺乏独立生活的能力和辨认自己行为的法律后果的能力,属于无民事行为能力人或限制民事行为能力人,他们需要社会尤其是家庭的特别照顾。尤其是丧失父母的孤儿、查找不到生父母的弃婴和儿童以及生父母有特殊困难而无力抚养未成年子女,通过收养的成立,给他们家庭的温暖和父母的关爱。收养法中有关收养成立的条件和收养人能力的要求等具体规定体现了该精神。

2.保障收养人和被收养人合法权益的原则

收养关系涉及收养人和被收养人的切身利益,现代收养制度既考虑到被收养子女利益的保护,又考虑到收养父母利益的保障,体现了为子女收养和为亲收养的结合。我国《收养法》中规定的收养成立后的抚养和赡养效力、收养解除后的权益保障等,充分体现了我国法律对收养人和被收养人双方权益的兼顾。

3.平等自愿原则

收养是一种民事法律行为,订立收养协议是基于收养人与送收养人真实的意思表示,遵循平等自愿原则。我国《收养法》关于收养成立须经当事人各方同意,有配偶者须共同送养、共同收养的规定,以及对被收养人为限制民事行为能力人须征求其本人意见等相关规定,均体现了平等自愿原则。

4.不得违背社会公德原则

收养行为是重要的身份法律行为,不仅关系到当事人的利益,也关系到社会的公共利益。因此,收养必须有正当的动机和目的,不得违背社会公共道德和伦理准则,更不能借收养之名掩盖非法目的。我国《收养法》规定无配偶男性收养女性年龄相差须在 40 岁以上,以及将遗弃、虐待被收养人行为列入收养关系解除的法定事由等,都体现了该原则精神。

二、收养关系的成立

收养关系的成立须具备法定条件和法定程序,各国对收养关系成立条件的要求不尽相同。我国《收养法》关于收养成立的法定条件分为两类,普通收养和特殊收养成立的实质条件。

（一）收养成立的实质要件

1.普通收养关系成立的条件

普通收养关系成立的条件,是指法律所规定的对一般情形下成立收养关系必须具备的实质性法律要求,必须符合以下条件。

(1)被收养人条件

依照我国《收养法》第4条的规定,被收养人应当是不满14周岁的未成年人,而且具备以下三种情况之一:一是丧失父母的孤儿;二是查找不到生父母的弃婴儿童;三是生父母有特殊困难无力抚养的子女。

(2)送养人条件

根据我国《收养法》第5条的规定,法律所认可的合格送养人,包括下列公民和社会组织。

一是孤儿的监护人。当被收养人父母死亡后,由孤儿的监护人作为送养人。根据《民法总则》第27条的规定,未成年人的父母已经死亡或者没有监护能力的,由下列有监护能力的人按顺序担任监护人:祖父母、外祖父母;兄、姐;其他愿意担任监护人的个人或者组织,但是须经未成年人住所地的居民委员会、村民委员会或者民政部门同意。为了保护孤儿的合法权益,法律规定如果监护人要送养未成年孤儿,必须征得有抚养义务的监护人的同意,如果不同意又不愿意继续履行监护职责的,在此情况下,可依法变更未成年孤儿的监护人。

二是社会福利机构。社会福利机构是各级人民政府兴办的慈善机构,对孤儿、弃婴、儿童进行收容抚养。当收养人符合收养条件时,社会福利机构可以作为送养人,但应公示弃儿的情况,确实查找不到其生父母下落的,可由该公民收养。

三是有特殊困难无力抚养子女的生父母。父母对子女有抚养教育的义务,正常情况下这种义务不能免除,但如果父母确实有特殊困难,如父母双方都有重大疾病,或高度残疾,或丧失劳动能力,且没有经济来源和经济收入,确实无力抚养子女的,可以通过变更亲属关系,将自己的子女送养他人,以利于子女的健康成长。但生父母送养自己的子女,无论生父母是否已离婚,都需要共同送养,即生父母双方均同意送养的意思表示。

(3)收养人条件

根据《收养法》第6条的规定,收养人必须同时具备以下条件:

一是无子女。这是我国宪法和婚姻法对计划生育的要求,也有利于被收养子女的受教育和成长。

二是有抚养教育被收养人的能力。它包含两个方面的要求,应当具有良好的思想道德品质和有保证被收养人成长的物质条件。

三是必须未患有医学上认为不应当收养子女的疾病。也就是说收养人没有影响被收养人健康成长的精神病或者是其他严重的疾病。

四是年满 30 周岁。收养人作为父母年龄上不宜太过年轻,而且收养人要年满 30 周岁,是对有配偶者与无配偶者的共同要求。

五是只能收养一名子女。这是为了保障收养人有足够的精力和财力抚养教育未成年人,也符合国家计划生育要求。

六是收养人在有配偶或者无配偶的情况下还有其他的条件上的要求。无配偶的男性收养女性的,收养人与被收养人的年龄必须相差 40 周岁以上,这是对被收养的女婴或者是女童的一种特殊保护,保护她们的人身权不受到侵害。如果是有配偶者收养子女,必须共同收养,这是为了保障被收养人能在一个和睦温暖的家庭环境中健康成长。

除了收养人、被收养人、送养人应具备相应条件之外,各方还必须就收养关系的成立形成一致意见。如果被收养人未满 8 周岁的,由收养人与送养人双方达成合意;如果被收养人年满 8 周岁的,收养人、送养人、被收养人三方均达成合意,即须征得被收养人本人的同意。

2.特殊收养关系成立的条件

我国《收养法》对某些特殊收养,适当放宽收养条件。这是基于收养主体的多样性,从有利于收养关系和家庭关系的正常发展需要出发而作出的规定。

(1)收养三代以内同辈旁系血亲的子女。根据《收养法》第 7 条的规定,国内公民收养其兄弟姐妹的子女、堂兄弟姐妹的子女、表兄弟姐妹的子女时,收养条件放宽为:一是其生父母无特殊困难、有抚养能力的子女,亦可为被收养人;二是无特殊困难、有抚养能力的生父母,亦可为送养人;三是无配偶的男性收养三代以内同辈旁系血亲之女,不受收养人与被收养人之间有 40 周岁以上法定年龄差的限制;四是被收养人不受须不满 14 周岁的限制。此外,华侨收养三代以内同辈旁系血亲的子女,还可以不受收养人无子女的限制。

(2)收养孤儿、残疾儿童或弃婴和儿童。根据《收养法》第 8 条的规定,收养孤儿、残疾儿童或者社会福利机构抚养的查找不到生父母的弃婴和儿童,可以不受收养人无子女和收养一名的限制。该规定是鼓励有条件、有能力的收养人收养孤儿、残疾儿童或弃婴和弃儿,使其在养父母的抚养教育下健康成长。

(3)收养继子女。根据《收养法》第 14 条的规定,继父或者继母经继子女的生父母同意,可以收养继子女,并可以不受本法第 4 条第 3 项、第 5 条第 3 项、第 6 条和被收养人不满 14 周岁以及收养一名的限制。如继子女生父母是否生活困难限制等,该规定鼓励继父母继子女关系转变为养父母养子女关系,这有利于保障当事人各方的权益,有利于家庭关系的和睦和稳定。

(二)收养成立的形式要件

根据《收养法》第15条的规定,收养应当向县级以上人民政府民政部门登记,收养关系自登记之日起成立。而收养协议和收养公证是当事人可以自愿选择的程序,是对收养登记的补充。

1.收养登记机关

收养登记机关,是县以上人民政府民政部门。在地域管辖上,分为四种情形:

(1)收养社会福利机构抚养的查找不到生父母的弃婴、儿童和孤儿,在社会福利机构所在地的收养登记机关办理。

(2)收养非社会福利机构抚养的查找不到生父母的弃婴和儿童,在弃婴和儿童发现地的收养登记机关办理。

(3)收养生父母有特殊困难无力抚养的子女或由监护人监护的孤儿,在被收养人生父母或监护人常住户口所在地的收养登记机关办理;

(4)收养三代以内同辈旁系血亲的子女,以及继父或继母收养继子女的,在被收养人生父或生母常住户口所在地的收养登记机关办理。

2.收养登记程序

收养登记程序可分为申请、审查和登记三个步骤。

(1)申请。收养人应当向收养登记机关提交一份收养申请书,而且为了保证收养当事人意思表示的真实性,在办理收养登记的时候,当事人必须亲自到场,提交相关资料,包括收养人、送养人和被收养人资料。

(2)审查和公告。民政部门审查收养申请期限不能超过30日。如果收养查找不到生父母的弃婴和儿童,收养登记机关应当在登记前公告查找他的生父母,公告期限为60日,公告期届满无人认领,视为被收养人是查找不到生父母的弃婴和儿童,予以登记。

(3)登记。经过民政部门审查之后,对符合收养条件的进行收养登记发给收养证,收养关系从登记之日起正式成立。

3.收养协议和收养公证

(1)收养协议,是收养关系当事人即收养人、被收养人与送养人出于自愿而订立的关于收养目的、收养保证以及相关要求等书面协议。

(2)收养公证,是根据收养关系当事人各方或一方要求而办理的收养协议公证。收养公证协议并不是收养关系成立的必经程序,办理公证的目的是证明其合法性,应在准予收养登记后持证到公证处办理。仅是收养协议办理公证,只能证明协议的真实性和合法性,并不能证明收养关系已成立。

三、收养的效力

根据收养法的规定,可以把收养关系的法律效力分为收养的拟制效力和收养的解消效力。

(一)收养的拟制效力

收养的拟制效力,是指收养关系的成立导致收养人与被收养人之间产生法律拟制的父母子女关系,同时被收养人与收养人的近亲属之间也产生了相应的亲属关系等法律后果。如养子女可随养父或养母的姓氏,养父母对养子女的抚养教育义务,成年养子女对养父母的赡养义务,相互继承遗产的权利等。

(二)收养的解消效力

收养的解消效力,是指收养关系成立导致被收养人与他的生父母及生父母的其他近亲属之间的权利义务消除等法律后果。如消除了生父母对子女的抚养教育义务,成年后子女对生父母的赡养义务,以及与生父母的其他近亲属间的权利义务关系。

(三)无效收养

1.无效收养

收养行为的无效,是指已发生的收养行为因为违反法律关于收养关系成立的条件和程序而不具有收养的法律效力。

收养是一种民事法律行为,收养的有效必须符合我国《民法总则》第143条关于民事法律行为有效性的三条准则,即行为人具有相应的民事行为能力;意思表示真实;不违反法律、行政法规的强制性规定,不违背公序良俗。否则,视为无效。如收养人、送养人不具有民事行为能力,收养协议不是他们真实的意思表示,或是收养行为违反法律规定、违背公序良俗等。

2.收养无效的确认

收养无效的确认有两种程序:一是由人民法院通过诉讼程序确认;二是由收养登记机关通过行政程序确认。

收养行为被确认无效的,该收养行为自始无效,已登记的登记机关应当撤销登记,收缴收养登记证。

四、收养的解除

收养关系作为一种法律拟制的亲属关系,既可以通过法律行为依法设立,同样,又可以通过一定的法律程序予以解除。

（一）协议解除收养关系

协议解除收养关系必须是双方当事人有解除收养关系的合意,要求双方当事人必须具有完全民事行为能力,如果是夫妻共同收养的,还要求夫妻一致同意解除收养关系。

协议解除收养关系的程序。解除收养关系的登记机关是县级以上人民政府的民政部门,登记地一般为被收养人常住户口所在地的民政部门。

（二）诉讼解除收养关系

收养人与送养人无法达成解除收养协议的,可通过诉讼程序向法院起诉要求解除收养关系。主要包括两种情形:

一是收养人不履行抚养义务,有虐待、遗弃等侵害未成年养子女合法权益行为的,送养人有权要求解除收养关系。

二是养父母与成年养子女关系恶化,无法共同生活在一起,又无法协议解除收养关系的,双方都可以向法院起诉要求解除收养关系。

（三）收养解除的法律后果

解除收养的法律后果主要体现在两个方面:一是身份方面的效力;二是财产上面的效力。

1.当事人身份关系上的效力

当事人身份关系效力,是养子女与养父母及其近亲属之间的权利义务关系消灭,如解除收养关系时养子女尚未成年的,其与生父母及其近亲属之间的权利义务关系自行恢复;如解除收养关系时,养子女已经成年且已经独立生活的,其与生父母以及近亲属之间的权利义务关系是否恢复,由双方协商解决。

2.当事人财产关系上的效力

当事人财产关系上的效力,主要体现在三个方面:

一是经养父母抚养成年的养子女,即使是解除了收养关系,对缺乏劳动能力又没有生活来源的养父母,也必须承担赡养义务。

二是若养父母要求解除收养关系的,则不能够要求养子女或者养子女的生父母补偿收养期间所支付的生活费和教育费,但是如果是养子女成年后虐待和遗弃养父母,养父母提出要求解除收养关系的,在这种情况下,养父母可以要求养子女做适当的补偿。

三是生父母要求解除收养关系的,养父母可以要求生父母适当的补偿收养该子女期间所支出的生活费和教育费,但如果是因养父母虐待、遗弃养子女,而导致生父母要求解除收养关系的,则养父母丧失了这种补偿请求权。

第五节　其他亲属权和其他亲属关系

一、其他亲属权

(一)其他亲属权的概念和特征

1.其他亲属权概念

其他亲属权是指除配偶权、亲权以外的其他近亲属之间的基本身份权。它与配偶权、亲权,共同构成完整的亲属法上的身份权。配偶权反映配偶间同居生活、相互扶助等权利义务关系;亲权反映父母基于特定身份关系对未成年子女教育保护等特有的权利义务关系;其他亲属权则反映家庭成员间相互抚养、赡养或继承等权利义务关系。配偶权、亲权是独立的基本身份权,同样,其他亲属权也是独立的基本身份权。其互为亲属的身份利益为之专属享有和支配,是公民对于自己有血缘关系或拟制血亲关系的近亲属依法所享有的请求抚养、赡养和继承财产的权利,其他任何人均负有不得侵犯的义务。

2.其他亲属权的法律特征

(1)其他亲属权是独立的身份权。具有身份权的一切法律性质,如专属权、支配权、绝对权等基本属性。

(2)其他亲属权的客体是亲属关系中特定的身份利益。包括父母与成年子女、祖父母外祖父母与孙子女外孙子女、兄弟姐妹之间的身份利益。

(3)其他亲属权具有相对性的绝对权性质。其绝对权,表现在亲属之间对亲属身份利益的独占权,其他任何人不得侵害,负有不作为之义务。其相对性,表现在亲属之间的身份利益存在于亲属相对人之间,亲属间权利义务由相对人享有和承担。如一方被赡养权利的实现依赖于另一方赡养义务的履行,另一方若怠于履行,即构成对对方亲属身份利益的侵害。

综上所述,其他亲属权是亲属身份权的下属概念,其性质是独立的基本身份权,亲属之间具有法定的身份利益,不得为他人所侵害。

(二)其他亲属权的历史沿革

其他亲属权与亲权一样,均源于古代亲属法的家父权和家长权。在罗马法中,"家庭"是单纯由权利联合在一起的人的团体,在这一团体中,"家父"一人对其他人行使权利,以实现维护家庭秩序。"家庭"的属员叫作"他权人",即处于他人权力之下的人,他们一部分是"家子"或"父权下的子女",另一部分则是奴隶,但只有"子女"才被视为家庭的真正成员。在这种家庭关系中,家父权既包括对"家子"的人的支配权,也包括对奴隶和物的所有权。随着法律的不断发展,权利分化,如财产所有权、家主权、夫权、买主权的出现,家父权只剩下对子女、孙子女及子媳、孙媳的支配权。在罗马法中,联系家庭成员的纽带是宗亲属,[①]这与我国古代宗亲中的家长权十分相似。

经过历史的演变和社会的发展,家长权又逐渐分成亲权和其他亲属权。如《瑞士民法典》在亲属部分,第八章专门规定了"子女关系效力",该章明确了父母对子女的抚养义务、亲权的行使规范等内容;同时在第九章又规定了"家庭共同生活",对家庭成员间相互抚养、家庭共有财产处置等问题作了规定。同样,《德国民法典》在亲属章的第三节、第四节规定的"抚养义务、父母与子女间的一般法律关系",第 1601 条规定:"直系血亲负有互相给予抚养费的义务"。第 1618 条规定:"父母和子女有互相帮助和体恤的义务"[②],及第 1619条、第 1620 条规定的子女在家庭和营业中提供劳务义务、为父母的家庭支付费用义务等。这些规定体现了家庭成员间的相互抚养,及成年子女赡养老人等精神。此外,在第五节专门针对亲权规定了"父母照顾",对亲权的行使、子女的保护照顾等作了规定。可见,当代的亲属法已将亲权和其他亲属权完全分开,成为两个独立的身份权。

我国婚姻法未将亲权和其他亲属权分开,但相关法律条文对亲权和其他亲属权规定的内容则有所区别。如《婚姻法》第 21 条规定:"父母对子女有抚养教育的义务;父母不履行抚养义务时,未成年的或不能独立生活的子女,有要求父母给付抚养费的权利。"同时规定:"子女对父母有赡养扶助的义务,子女不履行赡养义务时,无劳动能力的或生活困难的父母,有要求子女给付赡养费的权利。"同时,在第 28 条、第 29 条分别对祖父母外祖父母与孙子女外孙子

---

① [意]彼德罗·彭梵得:《罗马法教科书》,黄风译,中国政法大学出版社 2005 年修订版,第 86 页。

② 陈卫佐译注:《德国民法典》,法律出版社 2006 年版,第 498 页、第 508 页。

女、兄弟姐妹间有条件的抚养和赡养关系作了明确的规定。可见,我国在婚姻法中亦采用亲权和其他亲属权分别立法的规定。

(三)其他亲属权的内容

其他亲属权的内容,即其他亲属权派生的具体身份权。目前,我国《婚姻法》对此内容的规定较为简单,主要体现在亲属间相互抚养、扶养和赡养的权利义务上,且较为笼统。

1. 根据现行立法分类

(1)父母与(未)成年子女之间的权利和义务。内容包括:成年子女具有尊敬和孝敬父母的义务;无劳动能力或生活困难的父母有要求成年子女赡养和扶助的权利;未成年子女或不能独立生活的子女有权要求父母给付抚养费;父母子女之间享有互相继承遗产的权利。

(2)祖父母外祖父母与孙子女外孙子女之间的权利义务。内容包括:父母已经死亡或父母无力抚养的未成年孙子女、外孙子女可以要求祖父母、外祖父母抚养;孙子女、外孙子女对子女已经死亡或子女无力赡养的祖父母、外祖父母的赡养义务;祖父母、外祖父母与孙子女、外孙子女间相互享有继承权。

(3)兄弟姐妹之间的权利义务。内容包括:有负担能力的兄、姐对父母已经死亡或父母无力抚养的未成年弟、妹有扶养的义务;由兄、姐扶养长大的有负担能力的弟、妹,对于缺乏劳动能力又无生活来源的兄、姐,有扶养义务。兄弟姐妹之间有继承权。

2. 根据亲属身份利益分类

(1)亲属称谓权。身份权是以某种特殊的固定的称谓来表示的,正如恩格斯在《家庭、私有制和国家的起源》中所述:"父亲、子女、兄弟、姐妹等称谓,并不是简单的荣誉称号,而是一种负有完全确定的、异常郑重的相互义务的称呼,这些义务的总和编构成这些民族的社会制度的实质部分。"①每一种亲属称谓,代表着不同的亲属身份,也意味着特定的内涵和特殊的身份利益,因此亲属间享有亲属称谓权,不得为他人所侵害。

(2)亲情权。亲属的精神寄托是亲属关系产生、存在和维系的重要基础。亲属关系本质上就是一种亲情关系。血缘亲情源于大然,为人之本性,人之基本权利。亲情权,即指基于婚姻、血缘、拟制血亲而产生的一定范围亲属之间

---

① 恩格斯:《家庭、私有制和国家的起源》,载《马克思恩格斯全集》(第 21 集),人民出版社 1962 年版,第 40 页。

所形成的情感上牵挂,精神上慰藉的一种亲情关系,这种亲情关系理应受社会尊重,受国家法律保障。近亲属间享有亲情权,此为绝对权,不得为他人所侵害。同样,近亲属间亲情权的实现依赖于相对方的付出,为相对权。亲属相对方怠于履行,即为侵害他方之亲情权需求。如成年子女长期不去看望父母,使父母的亲情权难以实现等。

(3)亲属名誉权。亲属名誉是仅次于个人名誉的重要人身利益。亲属的名誉有时可以给自己带来丰厚的经济利益,当然,亲属的名誉受损同样也会给自己带来巨大的伤害,尤其是侵害死者的名誉,对其生存的近亲属将不可避免地带来伤害。因此说,亲属名誉权也是亲属的身份权益,受国家法律保护。

(4)尊敬权。尊敬权是指长辈尊亲属基于其亲属身份而产生的派生身份权,又称孝敬权。尊敬权既是权利又是义务,尊亲属享有受尊敬权,有权要求卑亲属必须对自己尊敬、孝敬,卑亲属应尊重他们的人格尊严。同时,尊亲属也应当对卑亲属予以尊重,平辈亲属也要相互尊重,尊重各自的人格尊严。

(5)帮助照顾权。亲属之间,应相互帮助照顾。尤其是老人,应享有受帮助照顾权。即老年父母有要求成年子女在生活起居上关心、体谅、帮助等受照顾的权利。晚辈亲属应当对尊亲属在精神上予以关心,在心理上予以安慰,尤其在尊亲属身体状况不佳的时候,更需要卑亲属的照顾与帮助。

(6)扶养权。扶养权是亲属权中最重要的派生身份权,关系到亲属一方的生存和健康问题。我国亲属法对此作了较为详细的规定,主要有:父母对尚无独立生活能力的成年子女,仍需尽抚养义务,直至其独立生活;子女对父母负有赡养义务;祖父母外祖父母对孙子女外孙子女有条件的抚养义务;孙子女外孙子女对祖父母外祖父母有条件的赡养义务;兄姐对弟妹有条件的扶养义务;弟妹对兄姐有条件的赡养义务。

(7)祭奠权。祭奠权是指近亲属之间对已故亲属的祭祀和悼念的意愿和可能,是亲属身份权的内容。其中意愿是内容,可能性就是权利的本质。[①] 祭奠权不是独立的权利,是亲属身份权的具体内容,其中也包括了配偶权和亲权。它们都属于近亲属之间的权利义务关系,凡亲属都有对已故近亲属进行祭奠的权利,其共同的近亲属相互间应当尊重对方的这一权利,有相互通知的义务,有共同祭祀的权利。

(8)遗体遗骨保护权。遗体遗骨保护权与亲情保持权、亲情寄托权相联

---

① 杨立新:《亲属法专论》,高等教育出版社 2005 年版,第 280 页。

系。当亲属死亡,现实的亲情无法继续保持时,人们往往把亲情寄托在亲属的遗体或遗物上,希望长期保存已故亲属的遗体和遗物,法律也应当保护这种人之常情的精神利益。最高人民法院在《关于确定民事侵权精神损害赔偿责任若干问题的解释》第 3 条规定:非法利用、损害遗体、遗骨,或者以违反社会公共利益、社会公德的其他方式侵害遗体、遗骨的,其近亲属可向人民法院起诉请求赔偿精神损害。可见,遗体遗骨保护权也是近亲属身份权的具体内容。

二、其他亲属关系

(一)祖孙关系

祖孙关系是指祖父母与孙子女、外祖父母与外孙子女之间的权利义务关系。根据《婚姻法》第 28 条的规定,在一定条件下祖孙间存在抚养和赡养的法定义务。

1.祖孙之间法定抚养义务的形成条件

(1)孙子女、外孙子女必须是未成年人;

(2)孙子女、外孙子女的父母已经死亡,或者是无力抚养;

(3)祖父母、外祖父母有抚养能力。

2.祖孙之间法定赡养义务的形成条件

(1)孙子女、外孙子女已成年且具有赡养能力;

(2)祖父母、外祖父母的子女已经死亡,或者无力赡养;

(3)祖父母、外祖父母有要求赡养的实际需要。

3.祖孙间的继承权

根据我国《继承法》第 10 条的规定,祖父母、外祖父母为第二顺序的法定继承人。祖父母、外祖父母可以作为孙子女、外孙子女第二顺序的法定继承人继承财产。孙子女、外孙子女也可以在其父母先于祖父母、外祖父母死亡时,作为代位继承人继承祖父母、外祖父母的遗产。

(二)兄弟姐妹关系

兄弟姐妹是最近的旁系血亲,兄弟姐妹关系是指法律规定的兄弟姐妹之间的权利义务关系。一般情况下,兄弟姐妹均由其父母抚养,彼此不发生法定的权利义务关系。但在特定条件下,他们之间也发生权利义务关系。

1.兄姐对弟妹有条件的抚养义务形成

(1)弟妹必须未成年;

(2)父母已经死亡或者父母无力抚养;

（3）兄、姐有负担能力。

2.弟妹对兄姐有条件的扶养义务形成

（1）兄姐缺乏劳动能力又缺乏生活来源；

（2）弟妹是由兄姐扶养长大的；

（3）弟妹有扶养能力。

3.兄弟姐妹间的继承权

根据我国《继承法》第 10 条的规定,兄弟姐妹是互为第二顺序的法定继承人。在没有第一顺序法定继承人或第一顺序继承人全部放弃继承权或全部丧失继承权时,由第二顺序继承人参加继承,即兄弟姐妹之间可以相互继承遗产。但是,如果兄姐对弟妹,或弟妹对兄姐尽了主要扶养义务的,即使存在第一顺序继承人,根据《继承法》第 14 条的规定,兄姐或弟妹可以适当分得遗产。

第六节　监护制度

一、监护制度概述

（一）监护的概述

1.监护的概念

监护是指依照法律规定,对特定自然人的人身权益和财产权益进行监督和保护的法律制度。根据监护范围的不同,可分为狭义的监护和广义的监护。

广义的监护是指对一切未成年人、无民事行为能力和限制民事行为能力的成年人的人身和财产权益进行监督和保护的制度。其中包括父母为未成年子女的法定监护人。英美法系国家多采用此体例,称为"大监护制度"。

狭义的监护是指对不在亲权保护下的未成年人、精神病人等无民事行为能力和限制民事行为能力人,以及民事行为能力不充分的精神耗弱人,为其人身权利、财产权利的照护而设置的民事法律制度。这一概念排除父母为未成年子女的法定监护人,该内容另由亲权制度加以规定。大陆法系国家大多作此规定。本章所探讨的是狭义的监护制度,有别于前文所述的亲权制度。

2.监护的目的

设置监护目的,是为了保护无民事行为能力人和限制民事行为能力人,以及民事行为能力不充分的人的合法权益。它有别于亲权制度,是对父母丧失或被剥夺亲权及其他事由而无法行使亲权时,以监护制度进行弥补,从而有效地实现对未成年人,以及对精神病和精神耗弱成年人利益的保护与照管,并达到特殊主体人权的基本保障和社会运行秩序的稳定。监护作用表明监护本身是一套补救制度,有与其相适应的特殊机构和组织进行有效运转,以保障社会关系的连贯性。监护主要是一项义务,是权利和义务相结合,以义务为中心内容的一种社会职责。监护人负有保障被监护人合法权益免受非法侵害,保障被监护人正常生活的义务。包括监护被监护人人身,管理被监护人财产、代理被监护人进行民事活动,并承担被监护人致人损害的民事法律后果等义务。

3. 监护的性质

关于监护的性质,现代意义上的监护与古代的监护在性质上有较大的差异。古时的监护,更多的是用"权力"来表示的,罗马最富有天才的法学家塞尔维将监护定义为:"对那些由于年龄原因而不能自我保护的自由人给予保护的、由市民法所赋予的权力。"①

而现代学者对监护的性质主要有两种看法:

一种看法认为监护是一种权利。只有视监护为一种权利,才能使监护人正确、主动地行使权利,履行保护被监护人的义务,达到监护的目的。

另一种看法认为监护是一种职责。正如胡长清先生所述的,监护是"为保护未成年人及禁治产人之身体,并管理其财产,且代理其财产上之行为,所开始之私法上的职务也"②。

我国《民法总则》第 34 条第 2 款规定:"监护人依法履行监护的权利,受法律保护。"这明文规定了监护是一种权利,如同在亲属法上的身份权。亲权、配偶权、其他亲属权,从现代意义上来说,其本身就是以义务为前提的一种特殊权利。监护权含有一定的亲属法上的内容,其权利中当然也包含着义务。因此,监护是一种权利,是权利与义务密切联系,不可分离,并以义务为主要内容的一种特殊权利。

4. 监护的种类

我国《民法总则》第 27 条规定:"未成年人的父母是未成年人的监护人。未成年人的父母已经死亡或者没有监护能力的,由下列人员中有监护能力的人担任监护人:(1)祖父母、外祖父母;(2)兄、姐;(3)关系密切的其他亲属、朋

---

① [意]彼得罗·彭梵得:《罗马法教科书》,黄风译,中国政法大学出版社 2005 年版,第 128 页。

② 胡长清:《中国民法亲属论》,台湾商务印书馆 1977 年版,第 293 页。

友愿意承担监护责任,经未成年人的父、母的所在单位或者未成年人住所地的居民委员会、村民委员会同意的。对担任监护人有争议的,由未成年人的父、母的所在单位或者未成年人住所地的居民委员会、村民委员会在近亲属中指定。对指定不服提起诉讼的,由人民法院裁决。没有第一款、第二款规定的监护人的,由未成年人的父、母所在单位或者未成年人住所地的居民委员会、村民委员会或者民政部门担任监护人。"第28条规定:"无民事行为能力或者限制民事行为能力的精神病人,由下列人员担任监护人:(1)配偶;(2)父母;(3)成年子女;(4)其他近亲属;(5)关系密切的其他亲属、朋友愿意承担监护责任,经精神病人的所在单位或者住所地的居民委员会、村民委员会同意的。对担任监护人有争议的,由精神病人的所在单位或者住所地的居民委员会、村民委员会在近亲属中指定。对指定不服提起诉讼的,由人民法院裁决。没有第一款规定的监护人的,由精神病人的所在单位或者住所地的居民委员会、村民委员会或者民政部门担任监护人。"

上述法律规定,从被监护主体来看,分为对未成年人监护和对成年人监护(指无民事行为能力和限制民事行为能力的精神病人)。从产生监护人的方法来看,分为法定监护人、指定监护人和社团等组织担任监护人。

法定监护人,是指由法律直接规定其为监护人。法定监护应依照法律规定的监护顺序,以顺序的先者为监护人,在前一顺序的法定监护人缺格或缺位时,依次由后一顺序的法定监护人担任。

指定监护人,是指法定监护人对担任监护人有争议时,由被监护人父母或本人所在单位或者住所地的居民委员会、村民委员会在近亲属中指定,或由人民法院裁决。

专门机构担任监护人,是指在没有适合的人选作监护人的情况下,有关社团组织可作为监护人,或由社会福利院等保护单位作为公职监护人。我国主要指单位、居民委员会、村民委员会或者民政部门担任监护人。

(二)监护制度的历史沿革

最早的监护制度,见于《十二铜表法》第五表监护法的规定,精神病人无保佐人时,对其身体和财产由最近的族亲保护之;无族亲时由宗亲保护之。浪费人不得管理自己的财产,应由他最近的族亲为他的保佐人。这些规定针对的是患有精神病的男性适婚人、浪费人,实际上,这主要是保佐制度。而监护制度最早起源于古罗马法中对于未适婚人和妇女的保护制度。正如有的学者所述的,"监护纯粹是为了保护不在亲权之下的未成年子女以及禁治产人的合法权益而设置的一种法律制度"①,早期罗马法上的监护,主要针对那些不处于家长权之下的未适婚人和自权妇女设置的,对于精神病人和浪费人则另设保佐制度来解决。保佐制度建立初期是针对精神病人、浪费人的,后来渐渐扩大到聋哑人、胎儿、未适婚人。可见,罗马法所指的监护与保佐都是对自权人而言的,他权人已经处于家长权或夫权之下,所以无须另设其他制度加以保护。监护的主要作用在于补充受监护人的能力,保佐则是代理被保佐人管理财产。按照罗马法的格言:"监护针对的是人,保佐针对的是物。"②这种区别到帝政后期逐渐消失,监护和保佐相似并混同。

监护制度是在宗族制和家长制基础上出现的,它的发展经历了三个阶段:

第一阶段是在家长权强大的时代,家族中幼弱残疾者均处于家长的支配和保护下,无须另设监护。唯有家长本人为幼弱残疾不能管理家政时,须为其辅佐或代表,此时监护权为家长而设立。我国古代的"管家""顾命""托孤"等形式委托他人进行辅佐,均出此意。

第二阶段是家长权逐渐衰弱,亲权与夫权独立,未处于亲权、夫权之下之子女或妻子则有设置监护人之必要。监护人一般由家族中的成员担任,其既有抚养被监护人之义务,又有使用收益监护财产的权利,带有浓重的父权家族法性质。

第三阶段是家族制度崩溃,家庭共同生活规模缩小,监护人与被监护人的关系日益疏远,甚至根本不是亲属。此时的监护人没有强大的权利,同时也没有抚养被监护人的义务,监护制度"社会公职"性质明显化。

二、监护权

监护是否为独立的权利? 在我国民法学界,存在着不同的观点。有的学者认为监护不是一种权利,只是在民事主体部分研究主体民事行为能力时研究监护制度,从监护制度的角度进行研究,揭示该制度的具体内容。因而认为设置监护制度的目的是保护被监护人的利益,从这一点上看,决定了监护不可能是权利。③ 但也有学者认为,监护除体现为对被监护人应尽义务外,同时也

---

① 信春鹰、李湘如:《台湾亲属和继承法》,中国对外经济贸易出版社1991年版,第68页。

② [意]彼得罗·彭梵得:《罗马法教科书》,黄风译,中国政法大学出版社2005年版,第129页。

③ 徐国栋:《试论完善我国监护制度问题》,载《西北政法学院学报》1987年第2期。

体现监护人为上述目的的达成而依自己意思作为或不作为的权利,任何他人不得侵犯。监护在本质上仍不失为一种权利,只不过以一定义务为前提、为中心、为目的,权利和义务虽然胶着为一体,却仍能辨清。① 还有的学者认为,监护就是一种权利,我国《民法总则》第 34 条第 2 款明确规定,监护人依法行使监护权利,受法律保护。监护权既含有亲属法上的内容,又含有亲属法外的内容,其权利中包含义务的中心,与亲属法的身份权同理。②

笔者认为,上述第一种观点片面地以设置监护的目的是保护被监护人的利益来否定监护是权利的观点是错误的。而第二种观点以监护人在履行义务时享有可依自己的意思作为或不作为的权利来认定监护在本质上不失为一种权利,其理由亦过于勉强。笔者赞同第三种观点,监护是一种权利,即监护权。

（一）监护权的性质

监护权是何种性质的权利? 存在两种观点,一种观点认为,身份权以支配他人的权利为中心,与现代立法、与监护制度水火不容,并以此认为我国立法无身份权,监护自然也不是身份权。③ 也有认为监护人除了近亲属之外,还有其他自然人、社团组织,有关单位担任监护人,这些监护人就不存在身份权问题,故而否定监护权具有身份权的性质。另一种观点认为,监护权在性质上属于身份权,一般情况下,监护人与被监护人之间具有特定的亲属身份关系,不是任何人都能担任监护人的,正是由于他们之间具有特定的身份关系,才能更好地尽自己的监护职责,保护被监护人的合法权益。显然,监护权是一种权利。④ 也有学者认为,监护权基本上同于亲权,只是惩戒权受到限制。而对于精神病成年人的监护,在财产上同于亲权,而在人身上,则以身体和健康的照料、治疗和保护为主,同时也包括对于侵权行为的救济权,以及居所的决定权。其性质应属身份权。⑤

笔者赞同肯定说观点,监护权的性质是身份权。因为监护权是民事主体对未成年人或精神病人实施监督和保护,并排除他人非法干涉的权利,这种权利产生于身份权。对于未成年人的监护是基于亲权欠缺而由亲属权产生的,

---

① 王利明等:《人格权新论》,吉林人民出版社 1994 年版,第 204 页。

② 杨立新:《人身权法论》,人民法院出版社 2006 年第 3 版,第 862 页。

③ 梁慧星:《民法》,四川人民出版社 1988 年版,第 88 页。

④ 李由义:《民法学》,北京大学出版社 1988 年版,第 574 页。

⑤ 张俊浩:《民法学原理》,中国政法大学出版社 1991 年版,第 121 页、第 160 页。

具有一定亲属身份关系的人才能担任监护人,享有监护权。对于精神病患者的监护权基本上是产生于配偶权和亲属权,根据《民法总则》第 28 条的规定,由患者的配偶、父母、成年子女、其他近亲属等担任其监护人。因此,从监护产生的根源上看,监护权为身份权。另外,从身份关系的实质上看,监护人与被监护人之间是一种身份利益的支配关系,监护人具有对被监护人人身利益和财产利益的支配关系,监护人负有保护其人身的义务,享有代理其进行民事活动的权利。至于监护人由其他自然人、社会团体、有关单位担任,不具有身份权性质这一观点。我们认为,这只是一种特例,是所有的近亲属均无法担任或不能担任监护人的情况下才发生的现象,从我国的实际情况来看,较为少见。因此,从整体上说,并不影响监护权是身份权的结论。①

当然,从世界各国的立法趋势看,监护制度"社会公职"性质的明显化,将对此理论提出新的挑战。家庭共同生活规模的缩小,监护人与被监护人的关系日渐疏远;法律不再是课加给监护人的片面义务,监护人也享有一定的经济利益,如获得相应的监护报酬等。但不管怎样变化,可以肯定地说,监护制度都不会改变监护人主要由亲属身份关系的自然人担任这一主流趋势。正如学者所述:"传统民法为此设立了监护制度,在认识上结合对人性和伦理的思考,无一例外考虑了亲属之间自然感情联系的独特性,建立了主要由亲属来担任监护人的规则。"②

(二)监护权的概念及特征

对于监护权的概念,有的学者认为,监护权是对于不能得到亲权保护的未成年人和精神病成年人的合法权益实施管理和保护的法律资格。③ 有的学者认为监护权是指公民担任监护人时履行监护的权利。④ 还有的学者认为,监护权是指监护人对于不能得到亲权保护的未成年人和精神病人等无民事行为能力人和限制民事行为能力人,以及民事行为能力不充分的障碍人的人身权益、财产权益,所享有的监督、保护的准身份权。⑤

对于以上概念的界定,笔者认为,第一种提法将监护权规定为"法律资格"

---

① 李由义:《民法学》,北京大学出版社 1988 年版,第 574 页。

② 付子堂:《法律功能论》,中国政法大学出版社 1999 年版,第 72～81 页。

③ 张俊浩:《民法学原理》,中国政法大学出版社 1991 年版,第 121 页。

④ 李由义:《民法学》,北京大学出版社 1988 年版,第 573 页。

⑤ 杨立新:《人身权法论》,人民法院出版社 2006 年第 3 版,第 863 页。

是不恰当的,不符合民事权利的本质要求。因为民事权利是民事主体依法享有并受法律保护的利益范围或者实施某一行为以实现某种利益的可能性,是民法规范赋予当事人为实现其利益所可能实施的行为范围。因此监护权不是一种法律资格。第二种提法,认为公民是监护权的主体,将社会团体组织、有关单位等排除在监护人之外,与监护制度的立法精神不符。笔者基本上赞同第三种提法,认为监护权是一种身份权。其法律特征为:

1. 监护权的性质为身份权。一般情况下,监护权是基于监护人与被监护人的特定身份关系而发生的,具有亲属法上身份权的特点,同时,监护权还有民法总则民事主体制度的意义,具有非亲属法上的身份权。因而,监护权是具有身份权特征的民事权利。

2. 监护权的主体包括近亲属、其他自然人和有关社会团体、相关部门单位。监护权的权利主体主要由父母、配偶、成年子女等近亲属组成。只有在没有近亲属,或近亲属不能行使监护权时,才由其他自然人、法人担任监护人。因此说,监护人的权利主体较为宽泛。

3. 监护权的取得是基于亲属关系存在的事实,依法定顺序先后而取得;也可依法律设置监护行为而产生。对于未成年人,只有在丧失亲权后,依亲属权而产生;对于精神病人,须经过设置监护人而取得;对于民事行为能力不充分的障碍人的监护,可依据委托合同和代理授权而发生。

4. 监护权的中心内容是监护职责,监护权虽为权利,但贯穿监护关系始终的中心是义务,这种中心义务是监护职责。

(三)监护权与亲权的关系

监护权与亲权均为独立的身份权,在大陆法系国家,亲权与监护权是两个不同的概念,有严格的区别。但在英美法系国家,亲权和监护权不加区分,统称监护权。他们认为,监护的职责,就包括亲权。在我国,1986 年颁布的《民法通则》第一章第二节对监护制度作了原则性的规定,基本上采用了广义的监护含义,父母为未成年子女的法定监护人。[①] 但对未成年人监护的内容(实际是亲权内容),则规定在《婚姻法》第 23 条中,可见,亲权是特殊的监护,亲权与监护具有一定的区别:

第一,亲权与监护权虽同属于身份权,但亲权是亲属法上的身份权,是规定父母与未成年子女间的身份权,在亲属法中体现;而监护权在我国民事立法

---

① 杨大文:《亲属法》,法律出版社 2004 年第 4 版,第 269 页。

体例上属于身份权,但不是严格意义上的亲属身份权,是我国民事立法关于民事主体制度的组成部分,它确定的是监护人与被监护人之间的权利义务关系。

第二,亲权与监护权的权利主体不同。亲权的主体具有单一性特点,其范围仅限于父母对未成年子女的保护教育权,既不包括亲属外的其他人对未成年子女的权利义务,也不包括父母以外的其他亲属对其未成年子女的权利义务;而监护权的权利主体较为宽泛,既包括配偶、父母、成年子女、兄弟姐妹等其他近亲属,也包括所在单位、居委会、村委会及民政部门。

第三,亲权与监护权的设定对象不同。亲权是父母对未成年子女的权利义务,是对未成年子女普遍设置的保护制度;而监护权则是针对某些丧失亲权,或父母无法行使亲权等不处于亲权之下的未成年人和无民事行为能力、限制民事行为能力的精神病成年人,以及民事行为能力不充分的障碍人而设立的监督和保护制度。

第四,对亲权和监护权的法律限制不同。亲权在立法上采取放任主义,法律对父母持信任态度,因此,在立法上,对亲权人的限制较少;而监护权的立法采取限制主义,由于监护人与被监护人尽管存在某种身份关系,但毕竟较为疏远,而被监护人不具有保护自己的能力,因此立法对监护人的活动进行了严格的限制。如在财产权利上,亲权人对子女的财产享有无条件的用益权,而监护人非为被监护人的利益,不得使用被监护人的财产。

当然,亲权和监护权虽有以上区别,但毕竟同为身份权,具有共同之处和必然的联系。亲权表现为父母与未成年子女之间的身份关系,监护权表现为监护人与被监护人之间的身份关系,两者的客体都具有身份利益的性质,其身份利益不得为第三人所侵害。

三、监护权的具体内容

监护权的内容包括身上监护权和财产监护权两个方面。财产上的监护权主要是指监护人依法对被监护人财产进行必要的管理和处分,但在为被监护人处分财产时,不得损害被监护人的利益。身上监护权的具体内容分析如下:

（一）未成年人身上监护权

未成年人的监护就是亲权的补充和延长,各国法律对此作了明确的规定。

1. 国外立法介绍

《德国民法典》规定,监护人有照顾被监护人的人身的权利和义务,特别是代理被监护人的权利和义务。关于照顾被监护人的人身,适用亲权人对子女的人身照顾,如对被监护人进行照料、教育、监督和决定其居所的义务和权利;

在监护中,适当考虑被监护人的意见,尊重被监护人的意见;不能采取有损尊严的教育措施,特别是身体和精神上的虐待;对不法扣留被监护人的第三人,监护人有权请求交还被监护人。除有特别规定外,监护人可以代理被监护人进行民事活动。

《意大利民法典》规定,未成年监护人的职责是照料未成年人的生活、代理未成年参加民事活动。未成年人应当尊重监护人并服从监护人的管理,未经监护人的许可不得离开监护人指定的居所或救济机构。未经许可离开居所的,监护人有权责令未成年人回家,必要时监护人可以求助于负责监护事务的法官。当未成年人与监护人发生利益冲突时,由监护监督人代表未成年人。在监护监督人与未成年人发生利益冲突时,由负责监护事务的法官为未成年人任命一名特别保佐人。

《日本民法典》规定,监护人对未成年被监护人享有同亲权相似的权利,如照护、教育的权利义务,对被监护人的居所指定权、惩戒权和营业许可权。但监护人应当预定每年为被监护人的生活教育、治疗护养所需消费的金额,家庭法院也可从被监护人的财产中给予监护人以相应的报酬。

《俄罗斯联邦家庭法典》规定,监护人的职责包括对被监护人的生活、健康、教育等人身方面的照护。未成年人的监护人必须与被监护人共同居住,关心被监护人的生活、学习和教育,保障对其之照顾和医疗,如变更住所地的应及时告知监护和保护机关,最大限度地维护被监护人的合法权益。

英国的《未成年人监护法》等相关法律规定,监护人的人身监护职责和权利包括:监护人享有父母的权利,对未成年人进行实际照护;在单独监护中,没有对未成年人进行实际照护的监护人有探视未成年人的权利;有保护未成年人免遭肉体和精神伤害的权利;有训诫、教育,代理未成年人诉讼的权利。

美国的相关监护法规定,在人身监护中监护人负有与父母一样的职责,照顾被监护人的日常起居生活,保护被监护人的利益。监护人所需监护资金可从被监护人自己的财产中支付。

综合各国对未成年人人身监护的权利或职责规定,其权利与亲权基本相似,主要是对未成年人的生活照顾、教育管理、民事代理、居所决定等,保护未成年人的人身权益免受非法侵犯。

2.身上监护权的具体内容

我国《民法通则意见》第10条规定,监护人对于被监护人的人身权益应当履行以下职责:保护被监护人的身体健康、照顾被监护人的生活;对监护人进行管理和教育。现行的法律规定,仍存在一定的缺陷,借鉴国外立法,完善我国未成年人身上监护权内容。

（1）居所决定权

为了保障未成年人的身心健康，监护人对未成年人的居所或住所享有指定权。因为"被监护人的住所不明或可以随意居住将导致监督保护、教育在事实上无法进行"①。

（2）抚养义务

身上监护权包括抚养义务，该义务源于亲属权的义务，监护人应当为被监护人提供抚养费，包括生活费和教育费。但被监护人有财产的，可从被监护人财产中支付；被监护人有法定抚养义务人的，由法定抚养义务人承担。如父母因特殊情况不能亲自履行监护子女义务的，可为该子女设置监护人，但子女的抚养教育费用仍由父母承担。

（3）监督管教权

监护人应当履行监督管教的权利和义务，其管教、监督的权利和义务，与亲权的内容相同。因为"难免有子女不遵庭训，此际如不予以一定之制裁，则难收保护教养之效果"②。

（4）民事行为代理权

未成年人不能独立行使身份等民事行为和独立决定身上事项，必须经监护人同意后方能行使，或直接由监护人代为行使。如对限制民事行为能力的未成年人的职业许可权、法律行为补正权、诉讼代理权等。

（5）交还请求权

当未成年人被诱骗、拐卖、劫掠、隐藏时，监护人有权请求交还被监护人，排除任何人对未成年人的人身伤害。

（二）成年人身上监护权

成年人的身上监护权主要是指对精神病人等无民事行为能力人和限制民事行为能力人，以及民事行为能力不充分的障碍人的人身监护权。各国法律对此作了相应的规定。

1.国外立法介绍

德国自 1992 年 1 月 1 日起，废除了成年人禁治产制度，代之以"照管"制

---

① ［日］远藤浩、川井健、原岛重义、广中俊雄、水本浩、山本进一：《民法·亲族》，有斐阁 1988 年版，第 257 页。

② 陈棋炎、郭振恭、黄宗乐：《民法亲属新论》，三民书局 1990 年版，第 362 页。

度。称为"法律上的照管","法律的照管"代替了原来的成年人监护和残疾人保佐。被照管人与禁治产人不同的是,被照管人的行为能力不因法律上的照管而自动丧失或受限制。《德国民法典》第1901条规定了照管的范围,照管人义务:"(1)照管包括依照以下规定为了法律上处理被照管人的事务而有必要的一切工作。(2)照管人必须以符合被照管人的最佳利益的方式,处理被照管人的事务。被照管人的最佳利益,包括其在能力所及的范围内按照自己的愿望和想法安排其生活的可能性。(3)照管人必须满足被照管人的愿望,但以这样做不与照管人的利益相抵触,且对于照管人是可合理地期待为限。被照管人在照管人的选任前表达的愿望亦同,但被照管人明显地无意坚持这些愿望的除外。在了结重要事务之前,照管人与被照管人商讨之,但以这样做不违背被照管人的最佳利益为限。(4)照管人必须在其职责范围内促进利用各种可能性,使被照管人的疾病或残疾得以好转,防止它们恶化或减轻其后果。(5)使废止照管成为可能的情况为照管人所知的,照管人必须通知监护法院。使责任范围的限制成为可能的情况,或要求扩大责任范围、选任其他照管人或命令允许之保留的情况,亦同。"第1902条规定:"照管人在其职责范围内,在裁判上和裁判外代理被照管人。"①

《日本民法典》对成年人监护职责作了修改。该法第858条规定了对成年被监护人的意思尊重及对其人身上的照料:"成年监护人在料理成年被监护人的生活、疗养、看护以及财产管理等事务时,须尊重成年被监护人的意思,而且须照顾到其身心状态和生活状况。"②此外,还规定了监护人享有对被监护人在一定范围内的民事代理权。

英美等国家面对老年人口不断增多现象,于20世纪中叶开始陆续对本国的成年人监护制度进行修改,对代理进行修正,发展了一种新的"持续代理权制度",持续代理权制度打破了普通法中代理权会因本人的死亡或丧失意思能力而消灭的法则,通过立法保证高龄人或其他人在老年意思能力丧失或心神丧失之前,按照自己意愿选择的代理人之代理权不因本人意思能力丧失而归于消灭,该代理权持续有效。③ 以此保障民事行为能力不充分的高龄老年人的被照管权。

---

① 陈卫佐译:《德国民法典》,法律出版社2006年第2版,第566~567页。
② 渠涛编译:《最新日本民法》,法律出版社2006年版,第183页。
③ 陈苇:《外国婚姻家庭法比较研究》,群众出版社2006年版,第503页。

2.身上监护权的具体内容

我国《民法总则》第34条对监护职责作了笼统性的规定，"监护人的职责是代理被监护人实施民事法律行为，保护被监护人的人身权利、财产权利以及其他合法权益等"以及《民法通则意见》第10条规定了相应的身上监护权内容。从以上规定来看，我国现行的监护制度没有区分未成年人和成年人的监护内容，只规定精神病成年人监护制度，没有规定因高龄、身体障碍而难以自己管理自己事务的成年人的监护制度。

笔者认为，对成年人身上监护权的内容，可针对不同的被监护对象，分为监护和保护。

（1）监护

监护主要针对精神病人等无民事行为能力人和限制民事行为能力人，其内容与未成年被监护人相比，除教育权利义务外，基本相同。具体包括：居所决定权、身体和健康的照料义务、治疗和保护监督权（保护其不受他人侵害，监督其不得侵害他人，否则，监护人应承担损害赔偿责任），以及民事行为代理权、交还请求权等。

（2）保护

保护主要针对因高龄、身体障碍等民事行为能力不充分而无法全部或部分处理自己事务的成年人，将其列为需要保护的对象。对这部分成年人的保护以辅佐其处理身体照料和财产管理为限，保护人必须以符合被保护人的最佳利益的方式，处理被保护人的事务，照料他们的生活、疗养、看护他们，尊重他们的意思，但被保护人并不因此丧失民事行为能力。

第七节　经典案例分析与探讨

专题讨论一　人工生育子女的监护权问题

一、问题提出

我国法律对于生母的认定是遵循"分娩者为母"的原则；对于生父的认定，则根据血缘关系确定。那么，对于代孕子女的亲子关系及法律地位如何认定；既不是提供卵子的"基因母亲"，又不是生育子女的"孕生母亲"，而是承担抚养教育的"养育母亲",其与未成年子女的亲子关系及法律地位又是如何认定的。

【案情】罗某甲、谢某某系夫妻,婚生二女一子,儿子罗乙。罗乙与陈某于2007年4月28日登记结婚,双方均系再婚,再婚前,罗乙已育有一子一女,陈某未曾生育。婚后,罗乙与陈某通过购买他人卵子,并由罗乙提供精子,通过体外授精联合胚胎移植技术,出资委托其他女性代孕,于××年××月××日生育一对异卵双胞胎即罗某丙(男)、罗某丁(女),两名孩子出生后随罗乙、陈某共同生活。2014年2月7日罗乙因病经抢救无效死亡,嗣后,陈某携罗某丙、罗某丁共同生活至今。2014年12月29日,罗某甲、谢某某提起监护权之诉。

[一审判决]2015年7月29日作出判决:罗某丙、罗某丁由罗某甲、谢某某监护。

陈某不服一审判决,提起上诉。

二审法院认为,陈某与罗某丙、罗某丁已形成有抚养关系的继父母子女关系,其权利义务适用《婚姻法》关于父母子女关系的规定。罗某甲、谢某某作为祖父母,监护顺序在陈某之后,其提起的监护权主张不符合法律规定的条件,同时,从儿童最大利益原则考虑,由陈某取得监护权亦更有利于罗某丙、罗某丁的健康成长,故对陈某的上诉请求,本院予以支持。

[二审判决]2016年6月17日作出判决:撤销上海市闵行区人民法院(2015)闵少民初字第2号民事判决;驳回被上诉人罗某甲、谢某某的原审诉讼请求。①

二、理论探讨

(一)人工辅助生育子女亲子关系认定的相关法律规定

我国法律对于生母的认定是遵循"分娩者为母"的原则;对于生父的认定,则根据血缘关系确定。随着人工生殖技术的发展,人类得以利用人工方法达到使人怀孕生育之目的。现有的人工生殖技术包括人工体内授精、人工体外授精——胚胎移植(俗称试管婴儿)、代孕三种,其中前两种已为大多数国家,包括我国所认可。

根据最高人民法院1991年7月8日的《关于夫妻关系存续期间以人工授

---

① 上海市第一中级人民法院《民事判决书》,(2015)沪一中少民终字第56号,转引自中国裁判文书网。

精所生子女的法律地位的函》明确规定："在夫妻关系存续期间,双方一致同意进行人工授精,所生子女应视为夫妻双方的婚生子女,父母子女之间的权利义务关系适用婚姻法的有关规定。"该函所指向的受孕方式为合法的人工授精,孕母为婚姻关系存续期间的妻子本人。这两种人工生殖方式,生育过程中怀孕分娩的主体均是不孕夫妻中的妻子一方。经夫妻双方一致同意以合法的人工生殖方式所生育的子女,其亲子关系的认定,生母根据"分娩者为母"的原则,生父则以婚生推定方式确定。

第三种人工生育类型是代孕模式,代孕与上述人工生殖模式的不同在于,将形成的胚胎植入另一位代孕母亲的子宫孕育分娩,而不是植入妻子的子宫。代孕还可分为以下几种情形:

一方为委托母＋卵子母,另一方为代孕母,包括妻卵夫精、妻卵捐精两种;

一方为委托母,另一方为卵子母＋代孕母,即丈夫提供精子,由代孕母提供卵子并代孕;

委托母、卵子母、代孕母各为一方,即丈夫提供精子,卵子母与代孕母各有其人。

代孕目前为我国及多数国家所禁止。原国家卫生部于 2001 年 8 月 1 日施行的《人类辅助生殖技术管理办法》对人类辅助生殖技术的实施作了严格的规定,该项技术只能在卫生行政部门批准的医疗机构实施,只能以医疗为目的,并符合国家计划生育政策、伦理原则和有关法律规定。该办法在第 3 条明确规定:严禁以任何形式买卖配子、合子和胚胎;医疗机构和医务人员不得实施任何形式的代孕技术等。

由于代孕给家庭伦理、社会心理和法律等方面带来巨大的冲击和争议,我国《婚姻法》亲子关系中没有涉及对代孕子女的认定问题。同时,根据上述卫生部的部门规章,代孕不仅在制度上属违法,且国内政府部门也多次对代孕机构进行打击。[①] 但与政府部门严厉打击非法代孕形成鲜明对比的是国内代孕市场的火热。据报道,我国代孕服务机构一直处于"供不应求"的状态,每年至少有 5000 名婴儿通过代孕出生,从非法代孕出现至今已经诞生的婴儿数量在10 万名以上。[②] 但是,非法代孕行为下出生的婴儿,不应当为此行为付出代价。明确亲子关系,使代孕出生的未成年人的合法权益同样得到亲权制度和

---

① 新华社:卫生部强调打击代孕等违法违规辅助生育技术[EB/OL]. http://www.gov. cn/jrzg/content_2352712htm,下载日期:2013 年 3 月 12 日。

② 中华人民共和国国家卫生和计划生育委员会:《关于印发开展打击代孕专项行动工作方案的通知》,http://www. nhfpc. gov. cn,下载日期:2015 年 4 月 9 日。

监护制度的法律保护。

（二）人工辅助生育子女亲子关系认定的相关学说评析

对于亲子关系的认定，法律理论上主要存在有契约说（或称人工生殖目的说）、血缘说、分娩说、子女利益最佳说之四种学说，具体分析如下：

第一，"契约说"体现的是私法自治的法律精神，但在身份法中私法自治有严格的限制，即使在代孕合法化的国家，亦须专门立法予以规制。

第二，"血缘说"虽然有着天然的生物学基础，但是在民众朴素的伦理观念中，香火延续、传宗接代主要是指父系而言，母子关系的确立更多在于十月怀胎的孕育过程和分娩艰辛所带来的情感联系，在于母亲对孩子在精力、心血、感情上的巨大投入和无形付出，单纯以生物学上的基因来认定母子关系，将缺乏社会学和心理学层面的支撑。何况，最高人民法院1991年函已经突破了纯粹的血缘主义，而在我国尽管合法的卵子捐献渠道极为有限，亦不能否认存在合法捐卵的情形，故"血缘说"亦不可取。

第三，"分娩说"符合传统民法中"分娩者为母"的认定原则，亦与其他两种人工生殖方式中的亲子关系认定标准相同，且符合我国传统的伦理原则及价值观念。另外，"分娩者为母"的认定原则亦与我国目前对代孕行为的禁止立场相一致。

第四，"子女利益最佳说"以子女最佳利益作为认定亲子关系的依据，此与我国传统的伦理原则及价值观念不相符合，缺乏社会文化基础。但随着联合国公约《儿童权利公约》的签署，为世界多数国家所采用。

（三）以代孕方式生育子女的亲子关系推定

在亲子关系认定问题上，我们依然遵循血统主义原则，在血统真实主义失效的情况下，亲子关系的认定应尊重双方的意思表示。如意思表示不冲突，则尊重各方的意思表示，准予在委托夫妇和代孕出生婴儿间创设亲子关系。

如意思表示冲突，则尽可能探寻夫妇在进行代孕前至婴儿出生后时间内是否有为人父母之意思表示，包括是否尝试通过常规手段受孕分娩，常规手段不孕后是否就诊治疗，及夫妻是否一致同意进行代孕生育，是否做好抚养子女的准备，婴儿出生后对孩子的照顾抚养等。

对于意思表示的证据认定，可做如下分析：

第一，推定为不为人父母意愿情形：捐精与捐卵者的捐赠为匿名行为；代孕母亲在代孕合同中明示放弃孩子的亲权，将孩子交付委托人。

第二，推定为为人父母意愿情形：委托夫妇以高昂的代孕费用，承担一定的法律风险实现为人父母的迫切愿望。

总之,如各方意思表示冲突,属于积极性的,则坚持儿童利益最大化原则和维护核心家庭原则,认可代孕子女的亲子关系,视同婚生子女法律地位。属于消极性的,应严格限制任何形式的亲子关系否认。在亲权冲突当事人主张否认亲子关系前,推定现有核心家庭成员间存在亲子关系,提起否认之诉理由应限定在不具有血缘关系和有效协议的基础上。此外,否认之诉应设有除斥期限,禁止在儿童哺乳期内提起亲子关系否认之诉。

亲子关系解消后,法院应通知儿童的基因父母和代孕母亲收养此儿童,最大限度地保障儿童的利益。①

(四)以代孕方式生育子女的监护权归属

根据未成年人权益保护的规定精神,对以代孕方式生育子女的亲子关系认定和监护权归属,应遵循儿童利益最大化原则和维护核心家庭原则。

1. 应遵循原则

(1)儿童利益最大化原则

1959 年联合国大会宣布的《儿童利益宣言》第一次提出,儿童利益最大化原则,1989 年联合国《儿童权利公约》正式缔结,该原则伴随公约签署而具有规范效力。之后世界各国相继修改或重新制定了有关亲子关系的法律规定,由“亲本位”价值取向转变为“子女本位”价值取向。最大限度地维护了儿童生存权和发展权。

儿童利益最大化原则要求在由代孕引发的身份关系的建立及冲突解决中,涉案儿童的利益应优先于成年人利益的满足和维护。充分考虑儿童生活背景、成长条件,及情感需求,儿童抚养权的实现和财产利益保护。同时,还应避免因纠纷解决程序给儿童的身心健康带来不良的影响。

(2)维护核心家庭原则

家庭对于儿童的健康成长起着至关重要的作用,家庭的职能不仅体现在生育子女和物质经济满足上,还体现在父母子女的情感依赖和心理需求上。随着我国社会经济体制的发展,传统的“大家庭”逐渐消失,取而代之的是以父母和子女共同生活的“核心家庭”,家庭功能则更多地体现在生育和情感需求上。随着人工辅助生殖技术的发展、非婚生育、同性婚姻等社会现象不断挑战

---

① 熊进光、曾详欣:《代孕技术背景下亲权归属问题探析——从全国首例代孕引发的监护权纠纷案说起》,载《行政与法》2017 年第 6 期。

着家庭的生育功能,情感成了家庭仅剩的也被认为是最宝贵的功能。从儿童健康人格发展的角度看家庭所处的角色至关重要。

维护核心家庭是解决因代孕引发的亲子关系认定的重要原则。儿童的成长需要父母的关爱,包括人身和财产的照顾、抚养、教育,提供稳定和谐的家庭环境和必要的物质条件,任何可能造成家庭成员间情感联结破坏和对家庭成员身份的剥夺都应当予以制止,只有这样才能最大限度地保护儿童的利益。

2.监护权归属的认定

我国《民法总则》规定,未成年人父母是未成年人的监护人。未成年人的父母已经死亡或者没有监护能力的,可以由未成年人的祖父母、外祖父母担任。我国父母子女关系包括自然血亲关系和拟制血亲关系,后者是指本无血缘关系或无直接血缘关系,但从法律上确认其与自然血亲具有同等权利义务的父母子女关系,包括养父母子女关系和有抚养关系的继父母子女关系。那么,采取人工辅助生殖手段的代孕行为,其所生子女为婚生子女,还是形成拟制血亲的养子女,抑或是形成抚养关系的继子女。

(1)代孕生子的婚生子女身份认定问题

代孕行为,即怀孕分娩这一环节从不孕夫妻中的妻子一方转移给了其他女性。由此出现了"基因母亲""孕生母亲""养育母亲"之情形,与传统的人工生殖子女方式完全不同,传统的生殖方式,其亲子关系的认定是生母根据"分娩者为母"的原则,生父则以婚生推定方式确定。"分娩说"是世界上各国普遍公认的原则,故分娩母亲是法律上的生母,代孕所生子女只能是非婚生子女,且代孕生殖在我国尚属违法行为,不符合《婚姻法》及相关法律的规定,不宜推定为婚生子女身份。

(2)代孕生子的事实收养身份认定问题

我国《收养法》对收养应履行的法定手续作出明确的规定,即收养必须向民政部门登记方始成立,而《司法部关于办理收养法实施前建立的事实收养关系公证的通知》,系针对《收养法》实施之前已建立事实收养的情形。收养法颁布后不存在事实收养问题。此外,代孕生子收养关系成立,须明确送养人,即"孕生母亲"同意将亲权转移给抚养母亲,那么,"代孕生子委托协议"将被法律认可为有效的协议,这种消极认可态度与我国目前对代孕行为的积极禁止立场不相符合。因此说,代孕生子的事实收养身份不能认定,事实收养关系不成立。

(3)代孕生子形成有抚养关系继父母子女关系的身份认定问题

我国《婚姻法》第 27 条第 2 款规定:"继父或继母和受其抚养教育的继子

女间的权利和义务,适用本法对父母子女关系的有关规定。"由此可见,《婚姻法》在区分直系姻亲和拟制血亲的继父母子女关系时,系以是否存在抚养教育之事实作为衡量标准。根据上述规定,有抚养关系的继父母子女关系的成立应具备两个条件:一是主观意愿,即非生父母一方具有将配偶一方的未成年子女视为自己子女的主观意愿,双方以父母子女身份相待。二是事实行为,即非生父母一方对配偶一方的未成年子女有抚养教育之事实行为。上述两个条件同时具备,方可成立有抚养关系的继父母子女关系。

据此,缔结婚姻之前一方的非婚生子女,因在双方结婚之前孩子已经存在,作为非生父母一方,接受孩子并与之共同生活,是其与孩子生父母一方结婚时的自愿选择,若同时有抚养教育之事实的,则形成有抚养关系的继父母子女关系。那么对于缔结婚姻之后出生的子女,如果形成抚养关系,同样可以认定为形成有抚养关系的继父母子女关系。

代孕生子中提供精子的男方为孩子生父,在与其生父存在合法的婚姻关系中的母亲,则推定为与该代孕生殖的孩子形成有抚养关系的继母和继子女关系。

3.监护权归属问题

拟制血亲的继父母子女关系一旦形成,并不因夫妻中生父母一方死亡而自行解除。最高人民法院曾于 1986 年发布《关于继母与生父离婚后仍有权要求已与其形成抚养关系的继子女履行赡养义务的批复》,最高人民法院 1993 年颁布的《关于人民法院审理离婚案件处理子女抚养问题的若干具体意见》第 13 条规定,生父与继母或生母与继父离婚时,对曾受其抚养教育的继子女,继父或继母不同意继续抚养的,仍应由生父母抚养。根据上述规定,拟制血亲的继父母子女关系形成是基于抚养教育的事实行为,这种关系不能因生父母一方死亡而自行解除,其解除必须通过诉讼途径解决。在诉讼中,本着维护子女利益原则作出有利于子女监护权的归属判定。

三、案例评析

(一)关于陈某与罗某丙、罗某丁的法律关系问题

根据案件事实,陈某通过购买他人卵子,利用体外授精联合胚胎移植技术,委托其他女性代孕生育子女,排除了陈某为罗某丙、罗某丁的"基因母亲""孕生母亲"之关系,故陈某与罗某丙、罗某丁不存在自然血亲关系。陈某既非卵子提供者而形成生物学上的母亲,又非分娩之孕母,故罗某丙、罗某丁不可视为陈某与罗乙的婚生子女。但形成了"养育母亲"关系,即拟制血亲关系。

罗乙是精子的提供者,与罗某丙、罗某丁形成自然血亲关系,但罗乙与代孕者之间不具有合法的婚姻关系,故所生子女当属非婚生子女。罗乙与陈某存在合法的婚姻关系,在合法婚姻关系存续期间,陈某与罗乙共同抚养了罗乙的亲生子女。两孩子出生后,一直随罗乙、陈某夫妇共同生活近三年之久,罗乙去世后又随陈某共同生活达两年,迄今为止陈某与孩子共同生活已有五年。且罗某丙、罗某丁的出生证明及户籍登记已记载罗乙、陈某为父母,表明罗乙作为生父已作出实际的自愿认领行为,陈某与罗某丙、罗某丁形成了抚养关系的继父母子女关系,且这种关系不因其生父的死亡而归于消灭。

在此,必须强调的是:本案的探讨并不着眼于对代孕行为的合法与否进行分析,无论我国法律对非法代孕行为如何否定与谴责,代孕所生子女当属无辜,其合法权益理应得到我国法律的应有保护。因此,无论是婚生子女还是非婚生子女,是自然生育子女还是以人工生殖方式包括代孕方式所生子女,均应给予同等保护。因此说,将陈某与两名孩子之间认定为有抚养关系的继父母子女关系,并不表明我们对非法代孕行为的认可。这一认定是基于陈某抚养了其丈夫罗乙的非婚生子女这一事实行为,至于该非婚生子女是否代孕所生对此并无影响。

(二)关于罗某丙、罗某丁的监护权归属问题

联合国《儿童权利公约》第 3 条确立了儿童最大利益原则,我国作为该公约的起草参与国和缔约国,应在立法和司法中体现这一原则,法院在确定子女监护权归属时,理应尽可能最大化地保护子女的利益。就本案而言,无论是从双方的监护能力,还是从孩子对生活环境及情感的需求,以及家庭结构完整性对孩子的影响等各方面考虑,将监护权判归陈某更符合儿童最大利益原则。理由如下:

首先,从纠纷双方的年龄及监护能力考虑,陈某正值盛年,有正当工作和稳定收入,亦有足够的精力和能力抚养照顾好两名孩子;而罗某甲、谢某某分别已至耄耋、古稀之年,身体状况及精力均不足以抚养照顾两名年幼的孩子。

其次,从生活环境的稳定性、与孩子的亲密程度及孩子的情感需求考虑,罗某丙、罗某丁出生后一直随罗乙、陈某夫妻共同生活,罗乙去世后由陈某抚养照顾,已与陈某形成了难以割舍的母子感情,而与罗某甲、谢某某并未共同生活过,能否适应环境的改变以及与老人共同生活的状态尚属未知。更何况,对于幼儿来说,母爱是无法替代的,孩子的这一情感需求不能不予考虑。

最后,从家庭结构关系的完整性考虑,认定陈某与两名孩子为有抚养关系的继父母子女关系,则对罗某丙、罗某丁来说,其家庭结构关系仍是完整的,不

因其是代孕所生而有异于常人。人皆有父母,父母子女之情是人类最基本的情感元素,维护正常的亲子关系和家庭内部结构,对幼儿人格的形成具有重要的意义。[①]

专题讨论二　成人收养制度探讨——以老年人权益保护为例

一、问题提出

近日,一则《儿子移民国外,八旬独居老人街头贴广告求"收养":我不去养老院,想有个家》的视频在网上引发关注。据视频显示,天津南开区一位 85 岁的老人每月退休金 6000 元,在公交站贴纸条,寻求收养人,并在纸条上留有联系方式。老人称儿子同意自己找他人抚养。这位老人之所以"求收养",是因为不满意养老院养老,子女又不能在身边陪伴照顾,长期独自生活,就渴望有家庭"收养"自己。但由于老人年事已高,对抚养人来说有一定的风险,且相关法律并未明确规定,所以目前关注者虽多,还没有人真正愿意"收养"这位老人,老人难免失落和焦虑。[②]

关于成年人收养问题,我国法律并无明文规定。新修订的《老年人权益保障法》对老年人家庭抚养需求,作出规定:与老年人分开居住的家庭成员,应当经常看望或者问候老年人。但现实中有不少无子女的老年人,失独的老年人,子女在国外定居的老年人,他们无法得到子女的经常看望或者问候,老年人生活照料和精神赡养需求难以解决。随着我国老龄化社会的到来,将来会有更多的老年人对此类"家庭养老"的需求更加迫切,从法律的角度思考,我们认为,除了进一步完善遗赠抚养协议等相关法律规定外,还可以通过构建成人收养制度,来解决老年人"家庭养老"的特殊需求。

二、理论探讨

养老与育幼是收养制度固有的功能,育幼已成为现代收养立法的目的,并

[①] 转引自 2016 年 6 月 17 日作出的上海市第一中级人民法院(2015)沪一中少民终字第 56 号民事判决书。

[②] 《读懂老人"求收养"的孤独与渴望》,转引自《北京青年报》2017 年 12 月 25 日。

在基本原则中得以确认。但如何实现收养制度的养老功能,这里的"养老"更多的是指家庭对老年人生活上的照料和精神上的慰藉。对此,日本、德国等一些国家通过增设成年人收养制度使之得以实现。

(一)成年人收养的概念

成年人收养是指在收养关系中被收养人是成年人的收养行为。尽管多数国家对被收养人的身份限制为满足一定条件的未成年人,但是成年人收养这种现象也存在一定的社会基础。日本和德国相关法律规定,如果满足一定的条件,成年人同样是可以被收养的。作为一种社会现象,生活在不完整家庭中的人往往希望得到一种拟制的父母子女关系,以找到"家"的感觉。这在一定程度上说明了收养制度历代传承的原因。虽然大部分国家鼓励对未成年人进行收养,但是成年人收养与未成年人收养的社会目的和发挥社会功能是不同的。未成年人收养着重于未成年弱势群体的权益保护,对那些失去家庭呵护的孩子们提供新的家庭关怀;而成年人收养则更侧重于被收养的老年人和收养成年人之间的利益平衡,使得老年人能够获得应有的天伦之乐,收养人也可以继承人的身份继承的老年人的遗产,以实现社会财富的正常交接。①

(二)构建成年人收养制度的设想

1.放宽成年人收养条件

在不改变我国现有收养制度的情况下,适当放宽成年人收养的条件。现行《收养法》第14条规定:"收养三代以内同辈旁系血亲的子女,可以不受……被收养人不满十四周岁的限制。"可见,我国《收养法》规定的被收养人以未成年人为主,对成年人作为被收养人有严格的限制,即只能是三代以内同辈旁系血亲的子女。这种规定无法满足当今社会家庭养老的目的和需求,尤其是我国近30年来一直推行独生子女政策,相当多的家庭三代以内旁系血亲的后代越来越少,"无子化""少子化"社会背景下收养三代以内同辈旁系血亲子女为养子女的设想难以实现;老年人渴望在生活上得到照料,在精神上得到慰藉的家庭养老模式,在现行制度中难以找到切实可行的法律依据。

因此,充分发挥收养制度中的养老功能,放宽成年被收养人的条件是非常必要的。同时,建议在老年人意定监护制度的基础上,针对有特殊需求的老年人,可以作为收养人与被收养成年人签订收养协议,法律规定签订协议的主体

---

① 谢征北、谭和平:《成人收养与我国收养立法的完善》,载《学术前沿》2014年第9期(上)。

条件、协议内容包括收养人和被收养人的权利义务,权利义务的履行、组织机构的监督、解除和终止条件,以及老年人遗产继承等相关问题,并履行收养协议公证或登记程序,从而实现老年人家庭养老在生活上和精神上的需求,维护老年人的合法权益。

2.增设不完全收养制度

所谓不完全收养制度,是指养子女与其亲生父母之间在收养后仍相互保留一定的权利义务关系的收养形式。当今世界各国单纯采取完全收养的国家并不多,只有中国、日本、阿尔巴尼亚以及美国纽约州等少数几个国家和地区,而我国收养法的规定最为典型,[①]这与现行收养法的目的是吻合的。但在基于养老目的而放宽收养成年人的条件后,在立法上增设不完全收养制度似乎是不可避免的。

因为要在收养时完全切断成年人与其亲生父母的法律关系不符合法定赡养义务要求,如果允许这种做法,有可能出现一些人借机逃避赡养扶助亲生父母义务的可能,使其亲生父母的权益在不完全收养制度设置中落空,这也与人们思想观念中的传统家庭养老美德背道而驰。所以,在现行收养法完全收养的基础上,增设不完全收养制度,并确认成年收养人仍负有对其亲生父母的赡养义务,以平衡"传统"养老与"补充"养老之间的关系。

3.确立配偶的收养同意权

增设成年人收养的目的是养老,被收养人签订收养协议后,需要在经济上、时间上精力上的大量付出,而且被收养人对其亲生父母的赡养义务不能解除,被收养人负有双重赡养义务,这对被收养家庭人的家庭生活的影响不言而喻,而作为家庭生活共同体的重要成员配偶将受到较大的影响。若配偶在家庭生活中不能对收养行为进行积极的配合与协助,也难以履行收养协议的义务。

因此,成年人收养的确立必须征得被收养人配偶的同意,即夫妻双方同时签字方为有效。如被收养人为单身,则不受此限。

4.设置试养期及不完全收养的撤销制度

一般说来,由于完全收养多是未成年人收养,世界各国的收养法多采用不可撤销制度。因为若可撤销,将不利于未成年人利益的保护。我国现行收养法也只规定了完全收养,对于收养的撤销未予规定。但如果引入不完全收养制度,则须重新审视现行法律规定的适应性。对于不完全收养,世界多数国

---

① 蒋新苗:《国际收养法律制度研究》,法律出版社 1999 年版,第 13 页。

家,如法国、德国、瑞士等都规定了原则上可以撤销,只是在撤销条件上作了比较严格的限定。如《法国民法典》第 370 条第 1 款规定:"如经证明存在重大原因,应收养人或被收养人的请求,或者如被收养人是未成年人,应检察院的要求,得撤销收养(仅指不完全收养)。"①

由于成年人的生理、心理均已定型,并在长期生活中形成了较为固定的生活方式,要改变这种方式难度很大。因此,收养协议签订后,收养人与被收养人共同生活中彼此适应,需要较长时间磨合,甚至难以适应。这对于收养这种颇为密切的人身关系来说,是个难以回避的问题。在双方确立成年人收养协议时,不得不慎重考虑,并做好妥善的安排。因此,设立试养期,及不完全收养的撤销制度不失为一个较好的选择。收养关系在两个成年人之间建立起来以后,如双方彼此难以适应而无法达到收养的目的时,解除这种收养关系较之维持收养关系更为合理。因此,设置一定时间为试养期,同时,设立不完全收养的撤销制度是引入成年人收养制度后的必然要求。

---

① 易健雄、浦奕:《养老与收养——论我国步入老年型社会后收养制度的完善》,载《南京人口管理干部学院学报》2014 年第 5 期。

第四章　离婚制度

第一节　离婚制度概述

一、婚姻终止

(一)婚姻终止的概念

婚姻终止,是指合法有效的婚姻关系因发生一定的法律事实而归于消灭。具有以下三个特征:

1.婚姻终止具有严格的法律意义。婚姻终止仅指合法有效的婚姻关系消灭,婚姻终止的前提条件是婚姻关系合法有效。非婚同居不存在婚姻终止问题,婚姻无效或被撤销也与婚姻终止有严格的区别。

2.婚姻终止基于一定的法律事实发生。引起婚姻终止的法律事实不同,其法律结果也不相同。如因一方配偶死亡而终止,发生继承的法律后果;因双方离婚而终止,产生夫妻共有财产分割的法律后果。

3.婚姻终止产生一系列法律后果。婚姻终止的法律后果涉及诸多法律部门,本书仅从婚姻家庭法领域介绍婚姻终止产生的法律后果,包括夫妻间、父母子女间及与第三人之间引起的人身关系、财产关系的变化。

(二)婚姻终止的原因

婚姻终止的原因有两种:一是因配偶一方死亡而终止,二是因离婚而终止。前者是基于一定的自然事件而终止,后者是基于一定的法律行为而终止。

1.因配偶死亡而终止婚姻关系

配偶死亡分为两种情形:一是配偶一方自然死亡,二是配偶一方宣告死亡。配偶关系是一种特殊的人身关系,以配偶双方的生命存在为前提,配偶一方死亡必然引起婚姻关系的终止。

(1)因配偶自然死亡而终止婚姻关系。配偶一方自然死亡,主体消灭,无共同生活可能,夫妻间权利义务无法实现,婚姻关系自然终止。配偶一方死亡,夫妻之间权利义务关系、人身关系、财产关系不存在,但对外效力并不绝对消灭,即生存一方一般保持与死亡一方亲属的关系。法律规定,丧偶儿媳对公婆、丧偶女婿对岳父母尽主要赡养义务的,可以成为第一顺序继承人。

(2)因配偶一方宣告死亡而终止婚姻关系。宣告死亡是指人民法院经利害关系人申请,依审判程序宣告下落不明达一定期限的公民死亡的法律制度。根据我国《民法总则》的规定,宣告死亡与自然死亡具有同等的法律效力。宣告死亡后,婚姻关系何时终止,我国《民法总则》第51条规定,被宣告死亡的人的婚姻关系,自死亡宣告之日起消灭。死亡宣告被撤销的,婚姻关系自撤销死亡宣告之日起自行恢复,但是其配偶再婚或者向婚姻登记机关书面声明不愿意恢复的除外。

如配偶一方被宣告失踪的,并不能因宣告失踪而终止婚姻关系,宣告失踪期间双方均不得再婚。失踪人配偶要求解除与失踪人的婚姻,必须通过诉讼程序,经公告送达,逾期3个月未应诉的缺席判决离婚,并再次公告送达,期满后15日离婚判决生效,婚姻关系终止。

2.因离婚而终止婚姻关系

(1)离婚的概念和特征

离婚是夫妻双方生存期间依照法定的条件和程序解除婚姻关系的民事法律行为。具有以下特点:

第一,从主体上看,离婚是合法夫妻身份关系的男女双方本人的民事法律行为,任何人不得代替,更不能对他人婚姻关系提出离婚请求。

第二,从时间上看,只能在夫妻双方生存期间办理离婚,如果一方死亡或被宣告死亡,婚姻关系自然终止,无须依离婚程序解除婚姻关系。

第三,从程序上看,离婚要具备一定的法律要件,履行法定的程序,才能产生离婚的法律效力。双方私下协议,或在居委会、村委会等组织参与下达成的离婚协议,均不发生法律效力。

第四,从条件上看,离婚必须以合法的婚姻关系存在为前提。离婚是对合法婚姻关系的解除,违法婚姻,即使骗取了结婚证的,也只能宣告婚姻无效或被撤销,收回结婚证,不能按离婚办理。

第五,从内容上看,离婚的后果是导致婚姻关系的解除,并引起夫妻人身关系和财产关系消灭、子女抚养关系变更、夫妻债权债务清偿等一系列法律后果。离婚不仅关系到双方当事人的利益,同时,也关系到子女的利益和社会利益。

（2）离婚的种类

从不同角度对离婚作如下分类：

第一，依当事人对离婚的态度，可分为双方自愿离婚和一方要求离婚；

第二，依离婚的程序，可分为依行政程序离婚和依诉讼程序离婚；

第三，依解除婚姻关系的方式，可分为协议离婚和判决离婚。

（3）离婚与无效婚姻和被撤销婚姻的区别

离婚是解除合法婚姻关系的法律手段，而婚姻无效和被撤销婚姻是违法婚姻的法律后果，有严格的区别。

第一，形成原因不同。离婚的原因发生在婚姻成立后；婚姻无效与被撤销原因在婚姻成立前或成立时已存在。

第二，请求权主体不同。离婚请求权只能是当事人本人行使；婚姻无效请求权可由当事人双方或一方行使，还可由利害关系人行使。

第三，请求权行使时间不同。离婚请求权只能在双方当事人生存期间；而婚姻无效请求权既可在双方生存期间，也可在当事人一方或双方死亡后一定期间内行使。

第四，适用程序不同。离婚可依法院诉讼程序，或行政登记程序办理；婚姻无效只能由法院诉讼程序处理，婚姻被撤销一般情况下依法院诉讼程序处理，只有在不涉及子女抚养、财产及债务问题时，才可依行政登记程序撤销该婚姻，宣布结婚证作废。

第五，法律后果不同。离婚发生一系列法律后果，包括夫妻财产关系、子女抚养等；婚姻无效与被撤销是对违法婚姻的解除，不产生离婚的法律后果，双方财产不按夫妻共有财产分割，子女为非婚生子女。

二、离婚制度的历史沿革

离婚作为结婚相对应的概念，同是婚姻家庭制度的重要组成部分。其产生、发展和变化，受到物质生产条件及生产关系的制约，受到政治、法律、文化、道德、宗教等因素的影响。因此，不同社会制度，不同历史时期，离婚制度的性质特点均不相同。

（一）世界各国离婚制度的历史沿革

伴随着一夫一妻制的产生和发展，离婚制度经历了长期的历史演变，离婚立法由严格走向宽松，由宗教走向世俗。其发展过程大致为：由禁止离婚主义到许可离婚主义，由专权离婚主义到平权离婚主义，由有责离婚主义到无责离婚主义，由限制离婚主义到自由离婚主义。

1.禁止离婚主义

禁止离婚主义是指夫妻无论出于何种原因,均不得离婚。禁止离婚主义是欧洲中世纪离婚制度的基本特征,这一制度的产生源于深刻的宗教制度和文化背景。欧洲中世纪基督教教义是提倡禁欲主义,婚姻一旦缔结,终身不得解除,婚姻是"神作之合",禁止离婚。

对于夫妻关系恶化不能继续共同生活的,规定了"别居制度"。所谓别居制度,是指夫妻可以分开居住,免除同居义务,但婚姻关系仍然存在,别居者不能再婚。直到中世纪后期文艺复兴和宗教改革运动,寺院法中的禁止离婚主义才逐渐被淘汰,许可离婚主义成为必然趋势。

2.许可离婚主义

许可离婚主义是指允许解除婚姻关系的立法主张。准许离婚是由婚姻关系的性质和特点所决定的,不采禁止离婚的主张,承认婚姻的可变性及可离异性,允许夫妻生存期间根据双方或一方的请求解除婚姻关系,显然比禁止离婚主义的主张更为合理。许可离婚主义模式也随着社会制度的发展而发生变化,从最早的专权离婚主义,发展到限制离婚主义,最终走向自由离婚主义。

(1)专权离婚主义

专权离婚主义是指男子享有较大的离婚权,妇女或没有离婚权或受到严格的限制。在古代社会,与实行夫权统治的宗族家庭制度相适应,体现了男子在当时社会中经济和政治上的绝对优势。《汉谟拉比法典》规定,因为妻子不生育、浪费家财等,丈夫有权与她离异;甚至在负债时,丈夫可以将妻子作为债权交给债权人。

(2)限制离婚主义

限制离婚主义是指夫妻双方均享有离婚请求权,但法律规定对离婚条件加以限制的立法主张。限制离婚主义又可分为有责离婚主义和无责离婚主义。

有责离婚主义,是指离婚原因是基于一方配偶有过错,如通奸、虐待、遗弃、重婚、被判刑等时,另一方配偶享有离婚诉权。

无责离婚主义,是指离婚原因虽非当事人过错,但婚姻关系不能维持的情况,如一方患有精神疾病、一方失踪、一方有生理缺陷不能发生性行为等不为当事人主观上的过错,另一方也可请求离婚。

(3)自由离婚主义

自由离婚主义,是指根据夫妻双方或一方的自由意志,只要婚姻关系在客观上已经破裂即可准予离婚的法律主张。法律并不具体列举离婚原因,也不以过错为必要条件,在婚姻关系破裂时,当事人一方或双方均可请求离婚。自由离婚主义也是一种平权离婚主义,无论是男方还是女方,也无论婚姻当事人是否存在过错,一方或双方均有权依法提出离婚诉求。

(二)中国离婚制度的变迁

1.我国古代的离婚制度

我国从奴隶社会到封建社会经历了几千年的历史,其婚姻家庭制度基本上是一脉相承的。在以男子为中心的宗法制度下,离婚制度的设置也是为了维护夫权、父权、族权,形成了限制和剥夺妇女离婚权的专权离婚主义。如七出、义绝、和离等。

(1)七出

七出是指奴隶社会、封建社会用礼和法规定男子休弃妻子的七种理由。内容包括:"不顺父母去,无子去,淫去,妒去,有恶疾去,多言去,盗窃去。"而如果妻子有"三不去"情形之一的,则丈夫不能以"七出"将之休弃。如:"尝更三年丧不去,贱娶贵不去,有所受无所归不去。"按照唐律规定,妻子"虽犯七出,有三不去而出之者,杖一百,追还合"。但也有例外情况,如唐、宋律规定,犯恶疾及奸者,则不受"三不去"的保障。

(2)义绝

义绝是指在夫妻、夫妻一方与他方亲属以及双方亲属之间,如果发生了法律所规定的事由,无论夫妻双方感情、意愿如何,都被认为违背了夫妇之义,必须离异,否则就要受到刑事处罚。根据《唐律疏议》的记载,义绝包括以下五种情形:第一,夫殴妻之祖父母、父母,杀妻之外祖父母、伯叔父母、兄弟、姑、姐妹的;第二,夫妻祖父母、父母、外祖父母、伯叔父母、兄弟、姑、姐妹相杀的;第三,殴夫之祖父母、父母,杀伤夫之外祖父母、伯叔父母、兄弟、姑、姐妹的;第四,妻与夫之缌麻以上亲如夫之父、伯叔父、祖父、伯叔父、兄弟、侄等宗亲相奸,或者夫与妻之母相奸;第五,欲害夫的。

义绝与七出不同,"七出"源于礼,于法可出,而非必出。合当义绝而不绝者,须依律科以刑。唐律规定:"诸犯义绝者离之,违者徒一年。"这种制度直到民国初年仍为北洋军阀政府所沿用。

(3)和离

和离是指夫妻感情不和、不相安谐而协商离婚。如唐律规定:"若夫妇不相安谐而和离者,不坐。"和离,相当于现在的双方自愿而协议离婚。但是,在封建社会里,妇女深受夫权宗法制度的压迫及封建思想的束缚,且经济上没有任何保障,其和离愿望难以实现。离与不离取决于丈夫。通常情况是妻子具有"出妻"情形后,本着"家丑不可外扬"的古训,便采用和离的方式出妇,为此,和离便成了男子出妻的别名。

2. 新中国成立后的离婚制度

早在新中国成立之前,中国共产党领导的苏区、抗日根据地、解放区先后颁布了许多有关婚姻家庭的规范性文件,对离婚问题作了明确而系统的规定,创立了中国历史上全新的离婚模式,为新中国的离婚制度奠定了基础。其主要精神是:

(1)坚持婚姻自由原则,将离婚自由作为婚姻自由的一个重要内容,确定离婚自由。

(2)坚持男女平等原则,赋予男女双方平等的离婚诉权,废除了数千年的男子专权离婚主义。

(3)确定了离婚法定程序,包括两愿离婚的登记制和一方要求离婚的诉讼制。

(4)对离婚原因作列举、例示或概括的规定。如《晋冀鲁豫边区婚姻暂行条例》规定,虐待、压迫或遗弃他方者,妻受夫之直系亲属虐待至不能同居生活者等情形之一,他方得请求离婚。

(5)在离婚问题上,对军人予以特殊保护。如《晋冀鲁豫边区婚姻暂行条例》规定,未经抗战军人本人同意,不得离婚。

(6)离婚时,对妇女权益予以特殊照顾。如《中华苏维埃共和国婚姻法》规定,男女同居时所负的公共债务,归男子负责清偿。

(7)保护未成年子女的合法权益,对离婚后子女抚养归属和抚养费负担作了具体的规定。

1950年的《婚姻法》从法律上彻底废除了沿袭几千年的封建社会婚姻家庭制度所确认和保护的男子专权离婚制度,建立了新型的平权的自由离婚制度。

三、我国处理离婚问题的指导思想

我国离婚立法的基本原则是保障离婚自由,反对轻率离婚,这是我们处理登记离婚和诉讼离婚中应当遵循的指导思想。

1. 保障离婚自由

有结婚自由也有离婚自由,这是我们所倡导的婚姻自由思想。保障离婚自由是《宪法》和《婚姻法》赋予我们每个公民的基本权利,是婚姻关系本质和内在规定的客观要求。夫妻关系的建立和存续应以爱情为基础,爱情是建立在一定客观条件上的精神感情,处于发展和变化的动态中。由于各种各样的原因,一些夫妻感情会遭受影响,甚至破裂,以致无法共同生活。在夫妻感情破裂的情况下,勉强维持这种名存实亡的婚姻关系,既不符合婚姻的内在要求,也会给双方,乃至家庭带来痛苦。因此,法律上应该明确规定,当夫妻双方感情确已破裂时,准予通过法律途径解除婚姻关系,使他们有可能重新建立起幸福美满的家庭。但任何的自由都不可能没有边界,有边界的自由才是真正的自由。因此,在坚持婚姻自由原则、保障离婚自由的同时,必须反对轻率离婚。

2.反对轻率离婚

离婚自由是婚姻关系的本质要求,反对轻率离婚是婚姻立法指导思想的有机组成部分。婚姻是一种社会关系,家庭是社会的细胞,婚姻和家庭的解体,不但不利于当事人本人的利益,而且会对子女及其他家庭成员造成直接或间接的影响,对社会产生一定的副作用。因此,反对轻率离婚,也是保护公民根本利益和社会利益的必然要求。

第二节　协议离婚

一、协议离婚的概念

协议离婚,亦称自愿离婚、登记离婚,是指夫妻双方自愿离异,并就子女抚养、财产处理等相关问题达成协议,经过有关部门认可解除婚姻关系的一种离婚方式。在我国,双方自愿离婚的可依法登记离婚,由主管部门对双方的离婚申请材料进行审查,符合条件的准予登记离婚。

协议离婚是在双方当事人合意的情况下达成的,采用这种方式离婚,不仅手续简便,而且能避免双方当事人在法庭上的当众指责造成更深的伤害。所以,这种离婚方式为更多的人所接受和采纳。如据有关部门统计,2015年全国依法办理离婚手续384.2万对,其中民政部门登记离婚为314.9万对,占全年离婚总数的82%,法院诉讼离婚的69.3万对,占全年离婚总数的18%。

二、协议离婚的条件

我国《婚姻法》第31条规定:"男女双方自愿离婚的,准予离婚。双方必须到婚姻登记机关申请离婚。婚姻登记机关查明双方确实是自愿并对子女和财产问题已有适当处理时,发给离婚证。"为此,我国《婚姻登记条例》对协议离婚条件作了明确且具体的规定。

1. 双方当事人须有合法的夫妻身份

协议离婚在于解除有效的婚姻关系,因此,就必须要求双方存在合法有效的婚姻关系,双方当事人须提供结婚证或夫妻身份证明,方可办理离婚登记。

2. 双方均具有完全民事行为能力

离婚是重要的民事法律行为,只有在双方当事人具有完全民事行为能力时,才能办理离婚登记。《婚姻登记条例》第 12 条第 2 款规定,属于无民事行为能力人或者限制民事行为能力的人,婚姻登记机关不予受理。对于夫妻一方为无民事行为能力人或者限制民事行为能力的人离婚,应依诉讼程序,并由其法定代理人代理诉讼。

3. 双方须有离婚的合意

离婚合意,即要求双方对离婚的意愿是自愿、真实、一致的,不是虚假的,不是一方胁迫另一方离婚。离婚是一个比较复杂的社会现象,离婚的原因也是多方面的,有的是因为双方一时冲动想要离婚,有的是一方欺诈哄骗另一方同意离婚,有的是因为家长或第三人胁迫一方同意离婚,有的是为了子女户口或为了购房等目的恶意串通而假离婚,这些情形均不属于真实自愿的协议离婚,不符合登记离婚的要求。这里值得注意的是,由于独生子女在经济上、生活上对父母的依赖,从而出现不少父母干预独生子女婚姻,甚至胁迫子女离婚的现象。

4. 双方须对离婚后子女及财产问题作出恰当的处理

我国《婚姻法》规定,离婚是夫妻婚姻关系的解除,婚姻解除后子女的抚养教育,包括孩子的抚养归属,抚养费给付、给付期限和方式,以及非直接抚养一方的探视安排等问题都要达成一致的意思表示,才能维护未成年子女的合法权益,保障其健康成长。同时,夫妻双方在离婚时,涉及共同财产分割、共同债务清偿等,都要作出妥善的处理,才能允许双方登记离婚。如果没有达成一致的处理意见,即使双方自愿离婚,也不能通过登记方式离婚,只能通过诉讼离婚的方式解决。

此外,根据《婚姻登记条例》第 12 条第 3 款的规定,如果结婚登记不是在中国内地办理的,婚姻登记机关不予受理,离婚须通过诉讼程序解决。

三、协议离婚的程序

夫妻双方当事人达成离婚合意并就子女抚养教育、夫妻财产问题作适当处理后,根据法律规定到婚姻登记机关办理离婚登记,获得离婚证,才能解除婚姻关系。根据《婚姻登记条例》第 12 条的规定,内地居民自愿离婚的,男女双方应当共同到一方当事人常住户口所在地的婚姻登记机关办理离婚登记。中国公民同外国人在中国内地自愿离婚的,内地居民同香港居民、澳门居民、台湾居民、华侨在中国内地自愿离婚的,男女双方应当共同到内地居民常住户口所在地的婚姻登记机关办理离婚登记。根据《婚姻登记条例》第 19 条的规定,中华人民共和国驻外使(领)馆可以依照本条例的有关规定,为男女双方均居住于驻在国的中国公民办理婚姻登记,包括离婚登记。离婚登记程序包括申请、审查、登记三个步骤。

1.申请

《婚姻登记条例》第 11 条规定,办理离婚登记的内地居民应当出具下列证件和证明材料:本人的户口簿、身份证;本人的结婚证;双方当事人共同签署的离婚协议书。当事人双方自愿离婚的,必须亲自到一方户口所在地的婚姻登记机关申请离婚登记。

2.审查

婚姻登记机关接到当事人的离婚登记申请后,根据《婚姻法》和《婚姻登记条例》等规定,对相关的证件进行初审,包括证件是否齐全、真实,是否符合登记离婚的条件。对符合条件的,婚姻登记机关发给《申请离婚声明书》,双方当事人如实填写。工作人员逐项询问当事人离婚意愿是否真实,对财产的分割和子女的抚养教育是否已经达成了和议。在了解过程中,婚姻登记机构发现当事人有违反《婚姻法》规定骗取离婚行为的,予以批评教育,不予登记离婚。

3.登记

经过婚姻登记机关审查后,对符合《婚姻法》和《婚姻登记条例》规定的离婚申请,应准予离婚。根据《婚姻登记条例》第 13 条的规定,对当事人确属自愿离婚,并已对子女抚养、财产、债务等问题达成一致处理意见的,应当当场予以登记,发给离婚证,并收回结婚证。离婚证书丢失的,可以到婚姻登记管理机关补办。

四、协议离婚应注意的几个问题

1.登记离婚后,一方反悔要求人民法院重新处理

最高人民法院《关于男女双方登记离婚后一方反悔,向人民法院提起诉讼,人民法院是否应当受理的批复》指出:"男女双方自愿离婚,并对子女和财产问题已有适当处理,在婚姻登记机关办理了离婚登记,领取了离婚证的,其

婚姻关系正式解除。一方对这种已发生法律效力的离婚,及对子女和财产问题的处理反悔,在原婚姻登记机关并未撤销离婚登记的情况下,向人民法院提起诉讼的,人民法院不应受理。可告知当事人向原婚姻登记机关申请解决。"这是因为,婚姻登记机关和人民法院无隶属关系,是两个独立的单位,人民法院不得对婚姻登记机关作出的发生法律效力的离婚登记进行改判。因此,当事人对离婚登记问题反悔的,人民法院一律不予受理。如果是对离婚登记项下的财产分割和子女抚养问题反悔的,可以向人民法院提起诉讼,法院应当受理,但要注意诉讼时效问题。另外,还须注意的是,双方当事人在婚姻登记机关达成的夫妻财产分割和抚养费给付等协议内容,不具有强制执行效力,如当事人一方不自觉履行协议内容的,另一方只能通过诉讼程序加以解决。

2.假离婚与骗离婚

假离婚是指婚姻当事人双方为了共同的或各自的目的,约定暂时离婚,待既定目的达到后再复婚的违法离婚行为。其特征有:假离婚是双方当事人行为;离婚并非双方真实意愿,而是虚假的意思表示;双方暂时离婚是为了达到目的;假离婚的结果具有非稳定性,多数情况下是目的达到后复婚,也有部分当事人假离婚后变卦,与别的异性恋爱结婚,于是双方发生矛盾,引起纠纷。

骗离婚是指当事人一方出于某种不可告人的目的,捏造虚假的事实或隐瞒真实情况,向对方许诺先离婚后复婚,从而骗得对方同意离婚的违法行为。其特征是:提出离婚是一方当事人的真实意愿,但又用欺骗的手段蒙骗对方,以达到解除夫妻关系的目的,是单方的欺骗行为,是违背另一方当事人的真实意愿的。

第三节 诉讼离婚

一、诉讼离婚的概念和条件

诉讼离婚的概念是指夫妻一方要求离婚或双方同意离婚,但对子女抚养和财产处理未达成协议,由一方当事人向人民法院起诉,人民法院审理后,调解或判决离婚的制度。

我国《婚姻法》第 32 条规定:"男女一方要求离婚的,可由有关部门进行调解或直接向人民法院提出离婚诉讼。"从该条规定可知诉讼离婚的条件:

1.离婚当事人必须有合法的婚姻关系。无效婚姻或非婚同居不存在离诉讼问题。

2.只限夫妻一方要求的离婚、另一方不同意离婚;或双方虽同意离婚,但对子女抚养、抚养费给付,夫妻共同财产分割、共同债务清偿等问题,只要有其中一项不能协商一致的,都必须由一方当事人向法院提起诉讼,由法院调解或判决处理。

3.只有有管辖权的人民法院才受理离婚请求,人民法院独立行使审判权。基于婚姻关系的特殊性,人民法院审理离婚案件应着重进行调解,如调解不成可依法对当事人实体问题作出判决。

二、诉讼离婚的一般程序

离婚诉讼程序是人民法院对当事人的离婚请求进行审理并作出决定的过程。调解包括诉讼外调解和诉讼中调解。诉讼中的调解是离婚诉讼的必经程序,夫妻感情确已破裂,由人民法院调解离婚或判决离婚。

1.诉讼外调解

诉讼外调解是由当事人双方所在单位、群众团体、居民或村民委员会、婚姻登记部门或乡镇司法服务所等主持的调解。

对离婚纠纷进行诉讼外调解符合我国民间习惯,符合人们的心理需求,易于被当事人接受。通过诉讼外调解,可能出现三种结果:一是调解和好,双方继续保持婚姻关系;二是调解离婚,双方对子女抚养、财产处理达成协议,到婚姻登记机关登记离婚;三是调解不成,当事人一方向人民法院起诉离婚。

诉讼外调解不是离婚诉讼的必经程序,由双方当事人决定是否需要由有关部门进行调解,或直接向人民法院诉讼离婚。但是必须注意的是,有关部门的调解结果不具有法律约束力,当事人不得就此请求法院强制执行。

2.诉讼中调解

我国《婚姻法》第32条第2款规定:"人民法院审理离婚案件,应当进行调解;如感情确已破裂,调解无效,应准予离婚。"调解是人民法院审理离婚案件的必经程序。如果当事人因特殊原因无法出庭参加诉讼的,应当出具书面意见书。调解必须坚持自愿、合法的原则,不得强制或变相强制当事人达成某种协议。

诉讼中调解有三种结果:一是调解和好,原告方撤诉,将调解协议记录在卷;二是调解达成离婚协议,法院审判人员按照调解协议内容制作具有法律效力的离婚调解书,双方领取离婚调解书,收回结婚证,夫妻关系即告解除;三是调解无效,法院依法作出判决。

根据双方实际生活情况,依照《婚姻法》的规定,对夫妻感情尚未破裂,可判决不准离婚;对夫妻感情确已破裂,应判决准予离婚。根据《民事诉讼法》的规定,人民法院"宣告离婚判决,必须告知当事人在判决发生法律效力前不得另行结婚"。

此外,根据《民事诉讼法》第 124 条第 7 款的规定:"判决不准离婚和调解和好的离婚案件,没有新情况、新理由,原告在六个月内又起诉的,不予受理。"但被告不在此限。

三、诉讼离婚的特别程序

(一)在离婚问题上对现役军人婚姻的特殊保护

我国《婚姻法》第 33 条规定:"现役军人的配偶要求离婚,须得军人同意,但军人一方有重大过错的除外。"这是一条对非军人一方离婚请求权的限制性条款,它体现了在离婚问题上对现役军人婚姻的特殊保护。在司法实践中应注意以下问题:

1. 现役军人的界定。现役军人是指正在服兵役的具有军籍的人民解放军干部和战士、人民武装警察部队干部和战士(包括军队中的文职人员),但不包括退役军人、复员军人和转业军人以及军事单位中不具有军籍的职工。

2. 本条规定非军人一方向现役军人一方提出的离婚,其胜诉权受限制。双方都是军人不在此限,或者是军人一方向非军人一方提起离婚诉讼的也不在此限。

3. 法律在保护现役军人离婚胜诉权的同时,也注重对非军人一方婚姻权利的保护。在法条但书中明确规定,"军人有重大过错的除外"。

军人重大过错,是指军人的重大过错行为严重伤害或严重破坏了夫妻感情,导致夫妻感情确已破裂。根据《婚姻法》及最高人民法院《关于适用〈中华人民共和国婚姻法〉若干问题的解释(一)》的规定,现役军人有以下情形的,可以视为军人有重大过错:现役军人重婚或有配偶者与他人同居的;现役军人实施家庭暴力或者遗弃虐待家庭成员的;现役军人有赌博、吸毒等恶习,且屡教不改的;及其他重大过错致夫妻感情破裂的。

(二)在离婚问题上对女方的特别保护

我国《婚姻法》第 34 条规定:"女方在怀孕期间、分娩后一年内或中止妊娠后六个月内,男方不得提出离婚。女方提出离婚的,或人民法院认为确有必要受理男方离婚请求的,不在此限。"这一条规定体现了对妇女和儿童的权益保

护,是对一定条件下男方离婚请求权的限制。在司法实践中应注意以下问题:

1.特殊保护的女方是处于特殊期间,此期间是指女方在怀孕期间,或分娩一年内或中止妊娠六个月内。分娩中婴儿死亡的,原则上仍适用该规定。

2.原审法院判决离婚时,未发现女方怀孕,判决未生效时女方发现并提出上诉的,法院应撤销原判决,驳回男方的离婚请求。

3.女方自己认为离婚更有利于本人及胎儿或婴儿的,作为原告方诉请离婚则不受此限制。双方自愿离婚,且对其他生活问题做好妥善安排的,也不受此限制。

4.男方离婚请求权限制的例外。即人民法院认为确有必要受理男方离婚请求的不在此限。所谓"确有必要"包括:一是在此期间双方确实存在不能继续共同生活的重大情形,如一方对他方存在家庭暴力,可能危及人身安全的;二是女方怀孕系因与他人通奸所致,夫妻感情确已破裂的。

第四节　离婚的法定条件

一、判决离婚的标准及离婚的法定条件

离婚诉讼的目的在于解除婚姻关系,能否解除婚姻关系的关键在于是否符合法定判决离婚的标准。我国《婚姻法》规定,人民法院审理离婚案件,以夫妻感情确已破裂为标准。这一裁判离婚的法定标准,其基本构成是两个方面的:一是夫妻感情确已破裂,二是调解无效。感情确已破裂是实体性理由,是判决是否准予离婚的实质要件;调解无效是程序性理由,是感情破裂的表现形式。

2001年修正后的《婚姻法》,继承保留了1980年《婚姻法》关于判决离婚的法定标准,但在具体认定标准上列举了相关情形。《婚姻法》第32条规定,有下列情形之一,调解无效的,应准予离婚:

(一)重婚或有配偶者与他人同居的

重婚是指有配偶者又与他人登记结婚的行为,也包括有配偶者与他人以夫妻名义同居生活的事实,但不包括偶尔发生的婚外性行为。有配偶者与他人同居是指有配偶者与婚外异性,不以夫妻名义,持续、稳定地共同生活。这些行为均违背了夫妻相互忠实、相互尊重、相互扶助的婚姻宗旨,应当准予离婚。

（二）实施家庭暴力或虐待、遗弃家庭成员的

家庭暴力或虐待是指家庭成员间,以殴打、捆绑、残害身体、性暴力等手段,对家庭成员肉体上摧残、精神上折磨的行为。遗弃家庭成员主要指对有法定赡养和抚养义务的老人、儿童,或患病没有生活能力和生活来源的人拒绝供养的行为。实施家庭暴力、虐待遗弃家庭成员,严重伤害夫妻感情,致使感情破裂的,应准予离婚。

（三）有赌博、吸毒等恶习屡教不改的

恶习是指严重影响正常生活的不良嗜好和习惯,包括赌博、吸毒、不务正业、不履行家庭义务、好逸恶劳等行为。对于情节轻微的,加强教育,调解和好;对于屡教不改的,严重影响正常夫妻生活的,经调解无效,应准予离婚。

（四）因感情不和分居满二年的

夫妻感情不和分居满二年,是指当事人因感情不和连续分居已满两年,这种分居不是因为工作、学习、户口等原因造成夫妻两地分居。夫妻分居满两年互不履行法定义务,夫妻关系名存实亡,经调解无效,应当准予离婚。

（五）其他导致夫妻感情破裂的情形

这是一个概括性规定,可以涵盖其他可能造成夫妻感情破裂的任何情形,可参照1989年11月21日最高人民法院《关于人民法院审理离婚案件如何认定夫妻感情确已破裂的若干具体意见》中具体列举的14种情形,只要与现行法律不相冲突,均为有效适用情形。如:一方患有法定禁止结婚疾病的,或一方有生理缺陷,或其他原因不能发生性行为,且难以治愈的;婚前缺乏了解,草率结婚,婚后未建立起夫妻感情,难以共同生活的;婚前隐瞒了精神病,婚后经治不愈,或者婚前知道对方患有精神病而与其结婚,或一方在夫妻共同生活期间患精神病,久治不愈的;一方欺骗对方,或者在结婚登记时弄虚作假,骗取结婚证的;双方办理结婚登记后,未同居生活,无和好可能的;包办、买卖婚姻,婚后一方随即提出离婚,或者虽共同生活多年,但确未建立起夫妻感情的;经人民法院判决不准离婚后又分居满一年,互不履行夫妻义务的;一方与他人通奸、非法同居,经教育仍无悔改表现,无过错一方起诉离婚,或者过错方起诉离婚,对方不同意离婚,经批评教育、处分,或在人民法院判决不准离婚后,过错方又起诉离婚,确无和好可能的。

此外,一方被宣告失踪,另一方提出离婚诉讼的,夫妻关系名存实亡,认定为夫妻感情确已破裂,应准予离婚。

二、夫妻感情确已破裂的理论分析

（一）看婚前的感情基础

婚姻基础是指男女双方建立婚姻关系时的思想感情状况和相互了解情况，是婚姻缔结的根本和起点，对婚姻关系的维持起着重要的奠基作用。看婚前感情基础就是要了解双方认识的过程，自由恋爱的还是媒妁之言结婚的，及结婚的动机和结婚的目的。一般情况下，婚姻基础好的夫妻婚后感情也较好，即使发生纠纷，也容易调解和好；反之，婚姻基础差，双方缺乏深入了解，婚后又未建立起夫妻感情的，调解和好的可能性就小些。

（二）看婚后感情

婚后感情是指男女双方结婚以后的相互关心、忠诚、敬重、相爱之情。婚后家庭生活包括：夫妻给予对方的工作支持、双方情感志趣相投、家庭物质生活稳定、性格脾气相容、夫妻生活和谐、子女抚养方式协调，及亲属关系和睦等多方面。影响夫妻婚后感情的因素很多，必须全面了解当事人的婚姻生活，客观分析并作出准确的判断。

（三）看离婚原因

离婚原因是指引起离婚的最根本的因素，或者说是引起夫妻矛盾的焦点和核心问题。离婚原因有单一的，如一方有外遇；有的是多种因素交织在一起的，如家暴行为，吸毒、酗酒行为，或者说有遗弃虐待行为等，这些行为都可能成为离婚的原因。认清夫妻纠纷的焦点，做好夫妻双方的思想工作，尽可能使纠纷得到正确的解决。

（四）看有无和好可能

进一步把握夫妻关系现状和各种有利因素，如双方有无和好意愿，有无生育子女、对待子女的态度，以及过错方有无改正的可能和决心。调动一切可能的积极因素，促进夫妻关系和谐发展。

以上四个因素相互联系、相互影响。全面分析夫妻感情现状，正确判断夫妻感情是否确已破裂。只要有和好可能，都应该努力帮助他们走出生活阴影，改善夫妻关系，促进家庭和谐。当然，如果夫妻感情确已破裂，就应当判决准予离婚。

三、对现行婚姻法判决离婚法定标准的评析

对于判决离婚的理由，世界各国立法也不尽相同，概括起来大致有概括主

义、列举主义、例示主义;从对待当事人过错的态度上看,离婚立法中又分为无责主义(破裂主义)与有责主义。目前,从世界离婚立法的发展方向来看,总的趋势是由列举主义向例示主义、概括主义演变,从有责主义向破裂主义演变。

我国婚姻法判决离婚的标准是奉行破裂主义原则,符合世界发展总趋势的要求,但法律规定以夫妻感情是否确已破裂作为判决离婚的标准,有失偏颇。因为婚姻生活包括家庭物质生活条件、夫妻感情生活状况及夫妻性生活和谐等方面,仅以感情生活状况来认定婚姻关系能否存在,是不全面的。1989年11月21日,最高人民法院《关于人民法院审理离婚案件如何认定夫妻感情确已破裂的若干具体意见》,在意见中列举了14种情形,其中有相当一部分与"夫妻感情"无关。夫妻感情属于人的心理、情感的精神活动范畴,是多种情感、心理因素交织在一起的多元复合结构,根本不属于法律能够直接规范和调整的领域。夫妻感情具有浓厚的人性化主观色彩和深层的隐秘性,即使是当事人本身也说不清、道不明,只能意会、不能言传,更何况法官。而且,在现实生活中还存在不少未建立夫妻感情而缔结婚姻的,夫妻没有建立感情又何来破裂。如此种种,笔者认为,我国现行法律规定以感情确已破裂作为夫妻离婚标准有失妥当,关于判决离婚标准的立法应进一步加以完善,即首先在立法原则上,坚持破绽主义原则,将离婚的法定事由改为"婚姻关系确已破裂";其次,在立法方式上采用概括主义与例示主义相结合的方式。

以婚姻破裂、夫妻关系无法继续维持为概括性离婚理由,以例示主义为补充,分为婚姻关系破裂、婚姻目的不能实现、一方有过错等三个方面。具体阐述如下:

1.婚姻关系破裂

如因感情不和夫妻连续分居已满两年,夫妻关系名存实亡的。

2.婚姻目的不能实现

如一方患难以康复的精神病,或者难以治愈的性无能,或者一方被宣告为失踪人,不能实现婚姻目的的。

3.一方有过错导致离婚

如一方有下列可归咎于其本人的原因,另一方未曾表示原谅并坚决要求离婚的:重婚;通奸;虐待、恶意遗弃;意图杀害他方;有赌博、酗酒、吸毒等恶习,屡教不改;被处五年以上有期徒刑,或有严重伤害夫妻感情的犯罪行为。

对于"通奸",实践中难以取证问题。笔者认为,通奸虽然直接证据难以获取,但是可就附随于其行为之前后的行为予以认定。如英美法中规定,有下列事实的,除有未通奸之合理的说明外,应推定认为通奸。即一方与异性同室度过一夜;妻产生子女,而证明夫非其父;一方依书面自白其通奸;一方由另一方以外感染性病经证明的等。

对于"虐待、恶意遗弃",笔者认为,虐待是指夫妻间、家庭成员间,从身体上或精神上加以折磨,使受害方难以忍受致无法继续同居、共同生活的情形。遗弃是针对夫妻间互负有同居及生活保持义务而言,不履行该义务即为遗弃。它包括一方不履行同居义务、离家出走,或不供给家庭生活费等情形。

具体地说,法院判断是否构成遗弃可从以下四个方面加以考虑:第一,须出于恶意;第二,须无正当理由;第三,须违反于他方配偶之意思;第四,须处于连续状态中,其连续期限,各国规定均不相同。

如瑞士民法典规定:"须其不在至少二年。"美国各州规定也不相同。最长年限规定五年,最短年限规定为六个月。此外,还应注意遗弃多与通奸、非法同居相伴之情形。

在夫妻双方均无过错,也无法定离婚事由情况下,如何认定"婚姻关系确已破裂"的问题,笔者认为,应采用目的主义,扩大婚姻当事人的自主权。目的主义是指夫妻可以依据在共同生活中发生违背婚姻关系的事实为由而诉请离婚,也可允许婚姻任何一方都有权利以任何理由提出离婚。简而言之,只要当事人提出离婚并有适当的理由,且不违背社会公众利益、国家利益,应予准许。即使是过错方提出离婚请求,如婚姻关系确已破裂也应准许离婚。但要做到最大限度的公平,最小限度的痛苦、困扰和烦恼。因为婚姻既然破裂且无可挽回,那就该让那个名存实亡、徒有其表的法律外壳解体。这对双方当事人来说都是一种解脱。当然,各国在实行破裂主义离婚原则的情况下,法律都对离婚自由与过错责任设定了必要的调控手段和程序。如增订后的《德国民法典亲属编》规定,即使一方不同意离婚,也可以解除婚姻关系,但是立法者不能违背其意愿,即不希望离婚的一方处于法律上无保护状态。一般来说,被迫离婚的一方通常能得到适当的经济补偿,这种有限制的破裂主义离婚原则可起到抑制婚姻当事人一方的个人任性及损害他人和社会利益的不良行为,这种做法值得我们借鉴。

第五节 离婚对当事人的法律后果

离婚引起婚姻关系的终止,从而产生一系列的法律后果,包括夫妻人身关系、财产关系,及父母与子女关系的改变。

一、夫妻人身关系后果

离婚解除了当事人间夫妻关系,因夫妻身份而确定的权利义务关系随之消灭。

（一）共同生活的权利义务解除

夫妻同居的权利义务解除,夫妻共同生活、相互扶助、相互照料的权利义务随着婚姻关系的解体而宣告结束。

（二）相互扶养的权利义务终止

离婚意味夫妻间的扶养和供养的权利义务免除,包括物质供养、生活扶助和精神扶养。任何一方无权向另一方索要扶养费,对方也无义务承担扶养责任。但这里必须明确的一点是,离婚后的经济帮助,不是夫妻间相互扶养义务的延续,而是离婚后附带事项,是基于公平原则,保障婚姻当事人中弱者一方在离婚后的基本生活保障,也称为"救助性扶养"。

（三）姻亲关系消灭

婚姻所产生的姻亲关系,因离婚而归于消灭。夫妻一方死亡而终止婚姻关系,其姻亲关系并不自然消灭,离婚却导致姻亲关系消灭。

（四）法定继承人资格丧失

根据我国法律的规定,配偶属于第一顺序的法定继承人,在婚姻关系存续期间,一方死亡,另一方依法继承其遗产。如果婚姻关系因离婚而终止,那么,夫妻彼此间的法定继承人资格也将丧失,即一方死亡,另一方无权继承其遗产。

（五）夫妻双方有再婚的权利

当事人从领取离婚证或离婚判决书、调解书生效之日起,有再行结婚的权利。在我国,法律没有对再婚作出待婚期的限制。笔者以为,应当加以改进和完善,借鉴国外立法经验,设定待婚期为六个月到一年为妥。

二、夫妻财产关系后果

离婚不仅解除了夫妻间的人身关系,也终止了夫妻间的财产关系,衍生出夫妻共同财产认定与分割,共同债务的认定与清偿,以及经济补偿、离婚后经济帮助,及离婚损害赔偿等问题。

（一）夫妻共同财产的分割

我国《婚姻法》第 39 条规定：离婚时，夫妻的共同财产由双方协议处理；协议不成时，由人民法院根据财产的具体情况，照顾子女和女方权益的原则判决。最高人民法院针对司法实务中出现的大量复杂的夫妻财产状况，出台许多相关司法解释，作为分割夫妻财产的法律依据。如 1993 年最高人民法院发布的《关于人民法院审理离婚案件处理财产分割问题的若干具体意见》，及《婚姻法修正案》颁布后的《最高人民法院关于适用〈中华人民共和国婚姻法〉若干问题的解释（二）》和《最高人民法院关于适用〈中华人民共和国婚姻法〉若干问题的解释（三）》，分别对夫妻共同财产分割作了明确具体的规定。

1.分割原则和基本方法

（1）夫妻共同财产分割的基本原则：男女平等原则；保护妇女、儿童合法权益的原则；照顾无过错方的原则；有利于生产、生活需要原则；不得损害国家集体和他人利益；尊重当事人意愿，有财产约定，按约定处理原则。

（2）依法认定夫妻共同财产范围，将夫妻共同财产与一方个人财产、家庭共有财产加以区分。保护婚姻当事人个人财产利益原则。主张夫妻个人财产的，应提供相应资料，如：一方婚前的工资、奖金由工资单、银行存单等证明；一方婚前购置的财物由购物发票证明；一方婚前生产、经营的收益由出资证明书、生产合同等权利证书证明；知识产权的收益由知识产权证书证明；继承或赠与所得的财产由遗书和赠与合同证明；复员军人从部队带回的医药补助费和回乡生产补助费可以由部队出具证明等。

（3）分割夫妻共同财产，应先进行调解，由当事人双方本着互谅互让、自愿协商的原则，达成协议。无法达成协议的，由法院根据上述原则，及具体法律规定和司法解释精神，合理分割夫妻共同财产。

2.相关司法解释规定

（1）夫妻分居两地分别管理、使用的婚后所得财产，应认定为夫妻共同财产。在分割财产时，各自分别管理、使用的财产归各自所有。双方所分财产相差悬殊的，差额部分由多得财产的一方以与差额相当的财产抵偿另一方。

（2）已登记结婚，尚未共同生活，一方或双方受赠的礼金、礼物应认定为夫妻共同财产，具体处理时应考虑财产来源、数量等情况合理分割。各自出资购置、各自使用的财物，原则上归各自所有。

（3）对个人财产还是夫妻共同财产难以确定的，主张权利的一方有责任举证。当事人举不出有力证据，人民法院又无法查实的，按夫妻共同财产处理。

（4）一方以夫妻共同财产与他人合伙经营的，入伙的财产可分给一方所有,分得入伙财产的一方对另一方应给予相当于入伙财产一半价值的补偿。

(5)属于夫妻共同财产的生产资料,可分给有经营条件和能力的一方。分得该生产资料的一方对另一方应给予相当于该财产一半价值的补偿。

(6)对夫妻共同经营的当年无收益的养殖、种植业等,离婚时应从有利于发展生产、有利于经营管理考虑,予以合理分割或折价处理。

(7)婚后双方对婚前一方所有的房屋进行过修缮、装修、原拆原建,离婚时未变更产权的,房屋仍归产权人所有,增值部分中属于另一方应得的份额,由房屋所有权人折价补偿另一方;进行过扩建的,扩建部分的房屋应按夫妻共同财产处理。

(8)对不宜分割使用的夫妻共有的房屋,应根据双方住房情况和照顾抚养子女方或无过错方等原则分给一方所有。分得房屋的一方对另一方应给予相当于该房屋一半价值的补偿。在双方条件等同的情况下,应照顾女方。

(9)婚前个人财产在婚后共同生活中自然毁损、消耗、灭失,离婚时一方要求以夫妻共同财产抵偿的,不予支持。

(10)借婚姻关系索取的财物,离婚时,如结婚时间不长,或者因索要财物造成对方生活困难的,可酌情返还。对取得财物的性质是索取还是赠与难以认定的,可按赠与处理。

(11)离婚时夫妻共同财产未从家庭共同财产中析出,一方要求析产的,可先就离婚和已查清的财产问题进行处理,对一时确实难以查清的财产的分割问题可告知当事人另案处理;或者中止离婚诉讼,待析产案件审结后再恢复离婚诉讼。

(12)夫妻双方分割共同财产中的股票、债券、投资基金份额等有价证券以及未上市股份有限公司股份时,协商不成或者按市价分配有困难的,人民法院可以根据数量按比例分配。

(13)人民法院审理离婚案件,涉及分割夫妻共同财产中以一方名义在有限责任公司的出资额,另一方不是该公司股东的,按以下情形分别处理:

第一,夫妻双方协商一致将出资额部分或者全部转让给该股东的配偶,过半数股东同意、其他股东明确表示放弃优先购买权的,该股东的配偶可以成为公司股东。

第二,夫妻双方就出资额转让份额和转让价格等事项协商一致后,过半数股东不同意转让,但愿意以同等价格购买该出资额的,人民法院可以对转让出资所得财产进行分割。

过半数股东不同意转让,也不愿意以同等价格购买该出资额的,视为其同意转让,该股东的配偶可以成为该公司股东。

(14)人民法院审理离婚案件,涉及分割夫妻共同财产中以一方名义在合伙企业中的出资,另一方不是该企业合伙人的,当夫妻双方协商一致,将其合伙企业中的财产份额全部或者部分转让给对方时,按以下情形分别处理:

第一,其他合伙人一致同意的,该配偶依法取得合伙人地位。

第二,其他合伙人不同意转让,在同等条件下行使优先受让权的,可以对转让所得的财产进行分割。

第三,其他合伙人不同意转让,也不行使优先受让权,但同意该合伙人退伙或者退还部分财产份额的,视为全体合伙人同意转让,该配偶依法取得合伙人地位。

第四,其他合伙人既不同意转让,也不行使优先受让权,又不同意该合伙人退伙或者退还部分财产份额的,视为全体合伙人同意转让,该配偶依法取得合伙人地位。

(15)夫妻以一方名义投资设立独资企业的,人民法院分割夫妻在该独资企业中的共同财产时,应当按照以下情形分别处理:

第一,一方主张经营该企业的,对企业资产进行评估后,由取得企业一方给予另一方相应的补偿。

第二,双方均主张经营该企业的,在双方竞价的基础上,由取得企业的一方给予另一方相应的补偿。

第三,双方均不愿意经营该企业的,按照《中华人民共和国独资企业法》等相关规定办理。

(16)双方对夫妻共同财产中的房屋价值及归属无法达成协议时,人民法院按以下情形分别处理:

第一,双方均主张房屋所有权并且同意竞价取得的,应当准许。

第二,一方主张房屋所有权的,由评估机构按市场价格对房屋进行评估,取得房屋所有权的一方应当给予另一方相应的补偿。

第三,双方均不主张房屋所有权的,根据当事人的申请拍卖房屋,就所得价款进行分割。

(17)离婚时双方对尚未取得所有权或者尚未取得完全所有权的房屋有争议且协商不成的,人民法院不宜判决房屋所有权的归属,应当根据实际情况判决由当事人使用。当事人就前款规定的房屋取得完全所有权后,有争议的,可以另行向人民法院提起诉讼。

(18)当事人结婚前,父母为双方购置房屋出资的,该出资应当认定为对自己子女的个人赠与,但父母明确表示赠与双方的除外。

(19)当事人结婚后,父母为双方购置房屋出资的,该出资应当认定为对夫妻双方的赠与,但父母明确表示赠与一方的除外。

(20)夫妻一方婚前签订不动产买卖合同,以个人财产支付首付款并在银行贷款,婚后用夫妻共同财产还贷,不动产登记于首付款支付方名下的,离婚时该不动产由双方协议处理。依照前款不能达成协议的,人民法院可以判决该不动产归产权登记一方,尚未归还的贷款为产权登记一方的个人债务。双方婚后共同还贷支付的款项及其相对应财产增值部分,离婚时应根据《婚姻法》第39条第1款规定的原则,由产权登记一方对另一方进行补偿。

(21)一方未经另一方同意出售夫妻共同共有的房屋,第三人善意购买、支付合理对价并办理产权登记手续,另一方主张追回该房屋的,人民法院不予支持。

(22)夫妻一方擅自处分共同共有的房屋造成另一方损失,离婚时另一方请求赔偿损失的,人民法院应予支持。

(23)婚姻关系存续期间,双方用夫妻共同财产出资购买以一方父母名义参加房改的房屋,产权登记在一方父母名下,离婚时另一方主张按照夫妻共同财产对该房屋进行分割的,人民法院不予支持。购买该房屋时的出资,可以作为债权处理。

(24)离婚时夫妻一方尚未退休、不符合领取养老保险金条件,其中一方请求按照夫妻共同财产分割养老保险金的,人民法院不予支持;婚后以夫妻共同财产缴付养老保险费,离婚时一方主张将养老金账户中婚姻关系存续期间个人实际缴付部分作为夫妻共同财产分割的,人民法院应予支持。

(25)当事人达成的以登记离婚或者到人民法院协议离婚为条件的财产分割协议,如果双方协议离婚未成,一方在离婚诉讼中反悔的,人民法院应当认定该财产分割协议没有生效,并根据实际情况依法对夫妻共同财产进行分割。

(26)婚姻关系存续期间,夫妻一方作为继承人依法可以继承的遗产,在继承人之间尚未实际分割,起诉离婚时另一方请求分割的,人民法院应当告知当事人在继承人之间实际分割遗产后另行起诉。

(二)夫妻共同债务清偿

《婚姻法》第41条规定,离婚时,原为夫妻共同生活所负的债务,应当共同偿还。共同财产不足清偿的,或财产归各自所有的,由双方协议清偿;协议不成时,由人民法院判决。根据该规定及相关司法解释,在处理夫妻共同债务清偿问题上,关键是对夫妻共同债务和个人债务范围进行界定和划分,从而落实清偿责任。

1.夫妻为共同生活或为履行抚养、赡养义务等所负债务,应认定为夫妻共同债务,离婚时应当以夫妻共同财产清偿。下列债务不能认定为夫妻共同债务,应由一方以个人财产清偿:

(1)夫妻双方约定由个人负担的债务,但以逃避债务为目的的除外;

(2)一方未经对方同意,擅自资助与其没有抚养义务的亲朋所负的债务;

(3)一方未经对方同意,独自筹资从事经营活动,其收入确未用于共同生活所负的债务。

2.婚前一方借款购置的房屋等财物已转化为夫妻共同财产的,为购置财物借款所负债务,视为夫妻共同债务。

3.债权人就一方婚前所负个人债务向债务人的配偶主张权利的,人民法院不予支持。但债权人能够证明所负债务用于婚后家庭共同生活的除外。

4.债权人就婚姻关系存续期间夫妻一方以个人名义所负债务主张权利的,应当按夫妻共同债务处理。但夫妻一方与第三人串通,虚构债务,或夫妻一方在从事赌博、吸毒等违法犯罪活动中所负债务,第三人主张权利的,人民法院不予支持。

5.当事人的离婚协议或者人民法院的判决书、裁定书、调解书已经对夫妻财产分割问题作出处理的,债权人仍有权就夫妻共同债务向男女双方主张权利。

6.一方就共同债务承担连带清偿责任后,基于离婚协议或者人民法院的法律文书向另一方主张追偿的,人民法院应当支持。

7.夫或妻一方死亡的,生存一方应当对婚姻关系存续期间的共同债务承担连带清偿责任。

8.夫妻之间订立借款协议,以夫妻共同财产出借给一方当事人经营活动或用于其他个人事务的,应视为双方约定处分夫妻共同财产的行为,离婚时可按照借款协议的约定处理。

(三)离婚时一方侵犯对方财产权的处理

《婚姻法》第47条规定,离婚时,一方隐藏、转移、变卖、毁损夫妻共同财产,或伪造债务企图侵占另一方财产的,分割夫妻共同财产时,对隐藏、转移、变卖、毁损夫妻共同财产或伪造债务的一方,可以少分或不分。离婚后,另一方发现有上述行为的,可以向人民法院提起诉讼,请求再次分割夫妻共同财产。

（四）离婚经济补偿制度

1.我国现行法律的规定及适用

离婚时的经济补偿请求权是指夫妻双方书面约定婚姻关系存续期间所得归各自所有，一方因抚养子女、照料老人、协助另一方工作等付出较多的，离婚时有权向另一方请求补偿，另一方应当予以补偿。适用该规定应注意以下几个问题：

（1）离婚时的经济补偿请求权仅适用于婚姻关系存续期间采用分别财产制的当事人。如采用婚后所得共有制的，可在分割夫妻共有财产时，对付出较多义务的一方予以照顾，并无适用经济补偿的必要。

（2）夫妻一方因抚养子女、照料老人、协助另一方工作付出较多义务。较多义务是指一方从事家务劳动在时间、数量上都比对方多，如家庭主妇在家照顾老人、抚育子女、承担家务劳动的，有权在离婚时要求对方给予一定的经济补偿。

2.离婚经济补偿制度原理分析

离婚经济补偿制度是指夫妻一方对婚姻家庭做出特别的贡献，如为他方获得某种机会利益（获得某种身份、资格、地位）而使自己失去了机会利益，或者超出法定义务的付出而使他方获得某种机会利益的情况，在离婚时，获得机会利益一方给予对方一定经济补偿的一项法律制度。该制度是指离婚时一方当事人须向另一方支付一定数额的财产，以弥补对方因离婚而遭受的损失。因为如果婚姻关系继续存在，付出较多的一方必然能够从未来的共同生活中得到因自己的奉献和牺牲所带来的回报；一旦离婚，则付出较多义务的一方将因此遭受预期经济利益的损失。

离婚补偿制度彰显了夫妻双方人格独立与平等的理念，致力于损害与救济之间的衡平，为离婚自由与社会正义架起了法律的桥梁。因为在夫妻双方共同生活追求家庭效用最大化的过程中，由于一方资助他方受教育或支持他方工作等，自己在承担了机会成本的同时却提高了他方的收入能力，所以在离婚时，付出较多义务的一方有权取得补偿。只有这样，才能维护夫妻双方追求家庭效率最大化的积极性，使一方安心料理家务，共创和谐家庭生活；才能慰藉弱者一方，保障其离婚自由权的行使；才能使弱者一方离婚后保持相当之生活水平，使其有条件参加必需的职业培训，以恢复其在社会上的竞争力和生存能力。肯定家事劳动和承认对家庭做出特殊贡献的社会经济价值，体现了民法公平原则，发挥了抚慰弱者的作用。

从民法原理分析，离婚补偿制度的法律属性类似不当得利返还请求权。

因为在婚姻关系存续期间，一方为了家庭效用最大化，牺牲自己放弃机会利益，或从事家务劳动，或超出自己的法定义务，而使他方获得某种机会利益（获得某种身份、资格、地位），从而提高社会地位、经济收入能力。这种一方利益的丧失和另一方利益的获得，只有基于双方婚姻关系的存续才能达到利益的均衡。一旦离婚，为家庭付出较多义务的一方，就不能得到相应的补偿，这其实等于一方无偿侵占了另一方因家务劳动、特殊贡献而创造的价值。时光不能倒流，丧失利益的一方将很难重新获得已失去的机会利益，而此时另一方则永久地获得某种机会利益。这种一方倾尽全力操持家务或工作之余操持家务，协助支持对方工作，自己失去了发展的机会，使对方获得了终身的发展和获取较大利益的机会或地位，不是简单地分割夫妻共同财产就能平衡的。利益的丧失与获得，违反了民法的公平原则，违背了法律的正义。因此，利益损失方有权像债权人一样要求获利方返还不当得利。正如台湾地区林秀雄先生和日本沼正也教授所说，妻超越其家事劳动而从事家庭内之生产劳动时，对夫应有不当得利返还请求权。

根据上述理论分析，我们认为，离婚补偿成立的条件应为：

第一，夫妻双方对离婚没有主观上和行为上的过错。离婚补偿不以夫妻一方有过错为条件。

第二，须有一方对家庭做出特殊贡献，如放弃就业机会，长期从事家务劳动；为家庭付出的义务超出了法定义务；为对方获得某种身份、资格、地位，做出巨大的牺牲等。

第三，一方对家庭做出的特别贡献必须是另一方获得人身性的利益（某种机会利益）的重要原因。也就是说，一方机会利益的丧失是另一方某种机会利益的获得。如一方结婚后全心全意在家侍候老人、抚育子女、料理家务，使得另一方无后顾之忧，有更多的时间、精力投入工作中，并取得一定的身份、资格、地位，增加了社会竞争力和收入能力。

第四，离婚将导致夫妻共同体利益平衡的打破，使付出方无法获得预期经济利益，产生不公平现象。如一方尚在法学院、医学院求学或在海外求学，另一方以其微薄的收入资助于他，承担家庭各项开支，一方学成取得一定资格，提出离婚，使得另一方的前期"投资"无法得到回报，产生利益的不平衡。

3. 离婚经济补偿制度的完善

笔者认为，立法不应当考虑夫妻财产制类型，即无论实行分别财产制，还是夫妻共同财产制，只要一方对婚姻家庭做出特别的贡献，一方超出法定义务的付出，而另一方因此付出而获得了利益，离婚时，无论有无现存财产，他方都

应当给予经济补偿。至于补偿数额的确定,可考虑如下因素:

第一,婚姻存续时间的长短。

第二,婚姻存续期内一方对家庭做出的贡献,尤其是为了另一方某种资格证书的获得、社会地位的提高等做出的特别贡献,例如在家侍候老人、抚育子女、操持家务、协助另一方工作等超过其应尽的义务。

第三,夫妻一方为了另一方收入能力的提高而做出的自我发展上的牺牲,如对受教育机会、事业发展机会的放弃等。

(五)离婚损害赔偿制度

1. 我国现行法律的规定及适用

离婚损害赔偿制度是夫妻一方违法侵害其配偶的合法权益,导致婚姻关系破裂,离婚时有过错一方对无过错配偶所受的损害承担的民事赔偿责任的一项法律制度。夫妻一方在婚姻关系存续期间的过错行为与双方离婚之间有着必然的因果关系。夫妻一方的过错行为导致双方离婚时发生赔偿。

根据我国《婚姻法》第46条的规定,适用离婚损害赔偿,必须同时具备以下四个要件:

第一,夫妻一方对离婚具有主观上和行为上的过错。离婚损害赔偿以夫妻一方有过错为主观要件,即夫妻一方实施了法定违法行为。

第二,一方的行为具有违法性。即过错方的行为严重违背婚姻义务或严重侵害其配偶的人身权益,并造成离婚的法定违法行为。法定的违法行为指:重婚;有配偶者与他人同居;实施家庭暴力;虐待、遗弃家庭成员。

第三,须有损害事实。即因夫妻一方实施了法定违法行为而导致离婚,无过错配偶由此受到的财产损失和精神损害。财产损失包括直接损失和间接损失,精神损害主要是指夫妻一方违背忠实义务导致离婚,给另一方造成严重的精神伤害而带来的损失。

第四,过错行为与损害事实具有因果关系。配偶一方实施的法定违法行为,必须是导致离婚,造成无过错配偶遭受财产损失和精神创伤、精神损害的直接原因。

无过错方作为原告,向人民法院提起损害赔偿请求的,须在离婚诉讼的同时提出。无过错方作为被告不同意离婚也不基于该规定提起损害赔偿请求的,可以在离婚后1年内就此单独提起诉讼。无过错方作为被告在一审时未提出损害赔偿请求的,二审期间提出,人民法院应当进行调解,调解不成的,告知当事人在离婚后1年内另行起诉。

2.离婚损害赔偿制度原理分析

离婚损害赔偿是一种权利救济制度,它通过对夫妻中无过错一方被侵害的婚姻权利的救济,责令过错方承担民事责任,最大限度地维护当事人的权利,体现法律的公正。离婚损害赔偿制度,具有填补损害,抚慰受害方,制裁过错方的功能。通过损害赔偿,赔偿受害者所遭受的财产损失与精神损害,有利于减少心理上的痛苦和经济上的损失,从而切实保护其合法权益;通过强制过错方赔偿受害方的损失,达到明辨是非,分清责任的目的,从而对过错方具有警示和威慑作用;通过赔偿在一定程度上也消除了无过错方的日后生活顾虑,从而保障离婚自由的真正实现。

关于离婚损害赔偿制度的法律性质,学术界的看法尚不统一。主要有两种观点,即违约责任说和侵权责任说。

违约责任说是认为婚姻本身是一种具有合同性质的法律关系,是一种特殊的契约。离婚损害赔偿正是一方配偶对另一方配偶违约,使其遭受损害而须承担的违约责任。

侵权责任说则认为婚姻不但表达了双方当事人的意思自治,而且是体现社会伦理功能的制度。离婚损害赔偿正是因为一方配偶侵犯了婚姻制度,给另一方造成损失,所应承担的侵权责任。

笔者与多数学者一样支持侵权责任说。具体分析为:实施家庭暴力,虐待、遗弃家庭成员,它们侵害的客体应该是受暴配偶及其他受害家庭成员的健康权或生命权;而重婚和有配偶者与他人同居,这两种行为所侵害的对象为对方合法的婚姻家庭权,即婚姻家庭关系不受非法侵害的权利。当然,也有学者认为,侵犯的对象为配偶权。

3.离婚损害赔偿制度的完善

现行离婚损害赔偿制度的规定在立法技术上存在一些问题。如:《婚姻法》第46条列举的四种过错不足以涵盖所有对婚姻当事人造成的严重伤害的行为;有权请求损害赔偿人"无过错方"的提法不够准确,容易产生歧义;离婚损害赔偿请求权适用范围窄;离婚损害赔偿的范围未作明确的规定等,以及在举证制度上要求无过错方对对方有重婚、与他人同居等情形进行举证是相当困难的,从而导致提出的离婚损害赔偿请求获得法院支持的比例很低,难以发挥作用。

针对上述分析,笔者认为,离婚损害赔偿可比照现行《民法通则》或者侵权行为法的一般原则加以完善。具体如下:

首先,有权请求损害赔偿的"无过错方",实际上是指受害一方,可以考虑用"受害方"取代"无过错方"。因为,在婚姻关系中,没有绝对的无过错一方。

其次,扩大离婚损害赔偿的适用范围,增加以下情形作为无过错方提起损害赔偿的理由:一是与他人发生婚外性行为未达到同居程度的;二是使他方欺诈性抚养子女的;三是因犯强奸罪被判入狱的;四是其他导致离婚的重大情形。

再次,对离婚损害赔偿数额的确定规定法定情形,以实现损害赔偿制度所要达到的对权利的补救和对过错行为制裁的功能。

最后,对涉及隐私权的过错认定实行过错推定原则,即:适当放宽无过错方举证责任的条件,或者在特定情况下适用举证责任倒置的规则。如,当无过错方收集的相关证据已表明对方有过错,但尚不充分时,可以考虑举证责任倒置。同时,法律还应明确离婚损害赔偿请求权是一项实体权利,不仅适用于诉讼离婚,也应适用于登记离婚。

（六）离婚时的经济帮助

1.我国现行法律的规定及适用

离婚时对生活困难一方的经济帮助是指夫妻离婚时,一方经济生活有困难经双方协议或者法院判决,有条件的一方给予另一方适当的包括住房在内的经济帮助。该制度设置是解除婚姻关系的一个善后的措施,实务中多采用一次性支付费用的办法,且帮助费用不高。离婚经济帮助请求权适用应当具备的条件:第一,离婚时一方生活确有困难;第二,另一方有负担能力;第三,只能在离婚时行使相关的请求权。

2.离婚后经济帮助制度原理分析

夫妻关系终止后,夫妻间的扶养义务虽然随之终止,但是夫妻一方有责任向对方提供适当的经济帮助,用于弥补因离婚而造成各自生活条件的太大差异,其性质是夫妻扶养义务的延伸,是离婚的附带事项,而不是离婚的法律后果,离婚后的经济帮助不以对方有过失为必要条件,而是基于公平原则承认离婚连带产生的效力,以保障婚姻当事人中弱者在离婚后的基本生活条件,这种帮助属于离婚后的夫妻扶养,也称为"救助性的扶养",它是指夫妻一方在离婚后将陷入经济困难而他方又有能力提供援助之情况下,后者对前者所承担的救助义务。救助的形式主要有给付金钱和提供住房、家庭生活用品两种形式。

离婚后经济帮助与婚姻关系存续期间的夫妻扶养有着本质的区别,主要是:

（1）产生的时期不同,离婚后的扶养是发生在夫妻离婚后,而婚姻关系存续期间的扶养是指在婚姻关系存续期间。

（2）扶养的内容不同,离婚后的扶养仅限于物质上的帮助,而婚姻关系存续期间的扶养应包括物质、生活和精神等方面。

（3）产生的原因和条件不同,离婚后的扶养源于因离婚而造成一方生活困难,另一方又有能力提供帮助,而婚姻关系存续期间的扶养是因为他们缔结婚姻,是合法婚姻本质属性的要求,是无条件的。

（4）法律效力不同,离婚后扶养是属于酌定效力,由当事人协商,当事人协商不成,则由法院判定,而婚姻关系存续期间的扶养是属于法定效力。

3.离婚经济帮助制度完善的建议

目前我国法律对于离婚后的经济帮助,帮助的内容、帮助的程度、帮助的时间、帮助的方式等均未作出具体的规定,导致实践中难以执行。如一方生活困难无房居住,另一方应当予以帮助。这种帮助是提供房屋所有权,还是使用权;是临时居住权,还是长期居住权,我国立法并无明确的规定。

建议对现行经济帮助制度,予以完善。对离婚后一方生活陷入困境,丧失劳动能力、就业机会,不能维持正常生活;或与原来生活条件相差悬殊,而本人在离婚中并无过错的当事人给予适当的经济帮助,该经济帮助可以是临时的,但对于失去劳动能力又没有生活来源的可做一些长期的妥善安排,如果受帮助方再婚,这种帮助就可以终止。当然,经济帮助的前提条件必须以另一方有相应的能力为限。如《广州市妇女权益保障若干规定》第14条,明确规定了需要经济帮助的具体条件:"城市居民离婚时,女方因患病丧失劳动能力,或者年龄超过50周岁收入低于本市职工最低工资标准的,男方应给予力所能及的经济帮助。具体办法由双方协议。协议不成的,由人民法院裁决。"只有这样,才能真正实现法律对弱者的保护。

第六节　离婚对父母子女关系的后果

离婚对子女关系的法律后果,具体包括离婚后父母子女的关系、离婚后子女的抚养归属,离婚后子女抚养教育费承担及离婚后不直接抚养子女一方父或母的探视权四个方面。

一、离婚不消除父母子女关系

（一）离婚后父母与亲生子女的关系

我国《婚姻法》第36条规定,父母与子女间的关系,不因父母离婚而消除。

离婚后,子女无论由父或母直接抚养,仍是父母双方的子女。离婚后,父母对于子女仍有抚养和教育的权利和义务。夫妻关系因离婚而解除,但父母与子女关系不因离婚而解除,父母与子女间依然存在抚养与教育的权利义务关系。因为,婚姻关系与亲子关系属于两种不同的社会关系,前者是依男女双方缔结婚姻关系的民事法律行为而产生的,后者是基于出生的自然事实形成血缘关系而成立的。婚姻关系可基于一定的法律行为而解除,即离婚这一民事法律行为,但亲子关系不能人为地消灭,除非一方死亡或双方死亡。因此说,离婚只是解除了夫妻关系,但不改变父母与子女的关系,任何父母都不能因为离婚而解除与子女的抚养和赡养的权利义务关系。

(二)离婚后养父母与养子女的关系

1993年11月3日,最高人民法院《关于法院审理离婚案件处理子女抚养问题的若干问题具体意见》(以下简称《具体意见》)第14条规定,《收养法》施行前,夫或妻一方收养的子女,对方未表示反对,并与该子女形成事实收养关系的,离婚后,应由双方负担子女的抚育费;夫或妻一方收养的子女,对方始终反对的,离婚后,应由收养方抚养该子女。《收养法》实施后,不存在夫妻单方收养问题,养父母与养子女关系不因养父母离婚而解除。但如果养父母离婚时,与养子女生父母协商一致,并经已满8周岁的养子女同意,也可依法解除,即养子女与养父母关系解除,但与生父母关系恢复。

(三)离婚后的继父母与继子女关系

根据《具体意见》第13条的规定,生父与继母或生母与继父离婚时,对曾受其抚养教育的继子女,继父或继母不同意继续抚养的,仍应由生父母抚养。即继父或继母与继子女形成的抚养关系因继父母离婚而解除,同时,继子女与生父母关系恢复。除非继父或继母同意继续抚养继子女,并征得生父母同意的,继父或继母与继子女关系则保持不变。此外,对于受继父母长期抚养教育成年的继子女,其与继父母已经形成类似法律拟制直系血亲关系,不能因为继父母离婚而自然解除,继子女对抚养其成年的继父母负有赡养的义务。

(四)离婚后的父母与人工生育子女关系

根据1991年7月8日最高人民法院发布的《关于夫妻离婚后人工受精所生子女的法律地位如何确定的复函》规定:"在夫妻关系存续期间,双方一致同意进行人工授精,所生子女应视为夫妻双方的婚生子女,父母子女之间权利义务关系适用《婚姻法》的有关规定。"据此,夫妻离婚时人工授精所生子女的关系和离婚后的父母子女关系相同,没有区别。

二、离婚后父母对子女的抚养归属

父母离婚后虽不能消除父母子女间关系,抚养方式却发生变化。父母只能有一方与子女共同生活,承担直接抚养义务,另一方却无法与子女共同生活,无法履行直接抚养教育义务。这对于未成年子女身心健康成长将产生一定的影响,为了尽可能地减少对未成年子女的不利影响,从子女利益最大化原则出发,妥善安排子女在父母离婚后的家庭生活,要求未与子女共同生活的父或母承担子女抚养教育费,赋予他们探望子女的权利等措施,对子女利益保护起到了一定的作用。

我国《婚姻法》第36条第3款规定,离婚后,哺乳期内的子女,以随哺乳的母亲抚养为原则。哺乳期后的子女,如双方因抚养问题发生争执不能达成协议时,由人民法院根据子女的权益和双方的具体情况判决。结合《具体意见》的有关规定,确定子女由谁直接抚养,可做如下处理:

1. 两周岁以下的子女,一般随母方生活。母方有下列情形之一的,可随父方生活:

(1)患有久治不愈的传染性疾病或其他严重疾病,子女不宜与其共同生活的;

(2)有抚养条件不尽抚养义务,而父方要求子女随其生活的;

(3)因其他原因,子女确无法随母方生活的。

此外,两周以下子女随父方生活,如父母双方协议一致,并对子女健康成长无不利影响的,应予准许。

2. 对两周岁以上未成年的子女,父方和母方均要求随其生活,一方有下列情形之一的,可予优先考虑:

(1)已做绝育手术或因其他原因丧失生育能力的;

(2)子女随其生活时间较长,改变生活环境对子女健康成长明显不利的;

(3)无其他子女,而另一方有其他子女的;

(4)子女随其生活,对子女成长有利,而另一方患有久治不愈的传染性疾病或其他严重疾病,或者有其他不利于子女身心健康的情形,不宜与子女共同生活的;

(5)父方与母方抚养子女的条件基本相同,双方均要求子女与其共同生活,但子女单独随祖父母或外祖父母共同生活多年,且祖父母或外祖父母要求并且有能力帮助子女照顾孙子女或外孙子女的,可作为子女随父或母生活的优先条件予以考虑。

3.八周岁以上的未成年子女随父或随母生活发生争执的,应考虑该子女的意见。

4.在有利于保护子女利益的前提下,父母双方可协议轮流抚养子女的,也予准许。

5.离婚后对子女直接抚养权的变更。

夫妻离婚后,由双方协商或法院判决,归一方直接抚养。但随着时间的推移,父或母的抚养能力和条件发生变化,子女对父或母的直接抚养需求也会发生变化,从而重新引发抚养权争议。根据《具体意见》第15条、第16条、第17条的规定,离婚后,如父母双方协议变更子女抚养关系的,应予准许。父母双方无法达成协议,一方可通过诉讼程序加以解决。如起诉方要求变更子女抚养关系,有下列情形之一的,人民法院应予支持:

(1)与子女共同生活的一方因患严重疾病或因伤残无力继续抚养子女的;

(2)与子女共同生活的一方不尽抚养义务或有虐待子女行为,或其与子女共同生活对子女身心健康确有不利影响的;

(3)八周岁以上未成年子女,愿随另一方生活,该方又有抚养能力的;

(4)有其他正当理由需要变更的。

三、离婚后子女抚养费的承担

我国《婚姻法》第37条规定,离婚后,一方抚养的子女,另一方应负担必要的生活费和教育费的一部分或全部,负担费用的多少和期限的长短,由双方协议;协议不成时,由人民法院判决。关于子女生活费和教育费的协议或判决,不妨碍子女在必要时向父母任何一方提出超过协议或判决原定数额的合理要求。该规定在适用时,注意以下几个方面的问题。

(一)父母双方离婚后对子女均负有承担抚养费的义务

父母离婚后,无论子女跟随父亲或母亲生活,双方均负有抚养的义务,共同承担子女的抚养费。子女抚养费包括生活费、教育费、医疗费等总称,父母对子女抚养费的承担是强制性的法定义务。

(二)子女抚养费的数额、给付期限和办法

关于子女抚养费的数额、给付期限和办法,可由父母双方协商,协商不成的,由人民法院根据相关法律规定作出判决。《具体意见》第7条至第12条规定:

1.子女抚养费的给付数额的根据

(1)子女的实际需要；

(2)父母双方的负担能力；

(3)当地的实际生活水平。

2.子女抚养费的给付数额的确定

(1)有固定收入的,抚养费一般可按其月总收入的百分之二十至百分之三十的比例给付。负担两个以上子女抚养费的,比例可适当提高,但一般不得超过月总收入的百分之五十。

(2)无固定收入的,抚养费的数额可依据当年总收入或同行业平均收入,参照上述比例确定。

(3)有特殊情况的,可适当提高或降低上述比例。

3.子女抚养费的给付办法

(1)抚养费一般是定期给付的,父母从事农业生产或其他生产经营活动的,可以按季度或年度给付现金或实物,有条件的可一次性给付。

(2)对一方无经济收入或者下落不明的,可用其财物折抵子女抚养费。

(3)父母双方可以协议子女随一方生活并由抚养方负担子女全部抚养费。但经查实,抚养方的抚养能力明显不能保障子女所需费用,影响子女健康成长的,不予准许。

4.子女抚养费的给付期限

(1)抚养费的给付期限,一般至子女十八周岁为止。

(2)十六周岁以上不满十八周岁,以其劳动收入为主要生活来源,并能维持当地一般生活水平的,父母可停止给付抚养费。

(3)尚未独立生活的成年子女有下列情形之一,父母又有给付能力的,仍应负担必要的抚养费:第一,丧失劳动能力或虽未完全丧失劳动能力,但其收入不足以维持生活的;第二,尚在校就读的;第三,确无独立生活能力和条件的。

(三)子女抚养费的变更

子女抚养费的变更,是指对父母协议或判决所确定的抚养费和教育费,根据父母的经济条件、子女的需要等情况变化而加以改变的行为,包括抚养费的追加和减免。

1.抚养费的追加

我国《婚姻法》第37条第2款规定,关于子女生活费和教育费的协议或判决,不妨碍子女在必要时向父母任何一方提出超过协议或判决原定数额的合理要求。《具体意见》第 18 条规定,子女要求增加抚养费有下列情形之一,父或母有给付能力的,应予支持。

(1)原定抚养费数额不足以维持当地实际生活水平的;

(2)因子女患病、上学,实际需要已超过原定数额的;

(3)有其他正当理由应当增加的,如物价上涨,教育费用提高,或有给付义务的父或母经济收入明显增加等。

2.抚养费的减免

当然,在现实生活中,也有可能是承担抚养费一方基于某些事由提出减少或免除子女抚养费请求。对此,双方协商确定,如协商不成,可诉请法院处理。一般说来,抚养费的减免,下列情形可予准许:

(1)抚养子女的一方再婚,其再婚配偶愿意负担继子女抚养费全部或部分,他方负担可以减少或免除。

(2)负有给付义务的一方因出现某种新情况,确有实际困难无法给付,如供养人的给付能力降低和经济收入减少等,可通过协商或判决,酌情减免其给付数额。

(3)子女虽未满 18 周岁但已有劳动收入,能以自己的劳动收入维持自己的生活所需。

此外,为了切实保障未成年人的合法权益,《具体意见》第 19 条、第 20 条、第 21 条还规定了,父母不得因子女变更姓氏而拒付子女的抚养费。父或母一方擅自将子女姓氏改为继母或继父姓氏而引起纠纷的,应责令恢复原姓氏。在离婚诉讼期间,双方均拒绝抚养子女的,可先行裁定暂由一方抚养。对拒不履行或妨害他人履行生效判决、裁定、调解中有关子女抚养义务的当事人或者其他人,人民法院可依照《中华人民共和国民事诉讼法》的规定采取强制措施。

四、离婚后的探望权

(一)探望权概念和特征

探望权是父母与子女的交往权,是指离婚后不随子女生活的一方享有对子女进行探视、看望和交往的权利。我国《婚姻法》第 38 条规定,离婚后,不直接抚养子女的父或母,有探望子女的权利,另一方有协助的义务。可见,探望权的基本特征为:

1.探望权是与直接抚养权相对应的权利

父母离婚后,子女由一方直接抚养,另一方则依法享有对子女的探望权。因此说,探望权与直接抚养权同时产生,是在抚养权确定的基础上自然形成的,无须协商或法院判决。

2.探望权的主体为未直接抚养子女的一方

离婚后,子女只能与父亲或母亲共同生活,不与子女共同生活的一方,则无法见面、照顾子女,基于父母子女间的天然感情,需要探视、看望子女是人之常情,应当得到法律的支持。

3.探望权的义务主体是直接抚养子女的一方

为了保障非直接抚养子女一方的探望权的实现,我国《婚姻法》第48条规定,拒不执行有关探望子女等判决或裁定的,由人民法院依法强制执行,有关个人和单位应负协助执行的责任。

4.探望必须有利于子女的身心健康

探望权是法律赋予的一项权利,任何人不得干涉,探望权的行使有利于子女的身心健康。我国《婚姻法》第38条第3款规定,父或母探望子女,不利于子女身心健康的,由人民法院依法中止探望的权利。如不直接抚养子女的一方是无民事行为能力人或限制民事行为能力人;不直接抚养子女的一方患有重病不适合行使探望权;行使探望权的一方对子女有侵权行为或者犯罪行为严重侵害未成年子女利益。

(二)我国探望权制度存在的问题及立法完善

1.探望权的立法目的与价值取向

探视权起源于英美法系,即关于夫妻离婚后,不与未成年子女共同生活的父或母一方,基于亲权和血缘关系,有关心、探视未与其共同生活的子女的权利制度。这一制度为处理离婚后父母探望子女提供了法律依据,为各国立法和法律所接受。因为父母离婚,并不改变父母与子女的身份关系、血缘关系,而自然血亲关系在外则表现为亲情伦理,与未成年子女的沟通、交流、会面、共同生活是人世间最基本的亲情伦理,探视权制度正是这种亲情伦理在法律上的完美体现和保护。未成年子女享有的与其近亲属,包括其父母、祖父母、外祖父母等的交往权,是基于血缘关系而产生的,是天赋人权,任何人都无权剥夺。

可见,探望权的主要立法目的就在于满足亲情的需要,维护未成年子女的最大利益。而亲情不仅包括父母与子女之间,也包括与孩子关系密切、感情亲密的祖父母、外祖父母,及其他近亲属,他们时常对孩子的探望无疑是有利于孩子的健康成长的。特别是在有探望权的亲生父母死亡,父母因各种原因被中止探望或丧失探望权的情况下,未成年子女因缺乏父爱或母爱,而身心健康受到影响,此时祖父母、外祖父母的探望在一定程度上替代了父爱和母爱,弥补了未成年子女感情上的空白,使其依然能享受到亲情的温暖。因此说,保障未成年子女的最大利益是探望权制度的价值取向,探望未成年子女不仅是父母、祖父母、外祖父母所享有的权利,更重要的是父母、祖父母、外祖父母应尽的义务,是未成年子女权利的体现。

2.我国的国情及相关立法分析

未成年人与父母和其他亲属正常交往是他们情感生活的需要,是身心健全发展的需要,因此,我们应保护未成年人与其父母和其他亲属的交往权。我国目前的家庭生活模式,更多的是三代同堂。在日常生活中,由于年轻的父母忙于工作、忙于事业的发展,较少有时间、精力照料孩子,年幼的孩子只好由退休在家的祖父母、外祖父母照顾,从而形成深厚的"隔代情",这种感情不亚于父母子女间的感情。如有朝一日因孩子父母离异而使祖父母、外祖父母失去与孙子女、外孙子女会面、相处权,对老人来说无疑是个沉重的打击,而对那些本已失去完整家庭又突然失去祖父母或外祖父母关爱的未成年人,也会对他们造成严重的心灵伤害。况且,在我国的传统中,祖父母、外祖父母与孙子女、外孙子女之间的关系是十分密切的血亲关系,从尊重民俗和倡导良好的亲属关系来看,肯定这种交往权也符合民众的意愿。正如一些祖辈所言:爷爷奶奶看望孙子自古天经地义,不让我们看望孙子,就是对人性伦理的践踏与挑战。我们制定的法律应当体现人性和人情,尤其是身份权法,更应当体现人性,体现亲属间的亲情,体现亲属间的血缘关系。

同时,从法律精神的统一性来说,我国《婚姻法》规定:祖父母、外祖父母与孙子女、外孙子女间有条件的享有抚养权、赡养权和监护权,《继承法》规定,祖父母、外祖父母与孙子女、外孙子女间有相互继承权,晚辈直系血亲代位继承权等,这些规定都是立法者充分考虑直系血亲关系、特定身份关系及亲情因素而制定的。那么,对于同样基于血缘关系和身份关系的祖父母、外祖父母与孙子女、外孙子女的探望权,也应当在法律上予以肯定。特别是承担了抚养、监护义务的祖父母、外祖父母,法律应当赋予其探望孙子女、外孙子女的权利,这样,才符合我国一贯的立法精神,符合权利义务相一致的立法原则。而2001年修正后的《婚姻法》第38条规定,离婚后不直接抚养子女的父或母,有探望子女的权利,另一方有协助的义务。行使探望权的方式、时间,由当事人协议;协议不成时,由法院判决。该规定只明确了父或母对子女的探望权,而对祖父母、外祖父母的探望权无明文规定,这不得不说是我国立法上的缺陷,与法律的权利义务对等原则不相符。

对此问题,在司法实务中,笔者以为,虽然现行《婚姻法》没有规定祖父母享有探望权,但是,在民法中,只有物权法的规定是法定主义。而在民法的其他部门,不存在权利法定的问题。也就是说,在债权法、人格权法、身份权法中,法律规定的权利是权利,法律没有规定的权利,只要是符合民法的基本原则、合乎情理、符合人性、符合民事习惯的,都可以认定为是权利,均可寻求法律的保护。正如我国学者杨立新教授所述:"现行《婚姻法》只规定了父或母的探望权,但不等于说其他亲属就没有探望权。在身份权法中,法律没有规定的权利,只要符合民法的基本原则和民事习惯,都应该是公民的权利,都可以寻求法律的保护。因为法律没有明确规定祖父母对孙子女有探望权,就认为祖父母没有对孙子女探望权,是违背民事习惯,也是不符合人性和情理的。"①因此,对于祖父母、外祖父母是否有探望孙子女、外孙子女的权利,应从探望权立法目的和价值取向出发,从我国实际情况出发,从世界各国立法趋势出发来综合分析。

　　3.国外立法简介

　　近来,随着维护未成年子女最佳利益原则的立法宗旨的日益突出,世界各国在探望权主体的设定方面有不断扩大的趋势。《联合国儿童权利公约》第10条规定,儿童应有权同父母双方经常保持个人关系和直接联系。②《瑞士民法典》第273条规定:"生父母有权要求与不在其亲权下或照管下的子女保持适当的个人交往。"第274条规定:"如果有利于子女的利益,个人交往的权利可以给予其他人,尤其是子女的亲属。"③《俄罗斯联邦家庭法典》第55条专门规定了子女与父母和其他亲属来往的权利。"(1)子女有与父母双方、祖父母、外祖父母、兄弟、姐妹和其他亲属来往的权利。父母离婚、确认婚姻无效或父母分居不影响子女的权利。在父母分居时,子女有权与父母中的各方来往。在父母居住在不同国家时,子女也有与自己的父母来往的权利。(2)处于异常情况下(拘留、逮捕、监禁、在医院和其他情况)的子女,有权依照法定程序与自己的父母和其他亲属来往。"④《德国民法典》在第1684条和第1685条分别规定了子女与父母的交往和与其他相关的人的交往。"子女有与父母任何一方交往的权利。祖父母、外祖父母和兄弟姐妹有与子女交往的权利,但以交往有

---

　　①　杨立新:《2002年热点民事案件:回顾与点评》,载《检察日报》2003年1月6日。

　　②　董云虎、刘武萍:《世界人权约法总览续编》,四川人民出版社1993年版,第1291页。

　　③　殷生根、王燕译:《瑞士民法典》,中国政法大学出版社1999年版,第77~78页。

　　④　中国法学会婚姻法学研究会编:《外国婚姻家庭法会编》,群众出版社2000年版,第484页。

利于子女的最佳利益为限。"①

4.确认祖父母外祖父母的探望权

台湾学者史尚宽先生认为:"身份权与其身份有不可分离之关系,为与身份相始终之权利,故身份权原则上为归属一身的专属权,原则上他人不得代位行使。"②父母本人的探望权他人不得代为行使,同样,祖父母、外祖父母的探望权也不能由他人代为行使。那些认为,法律上已赋予不与未成年子女共同生活享有探望权的父或母,完全可以代表孩子的祖父母或外祖父母行使探望权,是错误的观点。祖父母、外祖父母与孙子女、外孙子女之间,不仅存在法律上的权利义务关系,而且是仅次于父母子女关系的互相间最亲密的亲属关系。更何况我国实际家庭生活中未成年子女长期由祖父母、外祖父母生活上照顾、抚育的居多,他们间存在天然的血缘关系,法律应当明确规定赋予祖父母、外祖父母探望孙子女、外孙子女的权利,以保护其亲情权的实现。

同时,为了体现未成年子女最佳利益原则,保证离异子女的正常生活秩序不被过于频繁的探望所干扰,也为了直接抚养子女的一方能够正常行使管理、教育的权利,祖父母、外祖父母的探望权行使应受到一定的条件限制。如美国马萨诸塞州法律规定:在父母一方死亡或离婚时,祖(外)父母有法定的权利申请探视。但他们必须出示其探视有利于子女最大利益的证据。(1)祖(外)父母与孙(外)子女之间的感情融洽;(2)孙(外)子女在父母离婚前曾与祖(外)父母一起生活;(3)孙(外)子女适应祖(外)父母家庭中的生活习惯;(4)熟悉祖(外)父母家庭中的其他亲属。有些州的法律还规定祖(外)父母不得利用探视挑拨孙(外)子女与其父母的关系。如在一案例中,科罗拉多州上诉法院维持一审法院取消祖父母探视权的判决。在该案中,孩子的母亲已经死亡,其外祖父母在探视期间恶意批评,破坏父亲与其子女的关系。法院认为,在这种情况下终止外祖父母的探视权有利于子女的最大利益。③ 美国的这一立法和判例经验值得我们借鉴。

总之,我国亲属法应当增加祖父母、外祖父母的探望权,并对此作一定条件的限制。只有这样,才能既保护祖父母、外祖父母的探望权得以实现,又能维护未成年子女的最大利益。

---

① 陈卫佐译注:《德国民法典》,法律出版社 2006 年版,第 520~521 页。

② 史尚宽:《亲属法论》,中国政法大学出版社 2000 年版,第 41 页。

③ 夏吟兰:《美国现代婚姻家庭制度》,中国政法大学出版社 1999 年版,第 303 页。

第七节　经典案例分析与探讨

专题讨论一　夫妻共同债务认定标准问题

一、问题提出

"离婚时,为夫妻共同生活所负债务的,共同偿还;不足清偿的,或财产归个人所有的,由双方协商清偿;协商不成时,由法院判决。"随着我国经济的发展,夫妻共有财产不断增多。同时,在市场交易和物质往来中产生的夫妻共同债务的情形也越来越复杂,离婚后的夫妻共有财产分割和夫妻共同债务的承担成了司法实务中必须面对的重要问题。如何正确理解我国的相关司法解释,把握夫妻共同债务认定标准和范围,对于解决离婚诉讼纠纷,维护婚姻当事人合法权益起着至关重要的作用。

【案例一】"小马奔腾案"①

2011 年 3 月,估值高达 30 亿、被投资方"抢"着投资的小马奔腾,最终接受了以建银文化为领投资方的 7.5 亿元融资,同时双方签下对赌协定,约定若小马奔腾未能在 2013 年 12 月 31 日之前实现合格 IPO,则建银文化有权要求小马奔腾一次性回购所持股权。由于种种原因,小马奔腾最终未能履约。而约定日期两天后的 2014 年 1 月 2 日,创始人李明突然离世。据《中国经营报》报道,2016 年 2 月中国国际经济贸易委员会作出裁决,要求李明的姐妹李萍、李莉以及李明财产继承人金燕连带一次性支付股权回购款 6.35 亿元。

[法院裁决]2017 年 12 月底,北京市第一中级人民法院基于最高人民法院《关于适用〈中华人民共和国婚姻法〉若干问题的解释(二)》第 24 条(以下简称 24 条)的规定,作出裁决:金燕因夫妻共同债务要在 2 亿范围内承担连带清偿责任。

[引发问题]全国人大法工委法规备案审查室主任梁鹰形容到,类似案件

---

① "小马奔腾案",http://www.sohu.com/a/218255825_618588,下载日期:2018 年 1 月 22 日。

层出不穷,这些信件"每天像雪片一样飞来"。2016 年以来他们收到的就有千余件。[①] 受害者(多数是女性)纷纷向社会求助,甚至写信到全国人大呼吁修改"24 条"。

"小马奔腾案"是最高人民法院《关于适用〈中华人民共和国婚姻法〉若干问题的解释(二)》第 24 条颁布后,遇到的夫妻共同债务数额最大的一个案例,引起政府多个部门的关注,最高人民法院也在第一时间作出反应。2018 年 1 月 17 日上午,最高人民法院颁布了《关于审理涉及夫妻债务纠纷案件适用法律有关问题的解释》。该《解释》称,未经夫妻双方共同签字确认的债务,只有当所负债务为日常生活所需(如购买日常消费品、装修等)时才会被认定为夫妻共同债务,超出部分则需要债权人证明所借债款为夫妻二人用于共同生活或经营,才能认定为夫妻共同债务,否则只能被判单方债务。该解释将于 2018 年 1 月 18 日正式生效。

"小马奔腾案"以最高人民法院出台的司法解释告一段落,该司法解释对此类案件的审理起到了很好的指导作用。

新解释生效后的首例案件:湖南省宁乡县人民法院依法审结了一起涉夫妻债务纠纷的案件,当庭宣判林某对其前妻周某超出日常生活所负债务不承担责任。见案例二。

【案例二】新解释后首例"夫妻共同债务案"[②]

被告周某和被告林某原系夫妻关系,双方于 2005 年登记结婚,均在机关事业单位工作,有稳定的收入。婚后两人生活居住在男方林某父母家,日常生活开销均由林某父母承担。不知从何时起,周某在多家银行办理信用卡大额透支,又以资金周转为由,以个人名义向历某等人借取大额债务,累积债务超过 2000 万元。自 2017 年 7 月起,债权人陆续向林某及其父母追债,林某和父母才知道周某在外欠下大量债务。林某追问周某,周某提出离婚,双方于 2017 年 7 月 28 日协议离婚。因周某不能偿还到期债务,历某以周某所欠债务为夫妻共同负债为由起诉至法院,要求周某、林某共偿还债务。

[法院判决]原告历某未能对该债务属于夫妻共同生产生活所负债务进行有效举证,法院依法判决该债务由周某一人承担,林某对该债务不承担偿还

---

① 《希望废除 24 条的"被负债"的受害者们》,http://www.xici.net/d245749557.htm,下载日期:2018 年 1 月 22 日。

② 黄俊峰、林利、潘明华:《新解释后首例! 妻子欠 2000 万被诉,法院:丈夫无责》,转引自《人民法院报》。

责任。

二、理论探讨

（一）夫妻共同债务范围认定标准之理论分析

我国夫妻共同债务的认定标准，目前主要存在三种倾向：

一是所负债务为家庭共同生活为目的的认定为夫妻共同债务，即家庭共同生活目的论。

二是所负债务为婚姻关系存续期间夫妻共同分享了该利益的推定为夫妻共同债务，即利益分享推定制。

三是夫妻一方借债经另一方同意的可以认定为共同债务，即夫妻合意制。

由于第三种认定标准不涉及离婚中夫妻共同债务争议之内容，在此不予阐述。针对上述两种标准，具体分析如下。

1. 关于利益分享推定制

利益分享推定制，是以夫妻是否分享了该债务所带来的利益作为推定夫妻共同债务的标准。即使夫妻在事前或事后都没有共同举债的合意，只要该债务发生，夫妻双方共同分享了该债务所带来的利益，则同样视为共同债务，包括婚前和婚后夫妻一方以个人名义所欠债务。[①] 婚前夫妻一方以个人名义所欠债务，主要是指婚前男方购买或装修婚房对外所欠债务，或为了结婚操办酒席对外所欠债务，推定为女方与其共同分享了该债务所带来的利益，这些欠款推定为夫妻共同债务，离婚时可要求女方共同偿还。婚后夫妻一方所欠债务，无论是以个人名义还是夫妻共同名义，无论非举债方是否知晓或同意，均认定为在婚姻关系存续期间共同分享了该债务所带来的利益，推定为共同债务[②]，离婚时由夫妻双方共同偿还。

利益分享推定制强调了市场经济活动中债权人利益保护，无视婚姻家庭法的身份属性，忽视婚姻家庭生活中配偶财产利益保护。突出表现在最高人民法院《关于适用〈中华人民共和国婚姻法〉若干问题的解释（二）》第 24 条的

---

① 夏吟兰：《我国夫妻共同债务推定规则之检讨》，载《西南政法大学学报》2011 年第1 期。

② 根据最高人民法院《关于适用〈中华人民共和国婚姻法〉若干问题的解释（二）》第24 条、《婚姻法》第 19 条的规定，除外情形为：非举债一方可以证明债权人与债务人明确约定为个人债务；或夫妻财产约定为分别财产制，且债权人知道的。这两种除外情形在司法实践中几乎不存在，非举债方根本无法履行举债义务，只能面临败诉。

规定,在婚姻关系存续期间一方所欠债务,均推定为夫妻共同债务,使得离婚妇女的财产利益遭受侵害[①]。

利益分享推定制违背了《婚姻法》的基本原则,也不符合以日常事务代理权为基础的法律理论。虽然我国目前尚未明确规定日常事务代理权的权限范围,但是2001年《婚姻法》对夫妻财产权作了明确的规定,即夫妻对共同所有的财产有平等的处理权。而利益分享推定制没有尊重夫妻双方的意愿,任何夫妻一方所欠债务均可推定为夫妻共同债务,以夫妻身份作为确定夫妻共同债务的唯一标准,严重侵害了非举债方的财产利益,不符合我国的婚姻立法精神。

2.关于家庭共同生活目的论

(1)家庭共同生活目的论的界定

家庭共同生活目的论,是指夫妻举债用于婚后共同生活的,应当推定为夫妻共同债务。共同生活包括:夫妻履行抚养子女义务、赡养双方老人义务所负债务,为维持家庭生活所支出的购房与装修、教育和医疗等各项生活费用;夫妻共同生产、经营所产生的债务(如家庭承包经营、夫妻个体经营所欠债务);夫妻共同实施违法行为所生债务(如共同实施侵权行为造成第三方经济损失的)。[②]

(2)家庭共同生活目的论中夫妻共同债务的构成要件

构成夫妻共同债务的条件:第一,合法的夫妻关系存在;第二,举债目的和用途"为共同生活"。婚姻关系存续期间所借债务并不能作为推定夫妻共同债务的充分条件,只能是必要条件。判断夫妻共同债务的关键点为家庭共同生活而举债,它符合婚姻法中的家庭基本职能定位,有利于维持家庭共同体的生存、合作与发展,是婚姻法社会属性的体现。同样,在司法实践中通过审查欠债的原因、目的和用途,也能对各种复杂的以夫妻一方名义所欠债务的性质作出准确的判断,具有较强的可操作性。

---

① 兰州首例夫债妻还案:戴某向张某借款逾期未还,张某将戴某及其妻邵某告上法庭要求共同偿债。戴某下落不明,未应诉,邵某以在借款期与戴某分居为由进行抗辩。法院依最高人民法院《关于适用〈中华人民共和国婚姻法〉若干问题的解释(二)》第24条的规定,判戴某与邵某共同还债。中国法律网:http://www.5law.cn/info/minshang/hunyin/hunyinfaanli/2010/1125/7418.html.

② 姜大伟:《我国夫妻共同债务认定规则的反思与重构》,载《西南政法大学学报》2013年第4期。

（3）家庭共同生活目的论符合多数国家的立法规则

家庭共同生活目的论符合多数国家夫妻共同债务之认定规则，如《法国民法典》第 1409 条规定，为维持家庭日常开支与子女教育的费用，夫妻双方应当负担的生活费用以及缔结的债务，属于永久性负债（共同债务）。同样，《德国民法典》第 1438 条①、《瑞士民法典》第 166 条②，均作了相同的规定，是世界各国较为认可的一种认定规则。

（4）家庭共同生活目的论有效地维护了当事人的合法财产权

家庭共同生活目的论有利于预防夫妻一方编造债务虚假诉讼行为的出现。现实中有不少离婚案件，在他们夫妻关系进入紧张阶段（甚至已分居多年）或离婚诉讼阶段时，一方为了侵吞另一方财产，捏造事实，虚构债务，侵害配偶财产利益。如果对婚姻案件夫妻共同债务审理适用举债必须以为家庭共同生活为目的，这些编造的债务则难以认定为夫妻共同债务。2015 年 9 月 1 日生效的最高人民法院《关于民间借贷案件适用法律若干问题的规定》第 19 条规定，人民法院在审理民间借贷纠纷案中，必须查明借贷发生的原因、时间、地点、款项来源、交付方式、款项流向及借贷双方的关系、经济状况等事实，以此判断是否存在虚假诉讼。该规定同样适用于离婚诉讼案件中债权债务的审理，法庭通过审查债权人和举债方之间发生债务的原因，款项交付的时间、地点、方式等，即可判断其真假债务。对于婚姻当事人中举债一方在开庭时有意回避不出庭参与诉讼导致案情无法查清的，法庭不可轻易适用缺席审理和缺席判决方式予以结案。对于案情不清，债权人仅凭一张婚姻当事人举债方所写借条，无法合理解释并提供初步证据证明借贷用于家庭共同生活的，可驳回债权人对非举债方的诉讼请求，由举债方单独承担举债责任。法官在审理此类案件中要平衡双方的关系，既要维护债权人的利益，又要维护离婚案件中非举债方配偶的财产利益。

---

① 《德国民法典》第 1438 条：基于在财产共同制存续期间实施的法律行为而发生的债务，仅在管理共同财产的配偶一方实施该法律行为或该方同意实施之，或该法律行为不经其同意也为共同财产的利益而有效时，共同财产才就该债务负责任。见陈卫佐译注：《德国民法典》，法律出版社 2006 年第 2 版，第 454 页。

② 《瑞士民法典》第 166 条："配偶双方中任何一方，于共同生活期间，代表婚姻共同生活处理家庭日常生活事务。……如为婚姻共同生活利益考虑，某业务不容延缓，且配偶他方因疾病、缺席或类似原因无法表示同意时。"殷生根、王燕译：《瑞士民法典》，中国政法大学出版社 1999 年版，第 45 页。

(二)完善我国夫妻财产制 正确解决共同债务问题

根据 2018 年 1 月 17 日颁布、1 月 18 日实施的《最高人民法院关于审理涉及夫妻债务纠纷案件适用法律有关问题的解释》,该解释对夫妻共同债务的认定标准回归了《婚姻法》第 41 条的立法精神,彻底废止了最高人民法院《关于适用〈中华人民共和国婚姻法〉若干问题的解释(二)》第 24 条关于夫妻财产共有关系的推定规则和举证责任,再次重申了夫妻共同债务认定标准为家庭共同生活目的论,及各方当事人举证责任的分担,基本上解决了目前困扰人们的夫妻个人债务共同偿还的不公现象,但要彻底解决夫妻共同债务认定与债务偿还等问题,还需进一步修订和完善我国夫妻财产制,切实维护婚姻双方当事人,及债权人第三人等各方利益。

1.构建夫妻日常事务代理权制度

夫妻日常事务代理权,是指夫妻在共同生活期间,夫妻一方因处理家庭日常事务与第三人为一定行为,视为夫妻共同的意思表示,夫妻双方需共同承担为此带来的法律后果。我国现行《婚姻法》规定:"夫或妻对夫妻共同所有的财产,有平等的处理权。"最高人民法院《关于适用〈中华人民共和国婚姻法〉若干问题的解释(二)》第 17 条进一步规定:"(一)夫或妻在处理夫妻共同财产上的权利是平等的。因日常生活需要而处理夫妻共同财产的,任何一方均有权决定。(二)夫或妻非因日常生活需要对夫妻共同财产做重要处理决定,夫妻双方应当平等协商,取得一致意见。他人有理由相信其为夫妻双方共同意思表示的,另一方不得以不同意或不知道为由对抗善意第三人。"这是我国《婚姻法》对夫妻日常事务代理权制度的概括性的、原则性的规定,但不够全面具体,无法满足处理现实生活中复杂多样的夫妻共同债务问题,需进一步加以完善。

在立法上,建议采取概括性的列举及排除式的立法模式,明确界定日常事务代理范围,即双方配偶为满足婚姻家庭生活需要,征得另一方配偶同意,或因情况紧急另一方配偶无法表示同意,由一方配偶作出的法律行为属于日常家事代理,其后果由双方配偶共同承担。但对于不动产处分;或价值较大的家庭财产处分;或基于一方配偶身份权的财产处分(如继承权放弃)不属于家事代理范畴。在日常事务代理权范围内,推定为夫妻共同债务;在日常事务代理权范围外,则要求债权人承担相应的证明责任,即是否构成表见代理承担举证责任。

夫妻共同债务中债权人可以引用《民法学》中表见代理制度,对自己的财产权益加以保护,但债权人需要对使其足以相信为夫妻日常生活需要所负债务承担必要的举证责任。如不具备表见代理条件,则推定为夫妻个人债务。

该观点在婚姻立法上可借鉴国外做法,如《瑞士民法典》第166条规定:"配偶中任何一方对其行为负个人责任,但该行为无法使第三人辨明已超越代理权的,配偶他方亦应负连带责任。"[1]同时,为了避免婚姻当事人一方,为了侵吞资产,编造债务行为的,要求举债方承担该债务确实用于婚姻家庭生活所需,如果不能举证的,则推定为个人债务。

2.增设非常法定财产制

我国现行《婚姻法》仅规定了通常法定财产制——婚后所得共有制,这只是调整一般情况下的夫妻财产关系的财产制。当夫妻关系处于紧张乃至分居状态时,夫妻一方滥用管理共有财产权利,或对外举债,编造债务,通常法定财产制则不能适用,否则,将侵害到另一方配偶的财产权利。因此,世界上多数国家均在通常的法定财产制基础上增设了非常法定财产制。即夫妻关系出现法定事由时,如分居,或一方滥用日常事务代理权侵害另一方的财产权,根据法律的规定当然适用分别财产制,或经夫妻一方申请,由法院裁定宣告适用分别财产制。

该制度的设置对于夫妻关系处于紧张状态或进入离婚诉讼前期,掌握家庭主要财产权和对外经济交易权的一方配偶不支付家庭生活费用,处分、转移、隐匿、挥霍共有财产,对外大量举债,或编造债务等行为将起到约束作用,并能最大限度地保护另一方配偶的家庭财产权利。

借鉴国外经验,我国在立法上宜采例示主义,即列举与概括相结合的原则。如《瑞士民法典》第185条第1款概括规定:"应配偶一方之申请,如确有成立夫妻分别财产制之理由,法官应命令设定之。"同条第2款列举了五种情形:"特别是在下述任何情况下,已存在前款之重要理由:(1)如配偶他方的财产不足清偿债务或其共同财产中的应有部分已被扣押;(2)如配偶他方危害到申请人或婚姻共同生活的利益;(3)如配偶他方以无理由方式拒绝给予处分共同财产之必要同意;(4)如配偶他方拒绝向申请人报告其收入、财产及债务或共同财产状况;(5)如配偶他方持续无判断能力。"[2]该规定值得我们立法时采纳。

我国目前的婚姻生活依然是以"男主外、女主内"为主流模式,家庭主要财产,包括生产经营资料、不动产等多数掌握在男方手中,在离婚诉讼中,男方为

---

[1] 殷生根、王燕译《瑞士民法典》,中国政法大学出版社1999年版,第45页。

[2] 殷生根、王燕译:《瑞士民法典》,中国政法大学出版社1999年版,第51页。

了继续控制家庭共有资产，侵害女方利益，对外编造债务、对内隐匿转移家庭财产。为预防此类事件的发生，为维护离婚妇女的合法权益，建议在我国非常法定财产的立法中，规定有下列情形之一的，夫妻一方或双方可请求法院裁定适用分别财产制：夫妻一方不履行其应尽家庭义务的；夫妻一方未经另一方同意，擅自处分夫妻共有财产的；夫妻一方任意挥霍共有财产，可能影响其家庭生活的维持的；夫妻一方破产或财产不足以清偿其债务的；夫妻双方分居达一定期限的；及其他重大理由，不采取分别财产制足以影响双方利益的。①

3.建立夫妻约定财产登记公示制

我国婚姻法规定，夫妻约定适用分别财产制的，夫或妻一方对外所负债务，第三人知道该约定的，由夫或妻一方承担。但对于约定财产制，我国法律并无要求登记公示，使得该约定也无法对抗第三人，非举债一方对外仍承担连带责任。同时，根据蒋月教授课题组成员 2013 年撰写的调研报告《福建妇女地位变迁与婚姻家庭权利调查研究(1978—2010)》的数据显示：在高层女性中拥有机动车比例较大，拥有股票或基金的比例为 55.6%，夫妻联名的也有 42.8%。可见，在高层妇女家庭中，双方所掌握的财产差距不大，有利于保障双方的家庭地位平衡，但由于夫妻联名财产较高，在离婚时财产分割容易出现纠纷。②

对此，建议进一步完善夫妻约定财产制，借鉴《日本民法典》第 756 条规定、③台湾地区"民法典"第 1008 条规定④的经验，明确规定夫妻约定财产登记制，推行婚前财产、婚后重大财产登记公示制。做到提前预防纠纷，保障婚姻当事人各方的财产利益。

4.增设个人婚前财产婚后自然损耗补偿制

我国长期以来一直沿袭"男娶女嫁"的风俗，房产一般由男方家庭置办，嫁妆由女方家庭添置，根据现行的法律，男方婚前置办的房产，登记在男方名下的，离婚后归男方所有，婚后有共同还贷的，给予女方一定的补偿。那么对于

---

① 杨晋玲：《夫妻财产制比较研究》，民族出版社 2004 年版，第 297～298 页。

② 蒋月、潘锋、杨鹏润、孟琳：《福建妇女地位变迁与婚姻家庭权利调查研究(1978—2010)》，载《厦门大学法律评论》，厦门大学出版社 2013 年版，第 223 页。

③ 《日本民法典》第 756 条规定：当事人必须在婚姻申报前登记财产契约，否则不得对抗第三人。

④ 我国台湾地区"民法典"第 1008 条规定：夫妻财产契约之订立、变更或废止，非经登记不得以之对抗第三人。

女方婚前置办的嫁妆,甚至包括装修新房所投入的资产,由于这些在日后家庭共同生活中,会逐渐损耗,离婚时,则难以得到应有的补偿。

基于该现实情况,根据《法国民法典》第 1433 条的规定:"只要共同财产从夫妻一方特有财产中获得利益,均应用共同财产对作为特有财产所有人的该配偶一方给予补偿。"为此,建议我国增补规定,确立个人婚前财产婚后自然损耗补偿制度。[①]

5.建立家事审判诉讼制度

针对婚姻家庭案件具有身份性特征,建议我国尽快建立和完善家事审判诉讼制度。如:澳大利亚 1975 年的《家事法案》及家事法院;德国 2009 年 9 月 1 日起家事案件纳入非诉讼案件范围,不再由民事诉讼法调整;日本 1948 年设立的家事法院,并于 2003 年进一步修订完善《人事诉讼程序法》;[②]及 1983 年我国香港和 2006 年我国台湾地区分别设立了家事法庭。借鉴国外、域外立法和司法经验,构建具有中国特色的家事审判诉讼程序,引进家事调查官制度,改进调解制度,及结案家事案件的跟踪、回访和帮扶制度。加大家事诉讼中的法官职权干预力度,对于重要案件事实,在当事人确实难以举证的情况下,人民法院应当按照当事人提供的线索,依职权向有关单位调取证据,查清案件事实。

目前,我国已在地方法院开展试点工作,据《中国妇女报》报道:2016 年 6 月 1 日起,最高人民法院将在全国范围内 118 个基层人民法院和中级人民法院开展为期两年的家事审判方式和工作机制改革试点工作。在法院系统内建立家事法庭,适用家事审判诉讼程序,加大公权力介入家事纠纷的力度,明确界定夫妻共同财产和个人财产,夫妻共同债务和个人债务,有效防范离婚诉讼中虚假债务的发生,维护妇女的合法财产权益。

---

① 陈苇:《诉讼离婚财产清算中妇女财产权益法律保护实证研究——以我国重庆市某基层人民法院 2011—2013 年审结的离婚案件为对象》,载《河北法学》2016 年第 4 期。

② 陈爱武:《论家事审判机构之专门化——以家事法院(庭)为中心的比较分析》,载《法律科学》2012 年第 1 期。

专题讨论二　夫妻离婚时共同赠
与子女财产效力问题

一、问题的提出

夫妻离婚时双方共同将财产赠与子女的行为,其法律性质如何认定,是否可以适用《合同法》第 186 条的任意撤销权规定。

【案例】于某某诉高某某请求撤销离婚时共同赠与子女财产的案件①

于某某与高某某于 2001 年 11 月 11 日登记结婚,婚后于 2003 年 9 月生育一子高某。因感情不和,双方于 2009 年 9 月 2 日在法院调解离婚。双方离婚时对于共同共有的位于北京市某小区 59 号房屋未予以分割,而是通过协议约定该房屋所有权在高某某付清贷款后归双方之子高某所有。

2013 年 1 月,于某某起诉至北京市东城区人民法院称:59 号房屋贷款尚未还清,房屋产权亦未变更至高某名下,即还未实际赠与给高某,目前还处于于某某、高某某共有财产状态,故不计划再将该房屋属于自己的部分赠与高某,主张撤销之前的赠与行为,由法院依法分割 59 号房屋。

高某某则认为:离婚时双方已经将房屋协议赠与高某,正是因为于某某同意将房屋赠与高某,本人才同意离婚协议中其他加重自己义务的条款,例如在离婚后单独偿还夫妻共同债务 4.5 万元。本人认为离婚已经对孩子造成巨大伤害,出于对未成年人的利益考虑,不应该支持于某某的诉讼请求。

[一审判决]北京市东城区人民法院认为:双方在婚姻关系存续期间均知悉 59 号房屋系夫妻共同财产,对于诉争房屋的处理,于某某与高某某早已达成约定,且该约定系双方在离婚时达成,即双方约定将 59 号房屋赠与其子是建立在双方夫妻身份关系解除的基础之上。在于某某与高某某离婚后,于某某不同意履行对诉争房屋的处理约定,并要求分割诉争房屋,其诉讼请求法律依据不足,亦有违诚信。故对于某某的诉讼请求,法院不予支持。北京市东城区人民法院于 2013 年 4 月 24 日作出(2013)东民初字第 02551 号民事判决:驳回于某某的诉讼请求。

---

① 《最高人民法院 12 月 4 日公布婚姻家庭纠纷典型案例》,最高人民法院官网,http://www.court.gov.cn/zixun-xiangqing-16211.Html,下载日期:2015 年 12 月 4 日。

于某某不服一审判决,提起上诉。

[二审判决]北京市第二中级人民法院于 2013 年 7 月 11 日作出(2013)二中民终字第 09734 号判决:驳回上诉,维持原判。

二、理论探讨

(一)夫妻离婚时共同将财产赠与子女行为的法律性质

1. 从《合同法》的角度分析

我国《合同法》第 2 条第 2 款规定:"婚姻、收养、监护等有关身份关系的协议,适用其他法律的规定。"一些学者依据该规定,认为离婚协议中包含的"赠与子女财产"条款为"有关身份关系"的赠与协议,从而排除了《合同法》的适用。对此观点,我们不能苟同。因为"有关身份关系的协议"与严格意义上的"身份协议"和"身份与财产关系交织的协议"不能等同。当然,如果仅以身份关系的产生、变更和消灭为内容,没有涉及财产关系,是不能适用《合同法》调整的。但本案涉及的是身份与财产关系交织的协议,甚至有些协议还涉及夫妻之间约定违约金的忠诚协议、夫妻间财产相互赠与协议等,此时,就不能简单地理解为"身份协议不适用合同法",而排除《合同法》的适用。

对于《合同法》第 2 条"适用其他法律的规定",理论上存在三种不同的解释:

第一种是认为婚姻等有关身份关系的协议完全排除了合同法的适用可能,而"只能"适用其他法律规定。此种观点往往同时主张合同法仅限于财产关系的调整。[①]

第二种是在否认适用合同法的情况下,将有关身份关系的协议理解为法律行为的下位概念,进而适用民法通则或民法总则关于法律行为的相关规定。

第三种是理解为身份关系的协议适用其他法律的规定,但在其他法律没有规定的情况下,依然可以适用或比照、参照适用合同法的规定。[②]

笔者认为,第三种理解相对更有说服力。[③] 理由如下:

一是《合同法》第 2 条并未排除该法适用于有关身份关系协议的可能。从该条对"合同"所作的定义可知,其所调整的合同关系为"民事权利义务关系",

---

① 王玉梅:《合同法》,中国政法大学出版社 2014 年版,第 2 页。
② 王利明:《合同法》,中国人民大学出版社 2015 年版,第 15 页。
③ 陆青:《离婚协议中的"赠与子女财产"条款研究》,载《法学研究》2018 年第 1 期。

并未限定于财产性权利义务关系,这为合同法的规范介入留下了余地。

二是条文本身仅提到适用其他法律规定,但未直接说明,在不存在其他法律规定的情况下能否适用合同法。

三是我国合同法中的诸多规范,包括其"总则"部分的规范,实际上也未必仅局限于对财产关系的调整,而是将合同作为体现意思自治的典范,直射其更为上位的法律行为的规范空间。这点,从合同法对民法通则中民事法律行为诸多规则的修改上可见一斑。因此,以离婚协议中的"赠与条款""有关身份关系",不能直接得出排除合同法及其赠与合同规定的结论。

2.从《婚姻法》的角度分析

我国《婚姻法》第 31 条规定:"婚姻登记机关查明双方确实是自愿并对子女和财产问题已有适当处理的,发给离婚证。"第 39 条第 1 款规定:"离婚时,夫妻的共同财产由双方协议处理;协议不成时,由人民法院根据财产的具体情况,照顾子女和女方权益的原则判决。"根据我国相关法律的规定,离婚协议书应当包含"双方当事人自愿离婚的意思表示以及对子女抚养、财产债务处理等事项协商一致达成的协议或者意见"。该案中"赠与"可视为离婚协议中的部分内容。

同时,《最高人民法院关于适用〈中华人民共和国婚姻法〉若干问题的解释(二)》第 8 条规定:"离婚协议中关于财产分割的条款或者当事人因离婚就财产分割达成的协议,对男女双方具有法律约束力。当事人因履行上述财产分割协议发生纠纷提起诉讼的,人民法院应当受理。"根据该规定,经过婚姻登记机关确认的离婚协议具有确定的(不可撤销的)效力。第 9 条规定:"男女双方协议离婚后一年内就财产分割问题反悔,请求变更或者撤销财产分割协议的,人民法院应当受理。人民法院审理后,未发现订立财产分割协议时存在欺诈、胁迫等情形的,应当依法驳回当事人的诉讼请求。"根据该规定,法院只能审查财产分割协议是否存在欺诈、胁迫等特定情形,除此之外,当事人双方均不能就离婚协议的内容进行撤销。因此,离婚协议中的赠与子女房屋条款,如不存在欺诈、胁迫等情形的,可直接驳回当事人要求撤销的诉讼请求。

此外,最高人民法院《关于适用〈中华人民共和国婚姻法〉若干问题的解释(三)》第 6 条规定:"婚前或者婚姻关系存续期间,当事人约定将一方所有的房产赠与另一方,赠与方在赠与房产变更登记之前撤销赠与,另一方请求判令继续履行的,人民法院可以按照合同法第 186 条的规定处理。"那么,该案"赠与子女财产协议"能否适用《合同法》第 186 条的规定?

有的学者认为,在婚姻家庭生活中,赠与行为对于促进家庭成员和睦、鼓励奉献精神、减少家庭矛盾等起到积极的作用,应将夫妻间赠与的任意撤销权调整为法定撤销权。① 有的学者认为,应当区分夫妻财产约定和夫妻财产赠与,约定财产与夫妻身份密切相关,具有附随身份的特性,应排除最高人民法院《关于适用〈中华人民共和国婚姻法〉若干问题的解释(三)》第 6 条适用。② 有的学者认为,对于夫妻间订立财产协议,应结合当事人的意图与夫妻财产制予以判断,如果没有约定为赠与的,其性质推定为夫妻财产约定,若夫妻之间明确表示该约定为赠与的,或者夫妻之间在想到离婚的可能性后仍然作出此种给与约定的,则该约定可以认定为赠与合同。③

总之,夫妻离婚时共同将财产赠与子女,作为夫妻离婚协议整体性中的一部分内容,不能单纯适用《婚姻法》或《合同法》,应当具体问题具体分析。因为离婚协议包含了夫妻解除婚姻关系的合意,同时涉及子女抚养、共同财产分割、共同债务清偿、离婚补偿、离婚后经济帮助及离婚损害赔偿等诸多内容。这些内容都是围绕夫妻身份关系解除后所作出的人身和财产关系上的安排。对此,有些学者将夫妻关系理解为一种身份法意义上的继续性合同,④如此,即可借鉴合同解除后果的理念,把离婚协议中的财产处理部分界定为"离婚财产清算协议",并纳入到婚姻关系解除后的清算关系中予以综合考量,以此来解释所谓的离婚协议的整体性。

(二)"离婚财产清算协议"的理论构建

根据上述分析,为了更好地解决离婚后财产分割,以及正确界定离婚协议中财产赠与性质问题,我们引进"离婚财产清算协议"理论。

分析我国《婚姻法》第 40 条"离婚补偿制度"、第 41 条"离婚后共同债务清偿制度"、第 42 条"离婚后经济帮助制度"、第 46 条"离婚损害赔偿制度"等规定,由于离婚涉及人身和财产关系复杂,制度设计虽完美,但原则性强,可操作性差。如果允许婚姻当事人在法定义务之外,通过协商方式处理夫妻共同财产和共同债务问题,有着重要的实践意义和现实需求。当然,婚姻当事人意思自治、协商处理财产问题时,不得损害未成年人利益和外部债权人利益。

在司法实践中夫妻离婚时赠与子女房屋,有的是为了弥补离婚对子女所

① 赵玉:《司法视域下夫妻财产制的价值转向》,载《中国法学》2016 年第 1 期。
② 许莉:《夫妻房产约定的性质与法律适用——基于我国约定夫妻财产制的考察》,载《浙江工商大学学报》2015 年第 1 期。
③ 冉克平:《夫妻之间给予不动产约定的效力及其救济——兼析〈婚姻法司法解释(三)〉第 6 条》,载《法学》2017 年第 11 期。
④ 张华贵:《夫妻财产关系法研究》,群众出版社 2017 年版,第 13 页。

带来的身心伤害;有的是为子女未来婚嫁立业提前作出安排;有的是为了对实际抚养一方提供经济上的帮助和住房保障;有的是为了避免家庭财产因一方组建新家庭外流而事先将特定财产排除在继承范围之外;也有的是为了避免双方在离婚时就财产分割问题产生争执,而采取赠与子女财产的方式达成某种妥协。无论原因如何,作出此类财产安排的背后往往是各种复杂的情感、伦理、经济动因的综合考量,从而与一般意义上的赠与财产性质完全不同。

因此,离婚协议中的"赠与子女财产"可界定为"离婚财产清算协议"中的部分内容。具体分两种情形:

1. 该协议如果涉及法定抚养义务,则可认定为"对子女抚养义务的清偿方式"。如《意大利民法典》第 1453 条、第 1460 条规定,离婚时"赠与子女房屋"的协议实为对子女抚养义务的清偿方式的约定,而该义务并非来自夫妻离婚协议本身,属于夫妻都应当承担的法定义务的范畴,因此并不存在双务合同意义上给付之间的牵连性,故而不能适用违约解除制度,也无法行使履行抗辩权。

2. 该协议如果没有涉及法定抚养义务,那么,该离婚协议中的各种财产清算约定均应纳入"清算关系"中进行整体考量,但这种"清算关系"上的整体联系与财产法上双务合同中两个对待给付义务之间的牵连性并不完全相同。[①]

三、本案引发的思考

当婚姻共同体解散,不可避免地会导致夫妻财产的清算和分割。由于离婚涉及因身份关系改变而产生的财产清算与分割,这与其他经济共同体解散导致财产清算有着本质的区别。因此,作为身份法上的"离婚财产清算协议",因涉及多方利益之平衡,须综合考察夫妻关系、父母与子女关系、外部债权人三重维度来确定具体法律适用规则。

1. 在夫妻关系层面

离婚协议中的"赠与子女财产"条款属于离婚财产清算协议的范畴,在婚姻关系解除所形成的清算关系中,与离婚协议中的其他财产约定相互依存,从而具有某种"整体性"。这种整体性,既与合同法上一般双务合同的对待给付之间的牵连性有所差异,又与离婚协议中的身份关系约定相对独立。作为离婚财产清算协议中的"赠与子女财产"条款与离婚财产分割协议在规范适用上

---

① 陆青:《离婚协议中的"赠与子女财产"条款研究》,载《法学研究》2018 年第 1 期。

具有某种相似性,原则上不能因离婚协议中个别财产约定的违约而解除。但在特定情况下,可因欺诈、胁迫等事由导致离婚协议财产处理内容的部分或整体撤销。

2.在父母子女关系层面

在父母与子女关系上,子女并非离婚协议的当事人,而属于为第三人利益合同规范框架下的第三人。子女无须表示同意,未成年子女也无须法定代理人追认或代为表示同意,可以直接主张相关财产权利。原则上,子女一旦表示接受,应限制父母事后反悔或撤销相关约定。但若"赠与子女财产"条款本身存在效力瑕疵,应允许父母一方主张变更或撤销。

3.在与外部债权人关系层面上

在与外部债权人关系上,债权人能否以保全债权的名义对离婚协议中的"赠与子女财产"条款行使撤销权,应区分不同情形加以考虑。对于名为"赠与"、实则涉及子女抚养义务履行的约定,理论上不宜成为撤销的对象。在特殊情况下,对于无涉抚养义务的其他约定,虽非"赠与",但可归入无偿转让行为的范畴,可以考虑类推适用"不合理高价转让"的规则,为债权人行使撤销权提供可能。但即使债权人对此行使撤销权,在执行程序中同样应保障子女抚养上的基本生活需要。[①]

---

① 陆青:《离婚协议中的"赠与子女财产"条款研究》,载《法学研究》2018年第1期。

第五章 继承制度

第一节 继承法概述

一、继承的概念和特征

（一）继承的概念

继承是指在自然人死亡时，法定范围内的近亲属按照死者生前所立的有效遗嘱或依据法律规定依法取得死者遗留的个人合法财产的法律制度。其中死亡并且遗留财产的自然人为被继承人，一定范围内近亲属属于继承人，死者遗留的个人合法财产属于遗产。

（二）继承的特征

1.继承是以被继承人死亡并遗留有遗产等法律事实的存在为前提的

继承的发生需要具备两个条件：一是被继承人死亡，这是继承关系产生的原因；二是死者留有遗产，这是继承的财产条件。

2.继承的主体只能是自然人，且与被继承人有特定的身份关系

我国《宪法》规定，每一个公民都享有对私有财产的继承权，可以作为继承人。但在具体的继承关系中，继承只能基于自然人之间存在婚姻、家庭、血缘关系而发生。不具有特定身份的其他人、法人或其他社会组织都只能成为遗赠受领人，国家只能在无人继承又无人受领遗赠、遗产的情况下，获得无主财产。

3.继承的客体是被继承人死亡时遗留的个人合法财产

继承人可以继承的只能是被继承人死亡时遗留的个人合法财产，国家、集体财产不能作为遗产被继承。遗产的内容包括被继承人死亡时遗留的个人所有财产，包括物权、债权，同时，也包括债务，是全面继承，但债务清偿以可继承财产为限。

4.继承是继承人无偿取得被继承人的遗产

继承是自然人取得财产的一种手段。依据法律的规定,继承人从被继承人死亡时开始,即可行使其享有的继承权,无偿取得被继承人的遗产。这种财产所有权的转移,不是按照等价有偿原则转移的,也不属于商品交换关系,不许支付对价财产。

二、继承法的性质和基本原则

(一)继承法的性质

继承法就是调整继承关系的法律规范的总称,是一定国家继承制度的法律形式。继承法有形式意义上的继承法与实质意义上的继承法之分。

所谓形式意义上的继承法,是指作为单行法的继承法或是民法典中的继承编。

所谓实质意义上的继承法,是指与继承有关的全部继承法律规范的总称,不仅包括形式意义上的继承法,也包括其他法律、行政法规中有关继承的规范以及与继承有关的地方性法规、部门规章等规范性文件,还包括最高人民法院有关继承的司法解释。

本书所指的继承法,是实质意义上的继承法。其性质为:

1.继承法为私法

私法是调整平等主体之间关系的法律,继承法是基于一定身份关系而产生的财产法,不仅调整人身关系,还调整财产关系,是调整平等主体间因死亡而发生的法律关系,属于私法范畴。

2.继承法为普通法

财产继承是一种普遍存在的社会关系。继承法适用于一切公民,任何人都有依法作为继承权主体的资格,都可因一定法律事实的发生,即被继承人死亡,而参与继承法律关系。一切财产的继承都适用于继承法,即使是少数民族地区公民的财产继承适用变通或民族自治区补充规定,也不能改变继承法为普通法的性质。

3.继承法为强行法

继承法不仅涉及公民的利益,也关系到家庭关系的稳定和社会和谐,关系到被继承人和债权人的利益,与社会的政治、经济、伦理和道德都有密切的联系,因而继承法多数规定为强制性规范。如:法定继承的规定与限制,有效遗嘱的认定等,当事人都必须遵守,任何人不得任意改变。当然,继承法作为私法,也有一些任意性的规定,如经继承人协商,遗产的分配可以不均等分割,立遗嘱人可任意选择立遗嘱方式决定遗产继承问题等。

4.继承法为财产法

现代继承法不再承认身份继承,只承认财产继承。继承法为财产法,继承关系的发生虽然是基于一定的身份关系,并以身份关系为基础的,但是继承法主要解决的是遗产归属问题,在性质上依然是财产法。

(二)继承法的基本原则

继承法的基本原则是处理财产继承中必须遵守的普遍适用的法律准则,它贯穿于继承法的各项制度中,体现继承法的法律制度特色,是继承立法的基本指导思想。我国《继承法》的基本原则,包括保护公民私有财产继承权原则、继承权平等、权利义务相一致,及养老育幼、协商处理原则。

1.保护公民私有财产继承权原则

我国《宪法》第13条规定:"国家依照法律规定保护公民的私有财产权和继承权。"《民法总则》第124条规定:"自然人依法享有继承权。自然人合法的私有财产,可以依法继承。"《继承法》第1条规定:"为保护公民私有财产的继承权,制定本法。"可见,保护公民私有财产继承权是继承法的目的和任务,是继承法的首要原则。其基本内容包括:一是国家通过法律保护公民私有财产继承权依法行使,不受他人非法侵害;二是公民私有财产权受侵害时,公民有权通过司法程序寻求保护,排除他人非法侵害。具体体现为:

(1)自然人死亡遗留的个人合法财产,依法由继承人继承。遗产是公民死亡时遗留的个人合法财产,包括:公民的收入;公民的房屋、储蓄和生活用品;公民的林木、牲畜和家禽;公民的文物、图书资料;法律允许公民所有的生产资料;公民的著作权、专利权中的财产权;及其他合法财产。

(2)无论是遗嘱继承人还是法定继承人,只要符合法律的规定,都享有继承权,任何单位和个人都不得非法剥夺。《继承法》第6条明确规定:"无行为能力人的继承权,由他的法定代理人代为行使;限制行为能力人的继承权,由他的法定代理人代为行使,或者征得法定代理人同意后行使。"

(3)继承人的继承权被侵害时,可以在法定期限内通过诉讼程序请求人民法院予以保护。我国《继承法》第8条规定:"继承权纠纷提起诉讼的期限为二年,自继承人知道或者应当知道其权利被侵害之日起计算。但是,自继承开始之日起超过二十年的,不得再提起诉讼。"

2.继承权平等原则

我国多数学者根据《宪法》第49条的规定、《婚姻法》第13条的规定以及《继承法》第9条的规定,认为继承权男女平等是继承法的基本原则之一。但近年来也有学者认为,继承权平等应为继承法的原则,男女平等原则只是继承权平等的表现之一,不能完全代替继承权平等,相反,继承权平等原则包含了继承权男女平等原则。① 因为继承权平等不仅体现在男女平等上,还体现在其他方面,具体包括:

(1)继承权男女平等。我国继承法真正实现了继承权男女平等,主要表现为:女子与男子有平等的继承权;夫妻在继承上有相互继承遗产的平等权利;在继承人范围的确定上,代位继承适用于父系血亲,也适用于母系血亲;丧偶男女平等享有带产再婚的权利;男女均有权按照自己的意愿处分自己的遗产的权利等规定。

(2)非婚生子女与婚生子女享有平等的继承权。我国《婚姻法》明确规定,非婚生子女享有与婚生子女同等的权利,任何人不得加以危害或歧视。

(3)养子女、形成抚养关系的继子女与亲生子女继承权平等。我国《婚姻法》规定,拟制血亲形成的亲子关系,包括养父母养子女和形成抚养关系的继父母继子女间关系,等同于生父母子女关系,享有平等的继承权。

(4)同一顺序继承人继承遗产的权利平等。我国《继承法》第13条规定,凡为同一顺序的继承人,不分男女、长幼,继承被继承人遗产的权利一律平等。

3. 养老育幼、照顾无劳动能力又无生活来源者的原则

养老育幼、照顾病残,是中华民族的优良传统,既是社会主义道德和人道主义对继承法的要求,又是宪法和有关其他法律对继承法的要求。它贯穿于继承法的各个方面,具体体现在:

(1)在法定继承人范围和顺序确定上。我国继承法对法定继承人范围限定在死者的近亲属,体现了遗产继承是以继承人与被继承人的相互扶助义务为条件的,如:对被继承人负有赡养、扶养、抚养义务的人列为第一顺序继承人,即父母、配偶和子女;对一定条件下负有赡养、扶养、抚养被继承人的人列为第二顺序继承人,即兄弟姐妹、祖父母、外祖父母。此外,为了鼓励赡养老人,将丧偶儿媳、丧偶女婿对公婆、岳父母尽主要赡养义务的列为第一顺序继承人,继承被继承人遗产,且不影响其子女的代位继承权。

(2)在遗产分配份额上,充分体现了养老育幼、照顾病残的要求。如规定对生活有特殊困难的缺乏劳动能力又没有生活来源的继承人予以照顾;对继承人外的依靠被继承人抚养的缺乏劳动能力且没有生活来源的人可以适当分

---

① 郭明瑞、房绍坤:《继承法》,法律出版社2004年第2版,第33页。

得遗产;在遗产分割时,应当保留胎儿的继承份额;对继承人以外的人对被继承人扶养较多的人,可以分给他们适当的遗产。对被继承人订立遗嘱内容进行适当限制,即遗嘱人应为缺乏劳动能力、又没有生活来源的继承人保留必要的遗产份额。

(3)继承法鼓励签订遗赠扶养协议。公民可以与扶养人或集体组织签订遗赠扶养协议,抚养人或集体组织按照协议享有受遗赠的权利,承担对该公民生养死葬的义务。在我国的《继承法》中,遗赠扶养协议的效力高于遗赠、遗嘱继承;遗嘱继承的效力高于法定继承。

4.互谅互让协商处理遗产的原则

为了提倡相互帮助、维护平等、和睦、文明的婚姻家庭关系,在分配遗产时,家庭成员应当互谅互让、团结和睦,通过协商妥善处理继承问题。这既是弘扬社会主义优良道德的需要,又是社会主义继承制度的本质反映。具体体现为:

(1)充分尊重继承人的意愿,本着互谅互让、和睦团结的精神,协商处理继承问题。对于遗产分割的时间、办法和份额,法律未作具体的规定,而是由他们协商解决。只有在协商不成的情况下,由人民调解委员会调解或向人民法院提起诉讼。

(2)严厉惩罚见利忘义、破坏家庭和睦团结的继承违法行为。根据《继承法》第7条的规定,继承人如果故意杀害被继承人的,为争夺遗产而杀害其他继承人的,遗弃被继承人的,虐待被继承人情节严重的,以及伪造、篡改或者销毁遗嘱,情节严重等行为之一,将丧失继承权,并依法追究其刑事责任。

5.权利义务相一致原则

继承法上权利义务相一致原则含义较为宽泛,在继承法中基本权利是继承权,基本义务是扶养义务。如在确定继承人范围时,考虑继承人与被继承人之间是否具有法定的扶养义务;在确定遗产份额时,考虑继承人尽义务多少;在遗产分配时,考虑继承人是否履行了法定扶养义务。我国《继承法》第13条规定,对继承人尽了主要赡养义务或与被继承人共同生活的继承人,分配遗产时,可以多分,有抚养能力和有抚养条件的继承人,不负抚养义务的,分配遗产时,应当不分或少分。但权利与义务相一致原则,不能简单地理解为权利与义务对等性,或称对应性。具体体现在以下几个方面:

(1)有扶养关系是发生继承权的主要依据。

(2)在遗嘱继承或遗赠中,遗嘱人指定实施某些行为的或者附加有条件的,继承人接受继承的,应当履行相关义务,否则,将被取消继承权利。

（3）继承人如果接受继承，则在承受遗产时，也应承受继承人的债务。如清偿被继承人依法缴纳税款及其他债务。但是，继承人承受被继承人的债务，以其继承遗产的价值为限。

三、继承权的取得与保护

（一）继承权的概念和性质

1.继承权的概念

继承权是指继承法律关系的权利主体即继承人享有的继承被继承人遗产的权利。包括三层含义：

一是继承权是自然人享有的权利，法人和社会组织不能作为继承权的主体；

二是继承权是依法律规定或依被继承人合法有效遗嘱而享有的权利；

三是继承权是继承被继承人遗产的权利，不包含身份或其他人身利益。

2.继承权的性质

继承权有两种不同的意义。继承开始前，继承人享有客观意义上的继承权；继承开始后，继承人享主观意义上的继承权。

（1）客观意义上的继承权

客观意义上的继承权，是指在继承开始前，公民依照法律的规定或者遗嘱的指定而接受被继承人遗产的资格，即继承人所具有的继承遗产的权利能力。也称为继承期待权，其效力极为薄弱，主要表现为：

一是推定继承人的地位并不确定，推定继承人在继承开始前死亡或有丧失继承权事由时，不能为继承人；

二是推定继承人的应继份额不确定，其应继份额可能因被继承人遗嘱而有所增减，或因同一顺序继承人变化而改变；

三是推定继承人的权利非支配性，在继承开始前，继承人不能处分被继承人的财产；

四是推定继承人的继承权无被侵害的可能性，继承开始前，继承人不能主张继承权被侵害，不能要求返还财产或损害赔偿。

当然，客观意义上的继承权作为一种地位，也受法律保护。我国《继承法》第19条规定，遗嘱应当对缺乏劳动能力又没有生活来源的继承人保留必要的遗产份额。此即符合条件的继承人享有保有必留份的权利。

（2）主观意义上的继承权

主观意义上的继承权，是指当法定的条件具备时，继承人对被继承人留下的遗产已经拥有的事实上的财产权利,即已经属于继承人并给他人带来实际利益的继承权。这种继承人的主观意志相联系,不但可以接受、行使,而且可以放弃,但不能转让。也称继承既得权,它不同于物权、债权和知识产权等财产权利,表现为:

一是主观意义上继承权是财产权,继承权享有继承权的最终目的是获得遗产,具有财产权。

二是主观意义上继承权虽与一定身份相联系,但并不是身份权,只能继承财产,不能继承身份,是因身份关系而产生的财产利益。

三是主观意义上继承权是具有过渡性质的财产权利,由于被继承人死亡后不再是财产的主体,其财产权利转移其他民事主体享有,在财产过渡中建立起的法律关系就是继承法律关系,继承权也是一种过渡性的权利。

四是继承权是一种绝对权,具有排他性,继承权利主体特定,义务主体是不特定的,权利人以外的一切人负有不得妨碍继承人行使继承权的义务,权利人无须义务人的履行就可实现其财产权利,具有绝对性。

(二)继承权的取得与行使

1.继承权的取得

公民继承权的取得,不仅要求有一定的根据,还要求具备一定的继承能力,两者共同构成取得继承权的条件,缺一不可。

(1)取得继承权的根据

继承权,作为一种财产权,公民取得必须具有一定的根据,包括:法律根据,即必须基于法律规定或合法有效的遗嘱指定;事实根据,即被继承人死亡并留有遗产;身份根据,即继承人与被继承人之间存在法定的亲属关系。

(2)继承能力

继承能力,是指公民作为继承人取得遗产继承权所应当具有的资格,也是公民作为继承人取得遗产继承权的权利能力。继承权能力属于民事权利能力范畴,公民的继承能力始于出生,终于死亡。已经死亡的人不具有继承能力,不享有继承权,不能以继承人身份参与继承法律关系享有继承权资格。如果作为被继承人子女先于被继承人死亡,由于其不具有继承能力而不再是被继承人的继承人,其所应继份额则由他的晚辈直系血亲作为代位继承人代位继承。但是,对于胎儿虽不具有继承能力,法律规定,视为潜在的人,给予特别的保护,保护未来的主体利益。我国《继承法》第28条规定,遗产分割时,应当保留胎儿的继承份额。当然,指定胎儿为继承人的,要成为继承人,必须以出生时活着为前提,如出生时为死体的,保留的份额则按原被继承人的法定继承人继承。

2.继承权的行使

继承权的行使是指继承人实现自己的继承权。由于客观意义上的继承权还仅仅是一种地位，所以继承权的行使只能是主观意义上的继承权。

完全民事行为能力人可以独立行使继承权；无民事行为能力人的继承权，由其法定代理人代为行使；限制民事行为能力人的继承权，由其法定代理人代为行使，或征得法定代理人同意后代为行使。

法定代理人代为行使继承权时，不得损害被代理人的利益，尤其是对继承权的处分，必须是为了被代理人的利益而作出的。原则上不能代为放弃继承权，除非接受继承权没有任何意义，如遗产债务超过遗产总价值，方可考虑放弃继承权。

（三）继承权的放弃与丧失

1.继承权的放弃

继承权的放弃，是指继承人基于自己完全、真实的意思而自愿舍弃遗产继承的单方法律行为。继承权放弃是继承人对自己享有的继承权的一种处分，是对主观意义上的继承权的放弃。[①]

继承权的放弃，作为一种法律行为，其特征表现为：

一是继承权放弃是具有身份属性的财产方面的单方民事行为，继承权放弃是对被继承人财产拒绝接受的单方意思表示，是财产行为，但与一般财产行为不同，该财产行为的继承人与被继承人间有血缘关系，具有近亲属身份，行为人须有一定的身份关系为前提；

二是继承权放弃是拒绝利益取得行为，继承权放弃的目的是回复继承人不为遗产主体的状态，并非对现有财产的处分，其行为具有溯及自继承开始发生法律效力，继承权放弃与赠与拒绝、第三人债务承担拒绝等拒绝利益取得的性质相同；

三是继承权放弃是拒绝参加继承法律关系的行为，继承权放弃是主观意义上的继承权放弃，其本质特征是拒绝参加继承法律关系，具有法律溯及力，因此，放弃继承权的行使要有形式上和时间上的限制，但我国《继承法》对此没有明确的规定，应当加以完善。

---

① 房绍坤、范李瑛、张洪波编：《婚姻家庭与继承法》，中国人民大学出版社2015年第4版，第162页。

2.继承权的丧失

继承权的丧失有广义和狭义之分,广义的继承权丧失包括继承人缺格、继承人废除、特留份剥夺。[①] 继承人缺格是指发生一定事由时,继承人基于法律规定丧失继承资格;继承人废除是指发生一定事由时,由被继承人取消享有特留份的继承人的继承资格;特留份剥夺是指发生一定事由时,由被继承人取消继承人继承特留份的权利,被取消特留份的继承人依然享有继承人的资格。

狭义的继承权丧失仅指继承人缺格。我国法律仅指狭义的继承权丧失,即继承人由于法定事由被依法剥夺其继承遗产的资格。我国《继承法》第 7 条规定,导致继承权丧失的法定事由,包括以下四种:

(1)故意杀害被继承人

故意杀害被继承人,是指采用非法方式剥夺被继承人生命的行为。该行为无论是既遂,还是未遂,无论是直接故意还是间接故意,继承人均丧失继承权。当然,如果是出于正当防卫或紧急避险行为而导致被继承人死亡的,则不丧失继承权。

(2)为争夺遗产而杀害其他继承人

继承人以争夺遗产为目的,而杀害其他继承人的,丧失继承权。继承人不无有主观上的杀害故意,而且有争夺遗产的目的,两者缺一不可。继承人过失伤害其他继承人的,或因其他原因杀害其他继承人的,不丧失继承权。

(3)遗弃被继承人,或者虐待被继承人情节严重的情形

遗弃被继承人是指继承人对没有劳动能力或没有独立生活能力,又没有其他生活来源的被继承人负有法定的抚养、扶养、赡养义务,但该继承人拒绝履行其义务的行为。遗弃被继承人行为,以继承人有扶养能力及被继承人需要扶养为构成要件,被继承人有独立生活能力不需要扶养或继承人不具有扶养能力的,则不符合遗弃的构成要件。

虐待被继承人必须情节严重才构成继承权丧失的原因,情节严重的认定,根据最高人民法院《关于贯彻执行〈中华人民共和国继承法〉若干问题的意见》(以下简称《继承法意见》)第 10 条第 1 款的规定,可以从虐待行为的时间、手段、后果、社会影响等方面考虑。

但是,《继承法意见》第 13 条规定,继承人虐待被继承人情节严重的,或遗弃被继承人的,如以后确有悔改表现,而且被虐待人、被遗弃人生前又表示宽

---

① 史尚宽:《继承法论》,中国政法大学出版社 2000 年版,第 96 页。

恕,可不确认其丧失继承权。也就是说,如果被继承人生前以行为或书面或立遗嘱方式表示宽恕的,继承人不丧失继承权。

(4)伪造、篡改或者销毁遗嘱,情节严重的

伪造遗嘱是指被继承人生前并未立有遗嘱处分自己的财产,继承人却以被继承人名义制作虚假的遗嘱;篡改遗嘱是指继承人擅自改变或者歪曲原遗嘱内容;销毁遗嘱是指继承人将被继承人所立的遗嘱完全破坏、毁灭的行为。

上述三种行为,都是违背被继承人的真实意愿,其目的都是争夺或独吞遗产,但也不排除其他可能。伪造、篡改或者销毁遗嘱,情节严重的,丧失继承权。按照《继承法意见》第 14 条的规定,继承人伪造、篡改或者销毁遗嘱,侵害了缺乏劳动能力又无生活来源的继承人的利益,并造成其生活困难的,应认定其行为情节严重。

上述四种情形,继承人自动丧失继承权。继承权丧失的效力,始于继承人丧失继承权的法定事由发生之时。继承权丧失仅对特定的被继承人发生效力,对于其他被继承人,并不发生继承权的效力。根据《继承法意见》第 28 条的规定,继承人丧失继承权的,其晚辈直系血亲不得代位继承。如该代位继承人缺乏劳动能力又没有生活来源,或对被继承人尽赡养义务较多的,可适当分得遗产。①

(四)继承权的保护

继承权法律保护体现在两个方面:一是通过立法的行使确认公民享有继承权;二是当公民的继承权受到不法侵害时,由法律提供救济措施,使继承人被侵害的继承权得到恢复,即继承回复请求权。

1.继承回复请求权的概念和性质

继承回复请求权,是指继承人在继承权受到侵害时,继承人得请求人民法院通过诉讼程序予以保护,以确认其继承人的地位并恢复继承遗产的权利。我国《继承法》第 8 条规定,继承权利纠纷提起诉讼的期限为两年,自继承人知道或者应当知道其权利被侵害之日起计算。但是,自继承开始之日起超过二十年的,不得再提起诉讼。

继承回复请求权是一种包括性的请求权,包括对继承人资格确认之诉和遗产权利的恢复给付之诉。在继承回复请求权中,继承权资格确认之诉与遗产返还给付之诉密切相连,继承资格确认不是诉讼的最终目的,只是达到最终

---

① 蒋月、何丽新:《婚姻家庭与继承法》,厦门大学出版社 2002 年版,第 388 页。

目的的手段,诉讼的最终目的是要求侵害人将非法占有的遗产返还给合法继承人。但合法继承人为达到返还遗产的目的,又必须以继承资格的确认为前提。[①]

2.继承回复请求权的行使

继承回复请求权的权利人包括真正继承人、遗嘱执行人和遗产保管人、继承人的代理人。继承回复请求权的相对人包括没有继承权、否认其他共同继承人的继承权的共有继承人、主张超过自己应继份额的共同继承人,以及丧失或放弃继承权的继承人,或无效遗嘱或被撤销遗嘱的指定继承人等。

在继承回复请求权中,请求遗产回复的继承人,需要就自己享有继承权的事实和请求回复的遗产在继承开始时属于被继承人占有而为被告所取得的事实,负有举证责任,且以证明被继承人占有的事实为已足,无须证明被继承人原有所有权及其他权原为必要。[②] 如继承人为多人且遗产已分割,当事人可就自己取得部分请求继承回复;如未分割,可以请求行使继承回复请求权,不以全体同意为必要;如继承财产已被他人登记的,继承人可请求注销登记等保全措施。

继承回复请求权提起诉讼时效为两年,可以适用《民法总则》中规定的中止、中断的规定。对于二十年的期间性质,为消减时效或为除斥时效,学者见解不一致。继承回复请求权之性质为请求权而非形成权,其消减期间之性质应为消减时效而非除斥期间,但采消减时效,其起算点自继承开始起算,若继承权未被侵害,而继承回复请求权之消减时效已开始起算而无中断重新起算之可能,由此可见,其与一般消减时效有别,为特殊消减时效。笔者赞同林秀雄先生的观点,即为特殊消减时效。[③]

继承回复请求权于消减时效后,其请求权并未消减,仅生回复义务人得拒绝给付之抗辩权。[④] 抗辩权之行使仅生拒绝给付之效力,继承回复请求权因时间经过而消减,而继承权并未消减,故应理解为仅继承人之继承回复请求权,对于该遗物占有人之关系丧失,并未丧失继承权,对于自己占有之遗产仍保有其权利,对于其他继承回复请求权时效尚未完成之遗产占有人,仍不妨为请求。遗产占有人也不能因为继承回复请求权之消减而成为继承人。

---

① 刘春茂:《中国民法学·财产继承》,人民法院出版社 2008 年修订版,第 139 页。

② 史尚宽:《继承法论》,中国政法大学出版社 2000 年版,第 135 页。

③ 林秀雄:《继承法讲义》,台湾元照出版社 2012 年第 5 版,第 71 页。

④ 林秀雄:《继承法讲义》,台湾元照出版社 2012 年第 5 版,第 72 页。

第二节 法定继承

一、法定继承概述

(一)法定继承的概念和特征

法定继承,是指继承的过程中所有事项都由法律明确规定的一种继承方式。如继承人的范围、继承条件、继承顺序、应继份额、遗产分配原则和继承程序等均由法律直接规定。法定继承具有以下基本特征:

1.法定继承的规范具有强制性

法律关于法定继承的规范为强制性规范,不得任意排除其适用。任何人不得改变法律规定的继承人范围、继承人顺序、继承人应继份额及遗产分配原则。在法定继承中也有任意性规范的适用,如关于遗产的分配,就可以由继承人按照法律规定的原则协商确定。

2.法定继承以一定的身份关系为前提

法定继承中的继承人是由法律直接规定的,而不是由被继承人指定的。各国法律规定都是以一定亲属身份关系为基础,基于婚姻关系、血缘关系和扶养关系等有一定亲属身份关系的人,根据亲疏远近确定法定继承人的范围、顺序和份额。少数国家允许不具备亲属关系的人在满足特定条件时,可以成为继承人。

3.法定继承是遗嘱继承的补充和限制

法定继承与遗嘱继承是近代继承法的两个最为重要的继承形式,但由于遗嘱继承体现了被继承人的愿望,所以遗嘱继承优先于法定继承适用,即有遗嘱继承按遗嘱继承,无遗嘱继承才适用法定继承。虽然遗嘱继承优先于法定继承,但是被继承人的遗嘱也受一定的限制。如我国《继承法》第 19 条规定,遗嘱应当对缺乏劳动能力又没有生活来源的继承人保留必要的遗产份额。可见,法定继承中的特留份制度也是对遗嘱继承的限制。

(二)法定继承的适用范围

根据《继承法》第 27 条及其他有关规定,有下列情形之一的,遗产中的有关部分应当适用法定继承:

1.被继承人生前没有订立遗嘱或者所立遗嘱不符合法律规定而无效。

2.被继承人生前订立了有效的遗嘱,但遗嘱的内容不完全。如遗漏了某一项财产的处理,那么对于不完全的部分则适用法定继承。

3.被继承人生前订立遗嘱无效所涉及遗产,包括全部和部分无效。如果是遗嘱全部无效则被继承人的所有遗产按法定继承,如果是部分无效,则所涉及的遗产适用法定继承。

4.遗嘱继承人放弃继承或者受遗赠人放弃遗赠,其放弃继承或受遗赠的遗产部分,适用法定继承。如果是部分遗嘱继承人放弃继承或部分受遗赠人放弃遗赠,而其他遗嘱继承人或受遗赠人未放弃继承或受遗赠的遗产部分,则不适用法定继承。

5.遗嘱继承人和受遗赠人因发生法定事由,如杀害被继承人或其他继承人等情形而丧失继承权或受遗赠权所涉及的遗产,适用法定继承。

6.遗嘱继承人、受遗赠人先于遗嘱人死亡的,因其不具有继承能力或受遗赠能力而不能继承、受遗赠,遗嘱指定其继受遗赠的财产部分适用法定继承。

7.为胎儿保留的继承份额,因胎儿出生时是死体的,保留的份额按照《继承法》第 28 条的规定办理法定继承;出生时是活体但随即死亡的,保留的份额由胎儿的法定继承人继承。

(三)法定继承人的范围

法定继承人,是指由继承法规定的可以继承被继承人遗产的公民,即依法享有继承权的人。法定继承人的范围,是指在适用法定继承时,哪些人有权继承被继承人的遗产,即能成为被继承人遗产的继承人。根据《继承法》的有关规定,法定继承人基本限定在家庭主要成员间。其范围和顺位是:

1.第一个顺位继承人为配偶、子女和父母

(1)配偶

配偶是指因结婚而确立了夫妻身份关系的男女双方,夫妻共为配偶,相互间享有继承权,这也是承认男女平等原则的体现。但在古代社会,夫对妻的财产有继承权,而妻对夫的财产或无继承权,或仅有用益物权。[①]

配偶享有继承权是以双方有合法婚姻关系为前提的。没有婚姻关系,或者婚姻关系无效、被撤销,均不享有继承权。已经办理结婚登记,但未同居生活的男女双方,依然是法律认可的合法的夫妻关系,一方死亡时,另一方有权以配偶的身份继承死者的遗产。法院判决离婚,但离婚判决书未生效时,一方

---

① 史尚宽:《继承法论》,中国政法大学出版社 2000 年版,第 60 页。

死亡,另一方依然享有对死者遗产的继承权。未登记结婚同居生活的男女,符合事实婚姻条件的,依法享有继承权,不符合事实婚姻条件,属于非婚同居关系的,不能以配偶身份关系主张继承权,但双方确实在一起生活较长时间,且形成了相互扶养关系,符合酌情分得遗产法定条件的,可依法适当分得遗产。

(2)子女

子女是被继承人最近的晚辈直系血亲,相互间存在密切的人身关系和财产关系,具有法定的扶养、赡养的权利和义务。我国《继承法》第10条规定,子女是第一顺序继承人,子女包括婚生子女、非婚生子女、养子女和有抚养关系的继子女。

子女作为法定继承人,都具有平等的继承权,无论是婚生子女还是非婚生子女,不仅包括死者生前已经出生的子女,还包括死者死亡时尚未出生但已受孕成胎儿活着出生的子女,以及被继承人离婚后子女是否与其共同生活,只要是被继承人的子女,都有权依法作为继承人参与继承。

此外,被继承人生前依照法律规定的条件和程序所收养的子女,以及形成抚养关系的继子女,均有权继承被继承人的遗产。养子女因收养关系成立而与生父母关系解除,因此,养子女只能继承养父母的遗产而不能继承生父母的遗产。形成抚养关系的继子女既能继承继父母的遗产又能继承生父母的遗产。同时,对于人工生育的子女,也应当赋予其平等的继承权。

(3)父母

父母是被继承人血缘关系最近的直系尊亲属,与子女存在着非常亲密的人身关系和财产关系,承担抚养教育子女的义务,对子女遗产依法享有继承权,属于子女遗产的第一顺序法定继承人。我国《继承法》第10条第4款规定,父母是第一顺序继承人,父母包括生父母、养父母和有抚养关系的继父母。

生父母对婚生子女有继承权,对非婚生子女也同样享有继承权,且生父母对子女的继承权不以是否尽过抚养义务为条件,但亲生子女被他人收养的,收养关系解除前,生父母不得继承该子女的遗产;收养关系解除后,如该子女已成年,相互间对父母子女关系恢复没有形成一致意见的,生父母对该子女的遗产依然不享有继承权。养父母对养子女在收养关系解除前享有继承权,收养关系解除后,则不再享有相互的继承权。继父母与继子女间形成扶养关系,继父母有权继承继子女的遗产,如没有形成扶养关系的,则不能继承继子女的遗产。同时,形成扶养关系的继父母,依然能继承其亲生子女的遗产。

2.第二顺位继承人为兄弟姐妹、祖父母、外祖父母

兄弟姐妹是最近的旁系血亲,共同生活在一起多年,并依法承担扶养义

务,相互具有继承遗产的权利,为法定继承人。根据《继承法》第 10 条第 5 款的规定,兄弟姐妹包括同父母的兄弟姐妹、同父异母或同母异父的兄弟姐妹、养兄弟姐妹和有扶养关系的继兄弟姐妹。

血亲中全血缘与半血缘的兄弟姐妹,均有相互继承的权利,此外,因收养关系成立的养子女和生子女间、养子女与养子女间的养兄弟姐妹,相互间有继承的权利。收养关系解除,养兄弟姐妹间权利义务关系终止,则不再享有继承权。收养关系解除,未成年子女则与生父母及其他近亲属包括兄弟姐妹间的权利义务关系自行恢复,和亲兄弟姐妹有相互的继承权。如养子女已成年,则不能自行恢复与生父母及其他近亲属的关系,就不享有相互继承权。形成扶养关系的继兄弟姐妹间,相互间有继承权。① 因为通常情况下,继兄弟姐妹之间没有自然血缘联系,为异父异母关系,只有在继兄弟姐妹间形成事实上的扶养关系时,法律才赋予其相互间继承权。

3. 对公婆和对岳父母尽了主要赡养义务的丧偶儿媳和女婿

我国《继承法》第 12 条规定,丧偶儿媳对公婆、丧偶女婿对岳父母,尽了主要赡养义务的,作为第一顺序继承人。儿媳与公婆,女婿与岳父母之间,没有血缘关系,是因为子女婚姻而形成了姻亲关系,相互间没有法定的赡养、抚养的权利和义务,一般情况下,彼此不发生继承关系。但是,在现实生活中,有些儿媳或女婿,不但在丧偶前与配偶共同赡养公婆或岳父母,而且在丧偶后甚至再婚后仍然继续赡养、照料公婆、岳父母,为此,我国法律为了弘扬传统美德,充分发挥家庭供养的社会职能,根据权利义务对等的原则,规定了丧偶儿媳和丧偶女婿对公婆和岳父母的遗产继承权。当然,适用该条款是有条件的:一个是对公婆和岳父母尽到了主要赡养义务;二是丧偶的儿媳和女婿,他们可以作为第一顺序的继承人来继承公婆和岳父母的遗产。

(四)酌情分得遗产人

酌情分得遗产人,是指在法定继承人外,依法取得被继承人遗产的人。包括两种情形:一是依靠被继承人抚养的缺乏劳动能力,又没有生活来源的人;二是继承人外对被继承人抚养较多的人。

酌情分得遗产的数额取决于其与被继承人生前的扶养关系及其依赖程度。如缺乏劳动能力又没有生活来源的,完全依靠被继承人扶养的,则应尽可能多地分给其遗产,以保障其基本生活需要。对于提供较多扶养义务的人,提

---

① 张玉敏:《继承法教程》,中国政法大学出版社 1998 年版,第 191 页。

供扶养义务越多,分得的遗产一般也多。总之,应根据具体情况具体分析,不能一概而论。根据最高人民法院《继承法意见》第31条规定之精神,分得适当遗产的人,按具体情况可多于或少于法定继承人。

酌情分得遗产权,是一项独立于继承权外的特殊权力。被继承人死亡,酌情分得遗产的人可向参加继承关系的继承人主张权利。根据最高人民法院《继承法意见》第32条规定之精神,依法取得被继承人遗产的权利受到侵害时,本人有权以独立的诉讼主体资格向人民法院提起诉讼。但在遗产分割时,明知而未提出请求的,一般不予受理;不知而未提出请求的,在两年内起诉的,应予以受理。

(五)法定继承人的顺序

1.法定继承人顺序的依据

从各国制定的继承法来看,除配偶外,其他血亲的继承顺序主要依据血缘关系的亲疏远近、生活关系的依赖程度,以及相互法定义务的性质。如亲等近者优先原则,父母、子女较兄弟姐妹及祖父母、外祖父母优先。拟制血亲为长期共同生活关系或扶养关系,其依赖程度高,与自然血亲同等考虑原则。以及相互间法定义务承担性质不同而区别对待,父母子女间是无条件的抚养和赡养义务,而兄弟姐妹间和祖孙间的抚养与赡养是有条件的抚养和赡养义务,以此确定继承顺序的不同。

2.我国法定继承人的顺序

根据《继承法》第10条的规定,法定继承人的顺序有两种情形,分别为:

(1)第一顺序法定继承人

第一顺序法定继承人,包括配偶、子女和父母。此外,根据《继承法》第12条的规定,丧偶儿媳对公婆、丧偶女婿对岳父母尽了主要赡养义务的,可作为第一顺序继承人。

(2)第二顺序法定继承人

第二顺序法定继承人,包括兄弟姐妹、祖父母和外祖父母。兄弟姐妹即使是养子女与生子女、养子女与养子女之间,也可互为第二顺序继承人,但被收养人与其亲兄弟姐妹之间的权利义务关系,因收养关系的成立而消除,不能互为第二顺序继承人。继兄弟姐妹之间的继承权因继兄弟姐妹之间的扶养关系而发生,没有扶养关系的,不能互为第二顺序继承人。同时,继兄弟姐妹相互继承了遗产的,不影响其作为第二顺序继承人继承亲兄弟姐妹的遗产。

(3)继承顺序的效力

第一顺序继承人优先于第二顺序继承人继承遗产。我国《继承法》第10

条规定,继承开始后,由第一顺序继承人继承,第二顺序继承人不继承。没有第一顺序继承人的,由第二顺序继承人继承。

在同一顺序的继承人继承遗产,不分先后,同时继承,享有平等的继承权。继承遗产的份额,除非法律另有规定或继承人相互约定,否则原则上均等。

无论是第一顺序继承人继承,还是第二顺序继承人继承,根据《继承法》第14条的规定,对继承人外依靠被继承人扶养的缺乏劳动能力又没有生活来源的人,或继承人外对被继承人扶养较多的人,可以分给他们适当的遗产。开始第一顺序继承,如果第二顺序的继承人是依靠被继承人扶养的缺乏劳动能力又没有生活来源的人,或对被继承人扶养较多的人,可作为酌情分得遗产人,也可以分给他们适当的遗产。

（六）法定继承份额

法定继承的份额,在法定继承过程当中,一般情况下其分配的基本原则是均分,即继承人之间均等地分配被继承人的遗产。但是在特殊情况下,可以不均等地分配。主要有以下四类:

1.生活特殊困难且缺乏劳动能力的人。

2.对被继承人尽主要赡养义务,这些人可以适当地多分遗产。

3.有能力有条件抚养,却没有尽到抚养义务的,应当不分或者少分遗产。

4.如果继承人之间,自愿协商达成遗产分配的具体方案,那么法律也尊重继承人之间的意思表示。

（七）法定预留份

根据《继承法》第28条的规定,遗产分割时,应当保留胎儿的继承份额。胎儿出生时是死体的,保留的份额按照法定继承办理。这条规定主要是针对未出生的胎儿,考虑到养老育幼的原则,在遗产分割的时候对于未出生的胎儿要给他预留出他的应继份额。如果胎儿出生时是死体的,则按照原先的法定继承来分配。

（八）法定必留份

根据《继承法》第13条、第19条的规定,对生活有特殊困难的缺乏劳动能力的继承人,分配遗产时,应当予以照顾。遗嘱应当对缺乏劳动能力又没有生活来源的继承人保留必要的遗产份额。这主要是针对缺乏劳动能力又没有生活来源的人,给他留出必要的份额来维持生活,这一部分不仅在法定继承中予以照顾,即使在遗嘱继承中,遗嘱的内容也不能排除这类人的必留遗产份额。

二、代位继承

（一）代位继承的概念

代位继承，又称为间接继承，是指被继承人的子女先于被继承人死亡，由其晚辈直系血亲代替继承其应继遗产份额的一种继承方式。代位继承作为法定继承中的一种特殊情形，只能适用于法定继承。代位继承人的范围、代位继承适用的遗产分配原则等内容，都由法律直接规定，他人无权变更。

（二）代位继承的特征

1. 代位继承的发生必须以被代位人先于被继承人死亡为前提

只有在继承开始即被继承人死亡前，其子女就已经死亡，才发生代位继承问题。否则，被继承人死亡后，继承已经开始，被继承人子女没有死亡，自然由其子女自己继承，不发生代位继承。只有被继承人的子女先于被继承人死亡，作为第一顺序法定继承人的子女丧失了继承主体的资格，为了保证其晚辈直系血亲的物质生活及经济利益，才由其晚辈直系血亲代位继承。

2. 被代位继承人必须是被继承人的子女

根据继承法的规定，只有被继承人的子女先于被继承人死亡的，才发生代位继承。被继承人子女，包括亲生子女、养子女和形成抚养关系的继子女。

目前，有不少学者认为，该规定过于狭窄，建议将被代位继承人扩大为被继承人的直系卑亲属，这样表述更为严谨、准确，且符合我国民众的继承观念。[①]

3. 代位继承人为被代位继承人的晚辈直系血亲

被继承人的子女即被代位继承人的非晚辈直系血亲，如配偶、兄弟姐妹、父母、祖父母、外祖父母等，都不能代位继承而成为代位继承人。根据《继承法意见》第26条的规定，被继承人的养子女、已形成抚养关系的继子女的生子女可代位继承；被继承人亲生子女的养子女可代位继承；被继承人养子女的养子女可代位继承；与继承人形成抚养关系的继子女的养子女也可以代位继承。此外，《继承法意见》第25条规定，被继承人的孙子女、外孙子女、曾孙子女、外曾孙子女都可以代位继承，代位继承人不受辈数的限制。可见，晚辈直系血亲包括了亲生子女、养子女的直系血亲，形成抚养关系的继子女的生子女和养子女有代位继承权，但形成抚养关系的继子女的继子女则不享有代位继承权。

---

① 张玉敏：《继承法律制度研究》，法律出版社1999年版，第228页。

4.被代位继承人在死亡时必须具有继承权

被继承人子女先于被继承人死亡时,如果因为有《继承法》第7条规定之情形的,包括故意杀害被继承人、为争夺遗产而杀害其他继承人、遗弃被继承人、虐待被继承人情节严重或伪造、篡改、销毁遗嘱情节严重等原因丧失继承权的,其晚辈直系血亲也不能代位继承。因为代位继承是代替被代位继承人的地位而参与继承。既然被代位继承人在死亡时已经丧失了继承权,丧失了继承地位,其晚辈直系血亲也无位可代。《继承法意见》第28条明确指出,继承人丧失继承权的,其晚辈直系血亲不得代位继承。

5.代位继承人一般只能继承被代位继承人有权继承的遗产份额

代位继承人作为第一顺序的法定继承人参与遗产的分配,如没有其他第一顺序继承人,则遗产全部由代位继承人继承,如有其他共同继承人共同参与继承的,则平均分割获得被代位继承人应得份额。但是,《继承法意见》第27条规定,代位继承人缺乏劳动能力又没有生活来源,或对被继承人尽主要赡养义务的,在分配时可以多分。

此外,丧偶儿媳对公婆、丧偶女婿对岳父母尽了主要赡养义务而作为第一顺序继承人的,《继承法意见》第29条规定,无论其是否再婚,都不影响其子女代理其父或母之位继承被继承人的遗产。

三、转继承

(一)转继承的概念

转继承,又称再继承,是指因继承人在继承开始后遗产分配前死亡,而将其应继承的遗产转由其继承人继承的一种继承制度。

转继承的客体是遗产份额而非继承权。转继承是一种连续继承,在转继承发生时,死亡的继承人实际上已经拥有了遗产的份额,如果夫妻在婚姻关系存续期间继承所得财产,为夫妻共同共有财产,除有特别约定外,应先将共同财产一半分出为配偶所有,其余的为被继承人的遗产,由他自己的合法的继承人来分配。[①]

转继承在法定继承和遗嘱继承中都可以适用,被转继承人有遗嘱的,依遗嘱继承;无遗嘱的,则按法定继承的顺序确定。

---

① 房绍坤、范李瑛、张洪波:《婚姻家庭与继承法》,中国人民大学出版社2015年第4版,第195页。

（二）转继承的特征

1.转继承因为继承人在继承开始后遗产分配前死亡而发生

转继承是因继承人于未实际取得被继承人的遗产前死亡才发生的法律现象。继承人对遗产的权利是体现在应继承的份额上，而不是体现在对具体遗产的所有权上的，继承人于继承开始后，遗产分割前死亡，继承人应当承受的遗产份额转由其继承人继承。

2.继承开始后，继承人仍然具有继承权

转继承必须建立在被继承人接受继承，享有遗产应继份额的基础上。继承开始后遗产分割前，继承人因为丧失继承权或明确表示放弃继承权而不能继承遗产的，就不存在由其继承的遗产转由他人享有的问题，即不发生转继承。

四、代位继承与转继承的区别

从一定意义上说，转继承是由被继承人的继承人的继承人直接取得被继承人遗产的制度，与代位继承有相似之处。但转继承与代位继承是完全不同的法律制度，两者有根本的区别，表现在以下几点：

1.性质不同

转继承是两个本位继承的连续，首先是继承人直接继承了被继承人的遗产，其次是继承人的继承人直接取得继承人继承财产中属于其遗产份额的部分，可见，转继承具有连续继承的性质。而代位继承与本位继承相对应，是由代位继承人继承被继承人的遗产而非被代位继承人的遗产，代位继承具有替补的性质。

2.发生的事实根据不同

转继承发生在继承开始后，遗产分割前继承人死亡的情形；而代位继承则发生在继承人先于被继承人死亡的情形。

3.主体不同

在转继承的情形下，享有转继承权的人并不仅仅局限于被转继承人的晚辈直系血亲，还包括被转继承人的其他法定继承人，如配偶、父母、兄弟姐妹、祖父母、外祖父母；而代位继承人只能是被代位继承人的晚辈直系血亲。

4.适用范围不同

转继承既可适用于法定继承，也可适用于遗嘱继承。遗嘱继承开始后，遗嘱继承人在遗产分割前死亡的，仍可适用转继承由其合法继承人参与遗产分割；代位继承则只能适用于法定继承，不能适用于遗嘱继承。

第三节　遗嘱继承

一、遗嘱继承概述

（一）遗嘱的概念和特征

遗嘱是自然人生前按照法律规定的方式,对遗产及相关事务作出安排,并于死后发生法律效力的民事法律行为。在遗嘱继承中,立遗嘱的被继承人称为遗嘱人,按照遗嘱继承遗产的人称为遗嘱继承人。遗嘱作为一种民事法律行为,具有以下基本特征:

1.遗嘱是无相对人的单方民事行为

遗嘱是遗嘱人单方的意思表示,完全按照自己的意愿依法处分死后遗产,无须征得其他任何人包括继承人、受遗赠人的同意。遗嘱只要具备法定的条件和方式,其内容不违背法律和社会公共利益,在公民死后即发生效力。在发生法律效力前,遗嘱人还可以随时依法变更遗嘱的内容或撤销遗嘱。遗嘱生效后,对遗嘱人外的一切人产生法律约束力,遗嘱继承人是否接受遗嘱,均不影响遗嘱的成立与生效。

2.遗嘱是要式民事法律行为

遗嘱具有指定继承人及遗产分配方式、数额从而改变法定继承人的范围、顺序、遗产分配方式的效力,事关当事人继承权的取得和消灭。为保证遗嘱的有效性和尊重遗嘱人的真实意思表示,我国《继承法》明确要求遗嘱必须符合一定的形式,包括公证遗嘱、自书遗嘱、代书遗嘱、录音遗嘱和特殊情况下的口头遗嘱。

3.遗嘱是死后发生法律效力的民事法律行为

遗嘱虽然是遗嘱人生前的意思表示,但是只有在遗嘱人死后才发生法律效力。因此,在立遗嘱人死亡之前,遗嘱继承人对遗产只有期待权,即使知晓遗嘱的内容,也不得要求按照已设立的遗嘱继承遗产。只有在遗嘱人死后,这种期待权才能转化为既得权,遗嘱继承人才能按照生效的遗嘱继承遗产。

4.遗嘱必须是立遗嘱人独立自主真实意思表示的民事法律行为

遗嘱必须是遗嘱人亲自设立的,不能由他人代为设立或辅助设立,不能正确表达真实意思的无民事行为能力或限制民事行为能力的人所立的遗嘱无效。

（二）遗嘱继承的概念和特征

遗嘱继承，作为与法定继承相对的一种继承方式，是指在继承开始后，继承人按照被继承人合法、有效的遗嘱取得被继承人遗产的法律制度，也被称为"指定继承"。

相对于法定继承，遗嘱继承具有下列基本特征：

1.遗嘱继承发生，必须具备被继承人死亡和被继承人立有合法有效遗嘱

被继承人死亡和被继承人立有合法有效遗嘱两项法律事实是遗嘱发生必须具备的条件，缺一不可。缺少前者即被继承人没有死亡，不发生遗产继承；缺少后者即被继承人没有立合法、有效遗嘱，也不发生遗嘱继承，而是法定继承。立有遗嘱，部分有效，只能对有效部分适用遗嘱继承，无效部分按法定继承处理。

2.遗嘱继承是与法定继承并列的一种继承方式，并优先于法定继承

遗嘱继承的继承人、继承顺序、继承份额及方式，都由遗嘱指定，而且不受法定继承规定内容的限制。因此说，遗嘱继承在一定程度上是对法定继承的排斥，其效力优于法定继承。

继承开始后，有合法、有效遗嘱的，先按遗嘱继承办理；没有遗嘱继承人、受遗赠人或遗嘱继承人、受遗赠人丧失或放弃遗嘱继承，以及没有遗赠扶养协议的，其遗产才能按照法定继承办理。

二、遗嘱能力

遗嘱为民事行为，遗嘱人需要具有相应的行为能力才能立遗嘱，即遗嘱人需要有遗嘱能力。遗嘱能力，是指自然人依法享有的设立遗嘱，对自己死后的遗产等事项作出安排的资格。

（一）有遗嘱能力与无遗嘱能力

《继承法》第22条规定："无民事行为能力或限制民事行为能力人所立的遗嘱无效。"可见，只有完全民事行为能力人才有遗嘱能力。依照我国《民法总则》的规定，18周岁以上的自然人为成年人，具有完全民事行为能力，可以独立进行民事活动，是完全民事行为能力人；16周岁以上不满18周岁的未成年人，以自己的劳动收入为主要生活来源的，视为完全民事行为能力人。

8周岁以上的未成年人和不能完全辨认自己行为的精神病人是限制民事行为能力的人；不满8周岁的未成年人和不能辨认自己行为的精神病人是无民事行为能力人。无民事行为能力人和限制民事行为能力人的民事行为应当

由法定代理人代理,但遗嘱行为不能代理。

对于被宣告为无民事行为能力或限制民事行为能力的精神病患者,在精神恢复正常尚未撤销前所立遗嘱是否有效? 对此问题,理论存在争议。我们认为,遗嘱不同于合同契约,遗嘱只是对遗嘱人自己财产在其死后作出的安排,通常与交易安全无关,不应当因宣告未撤销而否认其遗嘱效力。当然,主张遗嘱有效的人应当就立遗嘱人在立遗嘱时的精神状况承担举证责任。①

(二)遗嘱能力有无的确认时间

遗嘱的设立与生效尚有一段时间间隔,因而遗嘱能力的确认时间以遗嘱人设立时为准,还是以遗嘱生效时为准,我国《继承法》没有明确的规定,但《继承法意见》第 41 条作了规定:"遗嘱人立遗嘱时必须有行为能力。无行为能力人所立的遗嘱,即使其本人后来有了行为能力,仍属无效遗嘱。遗嘱人立遗嘱时有行为能力,后来丧失了行为能力,不影响遗嘱的效力。"据此,实践中以立遗嘱时是否具有遗嘱能力为准。

三、遗嘱的内容与形式

(一)遗嘱的内容

遗嘱是一项民事行为,意思自治原则同样适用于遗嘱,即遗嘱自由原则是继承法的基本原则。因此说,立遗嘱人所立遗嘱的内容只要符合法律规定和社会公序良俗的要求,遗嘱人就可以在遗嘱中指定任何内容。

一般情况下,遗嘱的内容主要包括:

1.指定遗嘱继承人或受遗赠人

遗嘱要明确指定继承人和受遗赠人,没有指定继承人或受遗赠人的遗嘱不具有法律效力。遗嘱人所指定的继承人必须是在法定继承人的范围内,为法定继承人的一人或数人,不受人数限制,也不受法定继承人顺序的影响。遗嘱人还可以立遗嘱将遗产遗赠给法定继承人以外的自然人、集体或国家。

2.指定继承人、受遗赠人享有遗产的份额或遗产的分配方法

遗嘱中应当说明每个指定继承人或受遗赠人可以分得的具体财产。如果指定由数人继承遗产的,应当说明指定继承人或受遗赠人对遗产的分配方法或每个人应分得的某项遗产;遗产中未具体说明的,则推定为指定继承人和受遗赠人均分遗产。遗嘱处分了所有财产的,不发生法定继承;遗嘱中尚有部分

---

① 郭明瑞、房绍坤:《继承法》,北京法律出版社 2004 年第 2 版,第 141 页。

未处分财产的,该部分财产适用法定继承;在同一遗嘱中对同一财产处分出现前后矛盾的,推定为遗嘱人没有对该财产作出处分,该财产适用法定继承。

3.指定候补继承人、受遗赠人

遗嘱中指定的继承人先于被继承人死亡、丧失继承权或放弃继承权时,该指定继承人将不能参加继承。为保证遗产的归属符合遗嘱人的真实意愿,遗嘱人还可以在遗嘱中通过指定其他继承人作候补继承人来继承遗产。我国法律并无明文规定能否指定候补继承人,但从遗嘱自由的原则出发,指定候补继承人是遗嘱人意思自治的体现,实践中并无限制。

4.指定继承人、受遗赠人履行附加义务

遗嘱人可以在遗嘱中为遗嘱继承人或受遗赠人设置附加义务,遗嘱继承人或受遗赠人一旦接受附加某种义务的遗嘱,就必须履行其应负义务,但设置的附加义务必须具有合法性和可履行性。根据《继承法意见》第43条的规定:"附义务的遗嘱继承或遗赠,如义务能够履行,而继承人、受遗赠人无正当理由不履行,经受益人或其他继承人请求,人民法院可以取消他接受附义务那部分遗产的权利,由提出请求的继承人或受遗赠人按遗嘱人的意愿履行义务,接受遗产。"

5.指定遗嘱执行人

遗嘱执行人是继承开始后执行遗嘱的人,可以是法定继承人范围内,也可以是法定继承人范围外;可以是自然人,也可以是被继承人单位、居民委员会、村民委员会等。遗嘱执行人可以在遗嘱中由立遗嘱人直接指定,也可以由遗嘱人在立遗嘱中委托他人指定。

指定遗嘱执行人不是遗嘱的主要内容,故而,所立遗嘱是否有指定遗嘱执行人均不影响遗嘱的有效性。

6.其他事项

除上述内容外,立遗嘱人还可以对身后事进行交代,如丧事处理、遗体安放等。遗嘱人以遗嘱设立信托的,还应在遗嘱中明确受托人与受益人,并规定相应的权利义务。

(二)遗嘱的形式

遗嘱的形式,就是记录和传递遗嘱内容的载体,是遗嘱人处分自己财产及有关事务的意思表示方式。遗嘱是要式法律行为,我国《继承法》明确规定了遗嘱的法定形式有五种,具体分述如下:

1.自书遗嘱

自书遗嘱是指由遗嘱人亲笔书写的遗嘱。自书遗嘱简便易行、便于保密,还可保证内容的真实性。但多数人由于法律知识有限,常常因为自书遗嘱不符合法律规定的形式要求而导致无效,且自书遗嘱容易丢失或被隐藏,是其缺点。我国《继承法》第17条第2款规定,自书遗嘱由遗嘱人亲笔书写,签名,注明年、月、日。可见,自书遗嘱须符合以下条件:遗嘱人须亲笔书写遗嘱内容;遗嘱人须在遗嘱上注明年、月、日;遗嘱人须在自书遗嘱上亲笔签名。

2.公证遗嘱

公证遗嘱是所有遗嘱形式中证明力最高的一种形式。但并不是说所有的遗嘱都必须公证才有效力,没有公证的遗嘱只要符合法律的规定也是有效的遗嘱。《继承法意见》第42条规定:"遗嘱人以不同形式立有数份内容相抵触的遗嘱,其中有公证遗嘱的,以最后所立公证遗嘱为准;没有公证遗嘱的,以最后所立的遗嘱为准。"

3.代书遗嘱

代书遗嘱又称代笔遗嘱,指由被继承人口述,代书人代为书写的遗嘱。代书遗嘱非出自遗嘱人之手,其成立没有公证人在场公证,极容易被伪造、篡改。我国《继承法》第17条第3款规定:代书遗嘱应当有两个以上见证人在场见证,由其中一人代书,注明年、月、日,并由代书人、其他见证人和遗嘱人签名。

遗嘱见证人是遗嘱人指定的人才可以作为在场见证人,见证人的职责是在遗嘱人死后证明遗嘱人意思表示的真实与否。遗嘱见证人必须具有完全民事行为能力,继承人和受遗赠人,以及与继承人和受遗赠人有利害关系的人均不能作为遗嘱见证人。

4.录音遗嘱

录音遗嘱是指以录音或录像形式录制被继承人口述遗嘱内容的遗嘱。但是,录音遗嘱也存在容易被篡改和删除的缺陷,我国《继承法》第17条第4款规定:"以录音形式立的遗嘱,应当有两个以上见证人在场见证。"且需符合以下要求:

(1)遗嘱人应面向见证人口述遗嘱全部内容、遗嘱人姓名、立遗嘱日期(年、月、日),并予以录音。

(2)遗嘱人要指定2个以上在场见证人,见证人口述自己的姓名、见证内容是否真实准确,并予以录音。

(3)录制好的磁带应现场封存,并注明年、月、日,由见证人在封缝处签名。

5.口头遗嘱

口头遗嘱仅仅适用于危机的状态,来不及用前面这些方式时可以用口述的方式来订立遗嘱。但是,当危机的情况消失后,被继承人又可以用其他的方式来订立遗嘱的时候,当初在危机状态下所口述的那份遗嘱则无效。

(三)共同遗嘱

1.共同遗嘱的概念

共同遗嘱也称合立遗嘱,是指两个以上的遗嘱人共同设立的同一份遗嘱,同时处分共同遗嘱人各自或共同财产的遗嘱。共同遗嘱以夫妻合立遗嘱最为常见。根据立遗嘱人意思表示内容的不同,我们又可将共同遗嘱分为三种类型,包括:

一是相互指定对方为自己的遗产继承人;

二是共同指定第三人为遗产的继承人或受遗赠人,其遗产以共同财产居多;

三是相互指定对方为继承人,并约定死后将遗产留给指定的第三人。

2.共同遗嘱的特点

(1)共同遗嘱是两个以上遗嘱人的共同民事行为

共同遗嘱不同于单独遗嘱,是两个以上立遗嘱人的共同法律行为,追求同一目标,是共同的真实的意思表示。

(2)共同遗嘱的内容具有相互制约性

共同遗嘱人虽然是处分自己的财产,但是自己财产的处分与其他共同遗嘱人的处分相互关联,其中一人处分共同财产时,必然受到其他遗嘱人意思表示的制约。因此,共同遗嘱签订后,一方不能任意变更或撤销遗嘱,除非征得他方的同意。共同遗嘱人一方死亡后,生存一方原则上不得变更、撤销遗嘱,或进行与遗嘱内容相违背的财产处分。

(3)共同遗嘱生效时间具有特殊性

共同遗嘱是多个遗嘱人的共同行为,共同遗嘱人之一死亡时,共同遗嘱部分发生效力,即涉及该遗嘱人的内容发生效力,而涉及未死亡的其他遗嘱人的遗嘱内容不发生效力。只有在全部遗嘱人死亡后,共同遗嘱才全部发生效力,遗嘱继承才真正开始。

3.共同遗嘱的立法例

当今世界各国对共同遗嘱持有两种不同的立法例。一种是承认共同遗嘱的有效性,如德国;另一种是否认共同遗嘱的效力,如法国。还有一些国家没有明确的规定,而是交由司法实践来决定。

我国《继承法》对共同遗嘱的效力没有明文规定,在司法实践中,即有肯定判决,也有否定判决。我们认为,共同遗嘱在实际生活中应用较为广泛,只要我国《继承法》没有明确否定,只要共同遗嘱的订立符合遗嘱的形式要求,内容真实可信,不违反法律规定和公序良俗原则,都应当认定其有效。

当然,我们也希望《继承法》修订时,承认共同遗嘱的有效性,但予以一定的限制,如限制共同遗嘱的订立形式,明确共同遗嘱变更与撤销条件等。

四、遗嘱的效力

遗嘱的效力是遗嘱人设立的遗嘱所发生的法律后果。遗嘱是单方法律行为,立遗嘱人单方意思表示即可成立,但是否生效,必须符合法律的规定,只有具备法律规定的有效条件,方可生效。遗嘱的效力包括遗嘱有效、无效和未生效。

（一）遗嘱有效

遗嘱有效,是指遗嘱符合法律规定的形式要件和实质要件,即能发生法律效力。我国《继承法》第 17 条、第 22 条对遗嘱的有效条件作了规定,包括:

1.订立遗嘱时,遗嘱人须具备遗嘱能力

没有完全民事行为能力的人订立的遗嘱,不能准确地理解遗嘱的含义以及它会发生的一些法律效果,所以这类人订立的遗嘱是无效的。

2.遗嘱人的意思表示真实

遗嘱必须是遗嘱人的真实意思表示,遗嘱的内容必须与遗嘱人内心真实意思相一致,受胁迫、欺骗所立遗嘱无效;伪造遗嘱无效;遗嘱被篡改的,篡改的内容无效。

3.遗嘱内容不违反法律和公序良俗

遗嘱的内容是遗嘱人在遗嘱中表示出来的对自己财产处分的意思。遗嘱作为一种民事行为,其内容应当合法,不得违反法律和公序良俗。所谓不得违反法律,是指不得违反我国现行法律、法规中的强制性规定,不得违反国家政策的禁止性规定和命令性规范。所谓不违反公序良俗,是指遗嘱不得损害社会的政治、经济秩序和道德风尚,不得损害国家主权和民族尊严。

4.遗嘱的形式应当符合法律规定的要求

遗嘱是要式法律行为,遗嘱人必须依据法律规定的形式要件设立遗嘱。遗嘱的形式是否符合法定形式,是以立遗嘱时的法律规定为准的。《继承法意见》第 35 条规定:"继承法实施前设立的,形式上稍有欠缺的遗嘱,如内容合法,又有充分证据证明确为遗嘱人真实意思表示的,可以认定遗嘱有效。"

（二）遗嘱无效

遗嘱无效是因为遗嘱违反法律规定而不能发生法律效力。根据我国《继

承法》的规定,遗嘱的无效主要包括:

1.无遗嘱能力人所立遗嘱无效

无民事行为能力和限制民事行为能力人,由于他们不能正确判断和识别自己行为的后果,其所立遗嘱无效。立遗嘱时具有完全民事行为能力,但立遗嘱后丧失民事行为能力的,并不影响其之前所立遗嘱的效力。

2.受胁迫或被欺骗所订立的遗嘱无效

所谓受胁迫所立遗嘱,是指遗嘱人受到他人非法的威胁、要挟,为避免自己或亲人的财产和生命健康遭受侵害,作出与自己真实意思相悖的遗嘱。所谓受欺骗所立遗嘱,是指遗嘱人因受他人的歪曲、虚假的行为或言辞的误导而产生错误的认识,作出与自己真实意愿不相符合的意思表示。胁迫、欺骗遗嘱人的人既可是继承人,也可是继承人外与继承利益有关或无关的人。

3.被伪造的遗嘱无效

伪造遗嘱,是指以被继承人名义设立的不是被继承人意思表示的遗嘱。无论伪造遗嘱的内容如何,也无论伪造遗嘱的动机如何,也无论是否损害继承人利益,只要是伪造遗嘱,均不发生效力。

4.被篡改的遗嘱内容无效

被篡改遗嘱是指遗嘱的内容被遗嘱人以外的其他人作了更改的遗嘱。篡改只是对遗嘱部分内容的更改,所以,被篡改的遗嘱部分无效,但对于未被篡改的遗嘱部分内容依然有效。

5.在遗嘱订立内容中没有对无劳动能力又没有生活来源的继承人保留必要的份额的部分无效

我国《继承法》第19条明确规定:"遗嘱应当对缺乏劳动能力又没有生活来源的继承人保留必要的遗产份额。"这就是我们前面讲到的法定必留份,如果遗嘱没有为继承人保留必留份,则违背法律必留份规定的部分无效。

此外,如果遗嘱人处分了不属于自己财产的这一部分内容,该部分遗嘱也无效。

(三)遗嘱不生效

有些遗嘱虽然成立,但是由于某些客观原因未能生效,即不能产生执行效力。主要包括:

1.遗嘱继承人、受遗赠人先于被继承人死亡,但遗嘱有指定候补继承人或受遗赠人的除外;

2.遗嘱继承人、受遗赠人在遗嘱成立之后丧失继承权或受遗赠权;

3.附解除条件的遗嘱,在遗嘱人死亡之前条件已经成就;

4.附停止条件的遗嘱,遗嘱继承人、受遗赠人在条件成就前死亡;

5.遗嘱人死亡时,遗嘱中处分的财产标的已不复存在。

五、遗嘱的变更和撤销

遗嘱自由包括遗嘱设立自由,也包括遗嘱变更和撤销自由。从立遗嘱到遗嘱生效往往需要很长的时间,期间难免发生一些变化,若立遗嘱人认为其所立遗嘱不当或不符合现在的意愿,为保障遗嘱自由的实现,允许遗嘱人变更或撤销先前所立遗嘱。我国《继承法》第 20 条规定:"遗嘱人可以撤销、变更自己所立的遗嘱。"

(一)遗嘱变更、撤销的概念和特征

遗嘱的变更与撤销,是指遗嘱人在设立的遗嘱发生法律效力前,依法对原先设立遗嘱的内容进行部分改变或全部废止的单方民事法律行为。遗嘱的变更是对遗嘱内容的部分改变,遗嘱的撤销是取消先前所立遗嘱。遗嘱的变更与撤销与一般民事行为的变更和撤销有所不同,具有以下特点:

1.遗嘱人可以自由地变更和撤销自己所立的遗嘱

遗嘱人只要认为自己原先所立的遗嘱不符合现在的意愿,就可以随时变更和撤销遗嘱,无须征得他人的同意。而一般民事行为的变更与撤销需征得他人的同意或出现法定事由方可变更与撤销。

2.遗嘱的变更与撤销是遗嘱人处分自己财产的意思表示

遗嘱的变更与撤销本质上与遗嘱的设立相同,是遗嘱人对自己财产自由处分的真实意思表示,必须由完全民事行为能力的立遗嘱人亲自行使,不得由他人行使,或由他人代为行使。而一般民事行为的变更与撤销可以代理,甚至在符合一定条件的情况下,法院或仲裁机构可以依法变更或撤销该民事行为。

3.遗嘱的变更与撤销没有时间的限制

立遗嘱人在生存期间均可以变更或撤销遗嘱,不受时间的限制。而一般民事行为多有时间限制。如符合可撤销婚姻条件的,需在缔结婚姻后一年时间内,或恢复人身自由后一年时间内提出撤销婚姻的请求。再如《合同法》规定,可变更、可撤销合同需在知道或应当知道撤销事由之日起一年内行使。

(二)遗嘱变更、撤销的方式

遗嘱的变更与撤销属于要式法律行为,应当依照法定的方式、程序进行。我国《继承法》第 20 条规定,立有数份遗嘱,内容相抵触的,以最后的遗嘱为准。自书、代书、录音、口头遗嘱,不得撤销、变更公证遗嘱。结合司法实践及

民法一般原理,遗嘱的变更与撤销方式主要有以下几种:

1.遗嘱人另立新遗嘱,并声明变更或撤销原来所立遗嘱

新遗嘱可以采用公证、自书、代书、录音、口头等形式,依据我国《继承法》的相关规定程序办理。但应当注意的是,除公证遗嘱外,其他形式遗嘱都可以相互撤销;公证遗嘱可以撤销其他形式的遗嘱,但公证遗嘱只能通过公证遗嘱的方式撤销。

2.遗嘱人先后立有数份内容相抵触的遗嘱,依法推定遗嘱人已经变更、撤销了先前所立遗嘱

遗嘱人先后立有数份遗嘱,如前后遗嘱内容全部相抵触,则推定为撤销了前遗嘱;如前后遗嘱内容部分相抵触,则视为遗嘱的变更,抵触部分按后遗嘱办理。如前后遗嘱内容不相抵触,则数份遗嘱可以并存,不发生遗嘱的变更和撤销问题。但是,如果相抵触的数份遗嘱中有公证遗嘱的,无论遗嘱所立先后,都以公证遗嘱为准。

3.遗嘱人立遗嘱后,又以行为实际处分了遗嘱中所涉及财产,推定为立遗嘱人以行为变更、撤销了先前所立遗嘱

遗嘱人在遗嘱成立后所为的行为与遗嘱相抵触,其抵触部分的遗嘱视为变更、撤销了原遗嘱,《继承法意见》第 39 条规定:"遗嘱人生前行为与遗嘱的意思表示相反,而使遗嘱处分的财产在继承开始前灭失、部分灭失或所有权转移、部分转移的,遗嘱视为被撤销或部分被撤销。"但应当注意的是,行为推定方式必须是遗嘱人亲自所为,其他任何人所为的行为与遗嘱相抵触的,均不能产生变更或撤销遗嘱的法律后果。同时,立遗嘱人只有在遗嘱成立后所为的行为与所立遗嘱相抵触的,才能变更或撤销原遗嘱,在所立遗嘱成立前的行为则不存在遗嘱内容的变更和撤销。

4.遗嘱人故意毁损、涂销遗嘱的,推定为变更、撤销了先前所立遗嘱

遗嘱必须具备形式要件方能生效,如果遗嘱人故意毁损、涂销遗嘱,或在遗嘱上记载废弃字样的,应当推定为遗嘱人变更、撤销了原遗嘱。但是,如果是第三人恶意毁损,或遗嘱人并非故意销毁遗嘱的,不能视为遗嘱人变更、撤销遗嘱。如果遗嘱尚可恢复,遗嘱有效;如果无法恢复,因欠缺形式要件导致无效,遗嘱利害关系人可向第三人请求赔偿。①

---

① 《瑞士民法典》第 510 条第 2 款规定:如遗嘱被他人无意或故意毁损,以至于不能准确、完全确定其内容时,遗嘱失效。但对毁损者的损害赔偿请求权不受妨碍。

第四节　遗赠和遗赠扶养协议

一、遗赠

（一）遗赠的概念和特征

遗赠是自然人以遗嘱方式将其个人财产赠与国家、集体或法定继承人之外的自然人，在死后发生法律效力的民事行为。

遗赠具有以下法律特征：

1.遗赠是通过遗嘱的方式实施的单方民事行为

遗赠是以立遗嘱的方式预先处分财产，于死后将遗产转移给法定继承人以外的人的一种继承方式。遗赠作为遗嘱的内容适用遗嘱相关规定，遗嘱无效，遗赠当然无效。此外，遗赠作为无相对人的单方民事行为，只要遗赠人一方的意思表示即可发生法律效力。

2.遗赠是给予法定继承人外的人遗产的民事行为

遗嘱中将遗产指定给法定继承人外的人才为遗赠。受遗赠人是国家、集体或法定继承人以外的人。不仅限于自然人，还可能是国家、集体或者其他组织。胎儿在出生时是活体的，可以作为受遗赠人；处于筹备设立中的组织和团体，也可以作为受遗赠人。

3.遗赠是给予法定继承人外的人财产利益的民事行为

遗赠是无偿的赠与行为，遗嘱人通过单方的民事行为给受遗赠人财产利益，属于积极的财产权利，包括物权、债权和知识产权。当然，遗赠也可以附加义务，但这种义务并不是取得财产利益的对价，只是取得财产利益的条件。

4.遗赠是遗赠人死后发生法律效力的民事行为

遗嘱虽然是立遗嘱人生前作出的意思表示，但是要到遗嘱人死亡后才发生法律效力。遗嘱人死亡前，可以随时依照法定程序和方式撤销或变更自己的遗嘱。

（二）遗嘱继承和遗赠的区别

1.受遗赠人与遗嘱继承人的范围不同

遗产如果由法定继承人范围内的人继承，则按遗嘱继承的制度执行；如果由法定继承人以外的人继承，则按遗赠继承制度执行。

2.受遗赠权与遗嘱继承权的客体范围不同

遗嘱继承权的客体是遗产,包括被继承人生前的财产权利和财产义务,是对被继承人遗产权利和义务的统一承受;受遗赠权只能承受遗产中的财产权利,不承受其中的财产义务。如果遗嘱人生前有合法债务,受遗赠人只能接受清偿债务后所剩下的财产,这是对被继承人债务的处理,受遗赠人本身不承受被继承人的债务。

3.受遗赠权和遗产继承权的接受和放弃表示方式不同

受遗赠人须在知道赠与他遗产后2个月内明确表示接受,才能获得受遗赠的财产;遗嘱继承人没有明确表示放弃继承的视为接受继承。如果受遗赠人没有明确表示接受,那么在继承关系开始2个月之后,将丧失继承遗产的资格。

4.受遗赠人和遗嘱继承人取得遗产的方式不同

受遗赠人不直接参与遗产的分配,而是继承人或遗嘱执行人按照遗嘱将赠与财产交给受遗赠人;遗嘱继承人则是直接参与遗产的分配,以实现自己的继承权。

二、遗赠扶养协议

(一)遗赠扶养协议的概念和特征

遗赠扶养协议是双务合同,是遗赠人和扶养人双方来签订的一种协议,扶养人承担遗赠人生养死葬的义务,于遗赠人死后取得遗赠人遗留财产权利的协议。

1.遗赠扶养协议是双方民事行为

遗赠扶养协议是一种双方意思表示一致时成立的民事法律行为,具有优先执行的效力。没有订立遗赠扶养协议,或订立遗赠扶养协议无效时,才适用遗嘱继承或遗赠;没有订立遗嘱或订立遗嘱无效的时候,才适用法定继承。

2.遗赠扶养协议是诺成性的民事行为

遗赠扶养协议一旦订立,即发生法律效力,非经双方协商同意,不得变更或撤销。多数学者认为,遗赠扶养协议为要式民事行为,宜采取书面形式甚至公证形式。但是,我国《继承法》并未明确规定遗赠扶养协议为要式民事行为,司法实践中也认可遗赠扶养协议的不要式性。

3.遗赠扶养协议是双务、有偿民事行为

遗赠扶养协议是双务民事行为,双方互相享有权利、承担义务。扶养人负有对遗赠人生养、死葬的义务,享有接受遗赠人遗赠财产的权利;受扶养人享有接受扶养的权利,负有遗产赠与扶养人的义务。遗赠扶养协议是有偿民事行为。其有偿性表现为扶养人接受遗产,以对受扶养人进行扶养为代价。当然,扶养人付出的代价不一定与取得的遗产价值相等。

4.遗赠扶养协议是生前行为和死后行为的统一

遗赠扶养协议是扶养人与受扶养人生前签订的,受扶养人生前享受被扶养的权利,在其死后履行遗赠遗产的义务;扶养人负有对受扶养人生前扶养义务,在受扶养人死后享有接受遗产的权利。遗赠扶养协议是生前行为和死后行为的统一。

(二)遗赠扶养协议的效力

1.遗赠扶养协议,经签订即发生效力

遗赠扶养协议是双方的诺成性法律行为,一旦签订即发生效力,双方应认真恪守协议约定,履行义务享有权利。受遗赠人应当依据协议承担遗赠人的生养、死葬义务。妥善安排其生活起居,不得中止对其扶养和照顾。遗赠人则不能将约定给扶养人所有的财产,利用遗嘱或其他方式处分给继承人或其他人,也不得采取各种手段使财产灭失,对遗赠财产负有妥善保管义务,及死后赠与扶养人的义务。

2.遗赠扶养协议效力高于遗嘱继承和法定继承

《继承法》第5条规定:"继承开始后,按照法定继承办理,有遗嘱的,按遗嘱继承或遗赠办理;有遗赠扶养协议的,按协议办理。"《继承法意见》第5条规定,被继承人生前与他人订有遗赠扶养协议,同时又立有遗嘱的,继承开始后,如果遗赠扶养协议与遗嘱没有抵触,遗产分别按协议和遗赠处理;如果有抵触,按协议处理,与协议抵触的遗嘱全部或部分无效。对于遗赠扶养协议所涉标的物以外的遗产,应依照法定继承或遗嘱继承办理。

3.遗赠扶养协议并不免除遗赠人的子女等赡养义务人的赡养义务

遗赠人与其子女等赡养义务人的权利和义务关系是基于法定的身份关系及法律规定而产生的,只有双方的身份关系消除才能解除他们间法定的权利和义务。公民与他人即使签订了遗赠扶养协议,赡养义务人仍要依法承担赡养义务,不能以遗赠人已有人扶养而拒不履行法定义务。

第五节　遗产的处理

一、遗产

（一）遗产的概念和特征

遗产是死者生前遗留下来的个人的合法财产。具有以下特征：

1.是公民的合法财产

合法财产是指财产本身及取得方式、程序都符合法律规定的财产。如果财产本身含有非法因素，包括法律不允许持有，或明知他人通过违法方式取得而仍然购买、获取，以及财产取得方法或取得程序不合法，则不能以合法财产论。

2.是公民个人的合法财产

公民死亡时，能够作为遗产转移给继承人或其他人的，必须是其生前属于他所有的个人财产。被继承人生前占有，但不具有所有权的，不能作为遗产。个人所有，除个人单独所有的财产外，还包括与他人、集体甚至国家共同所有、混合所有财产中属于其个人所有的财产份额。

3.是公民死亡时遗留的财产

公民死亡前所拥有的财产不属于遗产，只有公民死亡时，因其不具有民事权利能力，不能成为民事法律关系主体，其财产才属于遗产。公民生前处分财产是对自己财产所有权行使权利的表现，被处分的财产均不能称为遗产。

4.是能够与人身相分离而独立转移给他人所有的财产

公民死亡时遗留的个人合法财产，具有财产性质，与人身相分离。如果该财产依附于人身，就无法脱离死者而转移给继承人，自然不能属于遗产的范畴。如与人身密不可分的财产性权利，包括约稿合同、演出合同履行等，因当事人死亡而未能履行的合同部分则自然终止，未履行合同中的权利义务就不能为遗产继承。当然，已履行部分所取得的个人合法财产，则可以作为遗产为继承人继承。

5.是被继承人一定财产权利义务的统一体

公民死亡时遗留的个人合法财产，如所有权、债权、知识产权中财产权利等属"积极财产"，公民死亡时遗留的债务属"消极财产"。继承人继承遗产时，既继承遗产中的积极财产，又继承遗产中的消极财产。反之，如果放弃继承遗产中的积极财产,也就放弃了遗产中的消极财产。但是,继承遗产中的消极财产的数额,要以其继承遗产中的积极财产的最高数额为限。

(二)遗产范围的确定

通常情况下,死者为家庭成员的,家庭财产和夫妻共有财产中属于死者的部分才为遗产。所以处理死者遗产时,首先要将遗产从夫妻共有财产和家庭共有财产中区分出来。

1.遗产与夫妻共同财产的区别

根据我国《婚姻法》第17条的规定:夫妻共有财产指婚姻关系存续期间所得的财产,包括:工资、奖金;生产、经营收益;知识产权收益;继承或赠与所得财产,但遗嘱或赠与合同确定只归夫或妻一方的财产除外。如一方死亡,应先将夫妻共同财产的一半分出为配偶所有,其余的一半作为被继承人的遗产。

根据我国《婚姻法》第18条的规定,婚姻关系存续期间属于夫妻个人财产的,包括婚前财产;因身体受到伤害获得的医疗费、残疾人生活补助费等费;遗嘱或赠与合同中确定只归夫或妻一方的财产;个人专用的生活用品等。

2.遗产与家庭共同财产的区别

遗产在家庭共同财产之中的,遗产分割时应先分出他人财产。家庭共有财产主要有家庭成员共同劳动积累的财产;家庭成员共同继承、受赠的财产等。家庭成员的共同财产属于个人财产份额的确定,不适用平均主义,一般按照家庭成员贡献大小、出资份额等因素确定。

3.遗产与其他共有财产的区分

财产共有关系,除了夫妻财产共有、家庭财产共有之外,还存在其他形式的共有,如合伙企业中合伙人共有财产。当合伙人之一死亡时,应当按照被继承人的出资比例或合伙协议约定的比例,将被继承人在合伙中的财产份额分出来,列入遗产范围。

此外,还得特别注意两个问题:

一是死者死亡后的抚恤金,不属于遗产的范围,因为抚恤金是对死者家属的经济补偿。

二是死者生前投保,死后获取的保险金不属于遗产的范围。如果在保险合同中指定了受益人,那么保险金则直接归属于受益人所有;如果在保险合同中没有约定受益人,获取的保险金可以作为死者的遗产,按照法定继承处理。

二、遗产继承的接受和放弃

（一）遗产继承的接受

1. 继承接受的方式

继承接受是指继承开始后继承人作出接受被继承人遗产的意思表示。

接受继承是单方民事法律行为，只要继承人本人或其法定代理人代其作出接受继承的意思表示，就发生法律效力。

接受继承的表示方式分为明示或默示形式。

明示包括用书面形式或口头形式向其他继承人、遗嘱执行人或人民法院表示接受继承。

默示形式分为作为的默示形式和不作为的默示形式。继承人以实际行动参加遗产的分配或诉讼，即可推定为该继承人接受继承。继承人不参加遗产分配或诉讼，无论其是否占有、支配或实际管理了遗产，只要他人没有明确表示放弃继承，法律上就推定为接受继承。

《继承法》第25条规定，继承开始后，继承人放弃继承的，应当在遗产处理前作出放弃继承的表示，没有表示的，视为接受继承。

2. 继承接受的效力

继承人表示接受继承，即该继承人取得其应继份的财产所有权，继承接受效力溯及继承开始之时。接受继承的意思表示，原则上不得撤回。

接受继承的意思表示应当是无条件的，附条件的关于接受继承的意思表示，视为拒绝接受。

（二）遗产继承的放弃

1. 继承放弃的方式

继承的放弃是指继承开始后，继承人自愿作出不接受遗产的意思表示。

继承人放弃遗产只能在继承开始后，遗产分割前作出。遗产分割后，继承人已经取得了遗产的所有权，其放弃的不是继承权，而是对其继承财产的所有权的放弃。

放弃继承是要式法律行为，必须采取明示形式。继承开始后，继承人没有表示放弃继承，并于遗产分割前死亡的，其继承遗产的权利转移给他的合法继承人，即发生转继承的效力。

2. 继承放弃的效力

放弃继承的意思表示一经继承人作出，其法律效力就追溯到继承开始之时。放弃继承的意思表示,原则上不得撤回。

《继承法意见》第 50 条规定:"遗产处理前或在诉讼进行过程中,继承人对放弃继承翻悔的,由人民法院根据其提出的具体理由,决定是否承认。遗产处理后,继承人对放弃继承翻悔的,不予承认。"

放弃继承是无条件的,继承人不得用转让继承权的办法作为放弃继承权的条件。任何附条件的放弃继承,均视为没有附条件的放弃继承。《继承法意见》第 46 条规定:"继承人因放弃继承权,致其不能履行法定义务的,放弃继承权的行为无效。"

三、遗产保管人

(一)遗产保管人的确定

遗产的保管,是指自继承开始至继承分割给继承人之前,负有保管责任的人对遗产进行的保藏和管理。遗产保管人,是指对遗产负有保存和管理职责的人。我国《继承法》第 24 条规定:"存有遗产的人,应当妥善保管遗产,任何人不得侵吞或争抢。"《继承法意见》第 44 条规定:"人民法院在审理继承案件时,如果知道有继承人而无法通知的,分割遗产时,要保留其应继承的遗产,并确定该遗产的保管人或保管单位。"据此,遗产保管人的确定标准为:

1.存有遗产的人是遗产保管人。存有遗产人可以是继承人、受遗赠人、遗嘱执行人,也可以是其他任何组织和个人。

2.遗产分割时,如果知道有继承人却无法通知其受领遗产时,应当保留其份额,并为其保留的份额确定保管人或保管单位。

(二)遗产保管人的职责

遗产保管人的职责,主要有:

1.清点遗产,制作遗产清单。

2.通知继承人、受遗赠人、酌情分得遗产人、被继承人的债权人和债务人等与遗产有利害关系的人。如果遗产保管人无法通知的,可以申请法院进行公告,以防止遗漏利害关系人,以及遗产分割后发生纠纷,甚至损害利害关系人的利益。

3.管理和分配遗产。

(三)遗产保管人的赔偿责任

遗产保管人违反保管职责,未尽到注意义务,致使继承人、受遗赠人、酌情分得遗产人和遗产债权人受到损害的,应当承担赔偿责任:

　　1.未尽到保管义务,造成遗产价值减少的;

　　2.未尽到通知义务,致使继承人、受遗赠人、酌情分得遗产人和遗产债权人受到损害的;

　　3.未按照遗产债务清偿顺序进行清偿,致使债权人利益受到损害的;

　　4.在遗产不足以清偿债权时,未按照债权比例进行清偿,造成债权人损失的;

　　5.在遗产不足的情况下,未按规定在受遗赠人、遗嘱继承人和法定继承人中间按规定顺序分配遗产,造成部分权利人受损害的;

　　6.在清偿遗产债务时,没有为继承中缺乏劳动能力又没有生活来源的人保留适当遗产,没有为胎儿保留必要份额,造成这类人生活困难的。

　　(四)遗产保管人与遗产执行人

　　遗产执行人制度适用于遗嘱继承,其主要职责与遗嘱的内容有关。而遗产保管人的职责是与遗产有关的全部事项。遗嘱执行人不同于遗产管理人,遗嘱执行人只处理与遗嘱有关的事项,其他事项由遗产管理人执行。

四、遗产债务的清偿

　　(一)遗产债务的概念和特征

　　1.遗产债务的概念和特征

　　遗产债务是指被继承人生前所欠的债务,即遗产中属于财产义务的那部分。遗产债务,作为特殊的债务,具有以下特点:第一,遗产债务是指被继承人生前所应给付的债务,形成于被继承人生前;第二,遗产债务是被继承人应当承担的个人债务。

　　2.遗产债务清偿原则

　　第一,限定继承原则。所谓限定继承原则,是指继承人对被继承人的遗产债务,仅以其继承遗产的实际价值负有限的赔偿责任。

　　第二,保留特定继承遗产份额原则。保障继承人中缺乏劳动能力又没有生活来源的继承人的基本生活需要,无论是法定继承还是遗嘱继承,都要予以特别照顾,为其保留必要的份额。在清偿债务时,即使不足以清偿,也要为其保留适当的遗产。

　　第三,清偿债务优于执行遗赠原则。《继承法》第34条规定:"执行遗赠不得妨碍清偿赠与人依法应当缴纳的税款和债务",该规定确立了清偿债务优先于遗赠执行的原则。只有在清偿债务之后,尚有剩余遗产时,才能执行遗嘱;

如果遗产本身不足以清偿债务,遗赠就不能执行。

3.遗产债务的清偿方法

第一,单独继承的债务清偿。继承开始后,继承人只有一个人的,自应以其继承遗产的实际价值清偿被继承人生前所负的债务。

第二,共同继承的债务清偿。继承人为多人的,各继承人一般应以其继承遗产的份额比例负担被继承人的正当债务。其方法有:一是先行清偿债务,然后再分割遗产;二是先分割遗产,分摊债务,然后再由各继承人分别清偿债务。但各继承人对债权人负连带责任。

《继承法意见》第 62 条规定,遗产已被分割而未清偿债务时,如果有法定继承又有遗嘱继承和遗赠的,首先由法定继承人用其所得遗产清偿债务;不足清偿时,剩余的债务由遗嘱继承人和受遗赠人按比例用所得遗产偿还;如果只有遗嘱继承和遗赠的,由遗嘱继承人和受遗赠人按比例用所得遗产偿还。

第三,遗产债务清偿顺序。当遗产不足以清偿所有债务时,清偿债务的顺序为:首先,清偿被继承人所欠付的他人工资、生活费。其次,清偿被继承人所欠付的国家税收。最后,清偿其他债务。如果其他债务在遗产上设立抵押权、质权、留置权等优先债权的,应优于其他普通债权。

遗产如果不足以清偿处于同一顺序的债务时,按比例清偿债务。

五、遗产分割

(一)遗产分割的概念

遗产分割是指遗产在各继承人之间的实际分配,从而使分割后的遗产为各个继承人所有的行为。被继承人死亡开始至分割前,遗产尚处于共有状态,只有经过分割,继承人才能得到应当继承的份额。

继承开始后,遗产属于继承人共同所有的财产,继承人随时可以要求分割,属于形成权范畴,其行使不受时限的限制,不因时效而消灭。

被继承人遗产是根据死亡时间确定的,死亡后遗产分割前,财产共有人使用遗产所得的财产及其孳息,应属于各继承人共有财产得以分割。

(二)遗产分割的原则

根据《继承法》第 5 条、第 27 条、第 28 条、第 29 条规定之精神,遗产分割应遵循下列原则:

1.遗产分割自由原则

继承开始后,遗产分割前,各继承人均有权随时请求分割遗产,他人不得拒绝。否则,可以通过诉讼的方式请求分割遗产。

2.有利于生产和生活原则

在分割遗产时,应考虑遗产性质和继承人各自的需要和特点,将生产资料尽量分配给具有生产经营能力的继承人,对生活资料尽量分给有此特殊需要的继承人,物尽其用,兼顾平衡各继承人的利益。

3.保留胎儿应继份额的原则

被继承人留有尚未出生的胎儿时,分割遗产时,应当为胎儿保留一定的遗产份额。胎儿出生时是死体的保留的份额由被继承人的继承人继承。胎儿出生后死亡的,由其继承人继承。分割遗产时应当为胎儿保留遗产份额而没有保留的,或在遗产分割后才发现有胎儿的,为维护胎儿的合法权益,应从继承人已经继承的遗产中扣回。

(三)遗产分割的方法

遗产分割的方法,是指将遗产分配给继承人,继承人取得其应继承份额的具体办法,主要有:

一是实物分割。遗产为可分物时,按各继承人应继份额对遗产进行实际分割,各继承人取得其应继份额。

二是作价补偿。当遗产不可分割或不宜分割时,可由最需要该遗产的继承人取得。该遗产超过该继承人应得遗产份额时,应将多得部分作价补偿给其他继承人。

三是变价分割。当遗产为不可分割或不宜分割物时,各继承人不需要或不要该遗产时,可以将遗产变卖,所得变价款由各继承人依继承份额比例进行分割。

四是保留共有。保留共有就是说,双方暂时对房屋不进行分割,不进行作价,也不进行变价。双方共同享有权利。保留共有后,继承人之间共有关系变成普通的财产按份共有,其共有份额按应继份的比例确定。

六、无人继承遗产的处理

(一)无人继承遗产的概念

无人继承的遗产,是指继承开始后,在法定期限内没有继承人或继承人全部放弃继承,无人接受遗赠的遗产。此类遗产主要包括:

1.没有法定继承人、遗嘱继承人和受遗赠人的遗产;

2.法定继承人、遗嘱继承人全部放弃继承,且受遗赠人全部放弃受遗赠的遗产；

3.法定继承人、遗嘱继承人全部丧失继承权,受遗赠人全部丧失受遗赠权。

(二)无人继承遗产的处理

《继承法》规定,无人继承又无人受遗赠的遗产,归国家所有;死者生前是集体所有制组织成员的,归集体所有制组织所有。集体所有制单位的职工和农村集体所有制单位、组织的职工、村民,其无人继承又无人受遗赠的遗产归死者生前所在的集体所有制组织所有。除此之外,均归国家所有。

同时,在处理无人继承的遗产时,还应注意以下两点:

1.公民生前多欠的税款和其他正当债务,应由其遗产的实际价值承担有限清偿责任,以保护债权人的合法权益。

2.根据《继承法意见》第57条的规定,遗产因无人继承收归国家或集体组织所有时,按《继承法》第14条的规定可以分给遗产的人提出取得遗产的要求,人民法院应视情况适当分给遗产。酌情分得遗产人为继承人外的依靠被继承人扶养缺乏劳动能力又没有生活来源的人,或继承人外对被继承人扶养较多的人,如果提出取得遗产要求的,须向人民法院提出申请,人民法院视情况酌情分给其适当的遗产。此外,其他单位、组织均无权获得该遗产。

第六节　经典案例分析与探讨

专题讨论一　打印遗嘱效力问题

一、问题提出

我国《继承法》明确规定的遗嘱种类有公证遗嘱、自书遗嘱、代书遗嘱、录音遗嘱、口头遗嘱,但是近些年来出现了一些新的遗嘱形式,最常见的就是打印遗嘱。随着计算机技术的普遍应用,计算机作为一种书写工具,大有替代传统书写工具的趋势,从而对法律的适用提出了新的课题。那么,打印遗嘱属于自书遗嘱,还是代书遗嘱,其效力如何认定。

【案例一】王某与李某系夫妻关系,二人生有二子二女,分别是长子王甲、次子王乙、长女王丙、次女王丁。王某于2009年去世,李某于2012年去世。

二老去世后,王乙持一份李某的遗嘱将其余三兄妹起诉至法院,要求按照遗嘱继承其母的丧葬费、抚恤金、现金等遗产共计 30 余万元。法院经审理查明,王某去世时未留有遗嘱。王乙手中的遗嘱主文系打印而成,落款处有李某本人的签字和日期,下有手印一枚,除此之外没有任何人的签字和盖章。庭审中,原被告均认可李某不会使用电脑打字,也不会使用打印机。法院审理后认为,该份遗嘱不符合遗嘱的有效要件,应属无效,被继承人的财产按照法定继承处理。

[法院判决]该份遗嘱无效,驳回王乙诉讼请求。①

【案例二】沈戊(上诉人,原审原告)是被继承人沈某的弟弟,沈甲、沈乙、沈丙(被上诉人,原审被告)分别为沈某的侄子、侄女和侄孙,沈丁系与沈某已解除收养关系的养女。2004 年 2 月,沈某死亡,沈戊与沈丁共同委托的清点人在清点沈某的遗物时,发现一份"沈某身后财产分配单"(下称"财产分配单"),上有记载:沈某将自己的房产、股票、储蓄等百万元财产均分为 4 份,分别留给沈甲、沈乙、沈丙和沈丁,还特别注明"弟弟沈戊无权享受以上任何一项本人财产"。该"财产分配单"正文系打印件,上有沈某的亲笔签名(加盖印章)和日期。

原告沈戊认为,其系沈某弟弟,是沈某唯一的法定继承人。"财产分配单"系电脑打印而成,虽有沈某的签名及日期,但沈某生前不会操作电脑,即使是遗嘱,也应为代书遗嘱,但又无代书人签名,故该遗嘱不符合代书遗嘱的法定形式要件,应为无效遗嘱。沈某的遗产应适用法定继承。据此诉请确认该遗嘱无效,要求通过法定继承取得沈某的遗产。

被告沈甲、沈乙、沈丙、沈丁则认为,"财产分配单"是受托的遗产清点人在清点遗产时发现的,具有客观性,上有沈某的亲笔签名,并注明日期,应视为自书遗嘱,且遗嘱内容与沈某生前的真实意思相符,具有法律效力。

一审法院认为,沈某在"财产分配单"中表达了对其死后的财产的处置意见,应属遗嘱性质。电脑打印只是一种书写方式,与他人代书的遗嘱有所区别。沈某具有一定的文化知识,具备完全民事行为能力,对打印的文字是否直接表达了其意志应当具有判断力,沈戊未能举证该份遗嘱的代书人为何人,其主张"财产分配单"为代书遗嘱缺乏证据证明,故不予认定。另结合证人的证词,该遗嘱的内容与沈某生前的真实意思相符,沈戊未能提供证据证明沈某生

---

① 转引自:《人民政协报》2016 年 5 月 10 日,第 012 版。

前有其他相反的意思表示,且该遗嘱系遗产清点人在清点死者的遗物中所获,并非某一方继承人所持有,因而具有客观真实性。

[法院判决]一审判决:对沈戊要求确认"财产分配单"为无效遗嘱以及要求继承沈某遗产的诉讼请求不予支持。

沈戊不服,提起上诉。二审中,经合议庭调解,最终以沈甲、沈乙、沈丙、沈丁及沈戊平均分得沈某遗产的方式达成调解协议。[①]

二、理论探讨

(一)打印遗嘱的法律属性

我国法律规定,遗嘱可分为代书遗嘱和自书遗嘱等,代书遗嘱是指由立遗嘱人以外的人根据立遗嘱人的意思书写的遗嘱;自书遗嘱是指由立遗嘱人亲笔书写的遗嘱。由于《继承法》出台时,计算机和打印机并未走进寻常人家,自书遗嘱几乎都是以遗嘱人手写的形式呈现的。随着百姓应用计算机技术的提高,也为了方便起见,很多人会采取打印的形式,如果过分苛求法律中"亲笔书写"为遗嘱人亲自用笔手写,显然不符合时代发展的要求,不利于保护遗嘱人的真实意愿。

打印遗嘱与传统自书遗嘱、代书遗嘱的不同点在于其遗嘱主文内容是由机器打印而成的,难以直接判断该部分内容为被继承人亲自书写还是他人代书,也就难以认定为自书遗嘱,还是代书遗嘱。

对此,我们将如何确定打印遗嘱的法律属性?根据打印遗嘱的特征,我们认为,应当结合被继承人是否具有计算机操作能力、遗嘱完成的形成过程等方面的证据来综合予以认定。但是打印遗嘱与代书遗嘱一样存在较易被伪造等弊端,因此,对打印遗嘱真实性的证据要求在总体上较传统的自书遗嘱、代书遗嘱更为严格。

(二)打印遗嘱的效力分析

打印遗嘱是否有效。属于自书遗嘱,还是代书遗嘱,抑或是公证遗嘱,主要还是要根据打印遗嘱是否符合自书遗嘱、代书遗嘱或公证遗嘱的其他形式要求加以认定。如有其他证据佐证该遗嘱确系出自遗嘱人之手,是他人代书为遗嘱人本人的真实意思表示,那么,该遗嘱可以纳入现有的"自书遗嘱""代书遗嘱"或"公证遗嘱"的范畴。同时,为了确保系遗嘱人的真实意思表示,建

---

① 张萱、陶海荣:《打印遗嘱的法律性质和效力》,载《法学》2007 年第 9 期。

议对这三种遗嘱形式加以立法完善。

1.对"公证遗嘱"的书写及形成工具没有要求或类似的规定,只要不明文否定经公证机关办理的打印遗嘱,就属于有效的"公证遗嘱"范畴。

2.确有充分证据证明系遗嘱人本人亲自完全独立操作电脑、打印机等机械输入并打印形成,"遗嘱""立遗嘱人""签名""年、月、日"四个部分确由遗嘱人亲笔书写,即可将"打印遗嘱"纳入"自书遗嘱"的范畴。

3.非遗嘱人本人亲自操作电脑、打印机等机械输入并打印形成的遗嘱,则要求"遗嘱""立遗嘱人""签名""年、月、日"四个部分由遗嘱人亲笔书写,并经所有在场人亲笔注明自己身份、签名、年、月、日,即可将"打印遗嘱"纳入"代书遗嘱"的范畴。

(三)实务评析

1.案例一

案例一的争议焦点是该遗嘱是否有效。

该遗嘱没有代书人和其他见证人的签名,显然不是代书遗嘱。该遗嘱是否属于自书遗嘱,双方当事人存在不同的见解。被告认为:该遗嘱系打印而成,不符合"亲笔书写"的要求,故不是自书遗嘱。在本案中,双方当事人均认可遗嘱人既不会使用电脑打字,又不会使用打印机,说明该遗嘱既非遗嘱人亲笔手写,又非遗嘱人亲自打印,无法确认该遗嘱确系出自遗嘱人之手,故无法认定该遗嘱为"亲笔书写"的自书遗嘱,该遗嘱的效力也无法确认。该案的法院判决符合相关法律规定。

2.案例二

在案例二的审理中,出现了两种观点。

一种观点认为:根据《最高人民法院关于贯彻执行〈中华人民共和国继承法〉若干问题的意见》(以下简称《继承法意见》)第40条的规定,公民在遗书中涉及死后个人财产处分的内容,确为死者真实意思表示,有本人的签名并注明了年、月、日,又无相反证据的,可按自书遗嘱对待。而本案打印的"财产分配清单"有沈某的真实签名、盖章,并注明了"年、月、日",故"财产分配单"系沈某的自书遗嘱。"财产分配单"又系当事人共同委托的遗产清点人在清点遗产时找出,客观上保证了"财产分配单"的真实性和客观性,故"财产分配单"可按自书遗嘱对待。

另一种观点认为:因"财产分配单"属电脑打印,而被继承人沈某不会电脑操作,故该"财产分配单"不是沈某亲笔书写,根据"自书遗嘱由遗嘱人亲笔书写"的强制性的法律形式要件规定,该"财产分配单"不是自书遗嘱。"财产分配单"上既没有代书人的签名,也没有其他见证人的签名,故不符合代书遗嘱的法定形式要件。综上所述,该"财产分配单"不符合法律所要求的自书遗嘱和代书遗嘱的形式要件,本案应当按照法定继承处理。

根据上述理论分析,该份打印遗嘱即不符合自书遗嘱的有效要件,也不符合代书遗嘱的有效要件,一审法院判定该遗嘱无效符合法律规定。

专题讨论二 继承权放弃或所有权放弃

一、问题提出

我国继承法规定,法定继承人在继承开始后,遗产分割前,可以作出放弃继承的意思表示。司法实务中如何判定放弃继承的时间,以及放弃的是继承权还是财产所有权。

【案情】李某(女方)与王某(男方)原系夫妻关系。后因感情破裂,于2014年经法院判决离婚。现李某以离婚后财产纠纷诉至法院,要求分割一套诉争房屋。该诉争房屋原系王某父亲于1999年购买,房屋所有权登记在王某父亲名下。王某母亲于2008年去世,王某父亲于2013年去世。王某母亲去世后未留有遗嘱,遗产未进行分割,2012年3月,王某表示放弃继承其母亲遗产,并由北京市某公证处进行公证。2012年5月,王某父亲进行遗嘱公证,将其诉争房屋留给王某作为王某的个人财产。

李某认为,王某父母均在其与王某夫妻关系存续期间去世,王某作为法定继承人有权继承诉争房产,诉争房产应属夫妻共同财产。王某放弃对其母亲遗产的继承权,后又继承其父遗产获得诉争房屋产权,属单方对继承所得夫妻共有财产进行处分,恶意转移夫妻共有财产。故诉至法院,请求判令依法分割诉争房屋。

王某则认为,继承权与继承人的人身有密不可分的联系,作为法定继承人,放弃继承是对自己权利的处分,与配偶无关。配偶没有继承对方父母遗产的权利,也不享有对该遗产的请求权。继承权并非财产所有权,在继承开始后遗产分割前,继承权并不是实际财产而是期待利益财产,因此不同意李某的诉讼请求。

[一审判决]一审法院认为:诉争房屋系王某父母夫妻共同财产,王某母亲去世后,王某作为法定继承人,有权放弃诉争房屋的继承权,并不影响原夫妻关系的另一方履行对其子女、配偶的法定义务。继承开始后遗产分割前,继承

的遗产为期待利益,而非实际财产,不属于夫妻共同财产,不存在恶意转移夫妻共有财产的行为,王某放弃对其母亲遗产的继承权应属合法有效。判决驳回原告李某的全部诉讼请求。

李某不服,提起上诉,认为根据我国《物权法》第29条的规定,王某之母去世之时王某即取得了遗产所有权,按照婚姻法的有关规定该财产属于夫妻共同财产,被上诉人无权单方放弃;请求二审法院支持其诉讼请求。

[二审判决]二审法院认为:《物权法》第29条规定之内容并不排斥继承人依据我国《继承法》的相关规定享有放弃继承的权利,故该上诉主张法院不予采信。王某作为其母的法定继承人在实际取得相应份额的遗产前有权作出对诉争房屋放弃继承的意思表示,且该行为系王某依法对自己权利的处分无须征得配偶的同意,王某放弃遗产的行为未导致其不能履行法定义务,该放弃行为应属合法有效。最终驳回上诉,维持原判。①

二、理论探讨

放弃继承权,是指继承人于继承开始以后,作出的否定继承对自己发生效力的意思表示的法律行为。我国法律规定允许继承人放弃继承,充分体现了尊重继承人的意思自治,保障继承人的正当权益的立法思想。那么,继承人放弃的是继承权还是财产所有权?

(一)继承权的特征

继承权与所有权是两项不同的民事权利。财产所有权的内容主要包括财产的占有、使用、收益和处分权利。而继承权,就其性质而言,应当属于与特定人身关系相联系的财产权,以身份关系为基础。其权利内容、取得方式、权利客体范围及效力等方面与所有权相比均不相同,表现在:继承权的内容包括继承接受、继承放弃和请求恢复继承的权利。

1.继承权的取得条件

财产所有权的取得有原始取得和继受取得。而继承权的取得必须符合以下四个条件,才能使期待继承权转化为既得继承权,继承人即取得继承权。第

---

① 杨磊:《放弃继承案件裁判依据的思考——基于对现行法律规定的解读》,http://mp. weixin. qq. com/s? __biz＝MzA3MTc3NjI2MQ＝＝&mid＝209934113&idx＝1&sn＝9bea9d67d3552689d5cadb27140aecfd&scene＝23&srcid＝1013ZJKTbA2Ing1PdnptW87t#rd.

一,被继承人已经死亡;第二,被继承人留有遗产;第三,继承人于继承开始时尚生存;第四,无影响继承人的继承期待权转化为继承既得权的其他客观事由发生。

2.继承权的权利客体范围

财产所有权的客体主要是物,不包括债权和债务等内容。而继承权的权利客体包括所有权、其他物权、债权、知识产权中的财产权等。

3.继承权放弃与所有权放弃的对比分析

所有权的放弃通常没有限制,但继承权的放弃有一定的条件限制,即:放弃继承权不得附条件,不得影响他人权利的行使与本人义务的履行。其与所有权放弃相比,有一定的差异:

第一,对象不同。继承权放弃的对象是继承权;所有权放弃的对象是遗产所有权。

第二,前提不同。在我国现行法律规定的当然继承主义下,继承人如果不放弃继承就被视为接受继承,接受继承并不是放弃继承的前提;而接受遗产却是放弃遗产所有权的前提,即只有在先接受继承遗产的情况下,才有权利处分遗产所有权。

第三,性质不同。放弃继承意味着继承人会放弃参与继承法律关系;而放弃所有权则是其对自身财产的一种处分。放弃继承权依继承人单方意思表示作出即可,如存在共同共有人的情形下,放弃所有权则受到一定的限制。

第四,效力不同。继承人放弃继承将追溯到继承开始时,视为继承人从未参与继承法律关系;而所有权的放弃是没有溯及力的。

(二)继承人放弃继承权或所有权

考量继承人放弃的是继承权或财产所有权,其前提条件是必须明确在继承发生后继承人取得了何种权利,这又与遗产的所有权移转理论相关联。目前理论界主要有三种观点:

第一种观点,也就是瞬间转化说,认为根据当然继承主义的法理,继承从被继承人死亡时开始,继承开始后被继承人财产上的一切权利义务概括地移转于继承人所有,遗产依继承的开始而当然地归属于继承人,当继承人有数人时,各继承人共同继承,对遗产享有共同所有权。

第二种观点,也就是分割说,认为继承人在被继承人死亡时仅仅取得了既得继承权,而遗产的所有权并未移转,继承既得权只有在遗产实际分割之后才转化为遗产所有权。

第三种观点,也就是折中说,认为继承人在被继承人死亡时同时取得了遗产所有权和继承既得权,但由于继承权的取得是继承人最终获得遗产所有权的前提和根本依据,因而继承人放弃的应该是继承权。

(三)上述观点评析

1.从《继承法》的立法和司法解释规定上分析

我国目前在《继承法》立法中采用的理论,按照学界的观点,坚持的是当然继承原则。即继承因被继承人死亡而开始,继承开始后,继承人当然承受遗产。同时,我国《继承法》第2条规定,继承从被继承人死亡时开始。第25条第1款规定,继承开始后,继承人放弃继承的,应当在遗产处理前,作出放弃继承的表示。没有表示的,视为接受继承。这两条规定也被视为我国采用的当然继承主义的理论的立法支撑的依据。

然而,我国《继承法意见》第49条规定:继承人放弃继承的意思表示,应当在继承开始后、遗产分割前作出。遗产分割后表示放弃的不再是继承权,而是所有权。《继承法意见》第52条规定:继承开始后,继承人没有表示放弃继承,并于遗产分割前死亡的,其继承遗产的权利移转给他的合法继承人。明确了在遗产分割前,继承人享有的是继承权,不是所有权。《继承法意见》无形中又是对当然继承主义予以了否定。

2.从《继承法》与《物权法》的规定上分析

《继承法》立法与司法解释的冲突给司法实践带来了困惑,而《物权法》的出台,加剧了这一冲突。《物权法》第29条规定:因继承或者受遗赠取得物权的,自继承或者受遗赠开始时发生效力。该条作为非法律行为引起物权变动的规定,被理解为继承人在继承开始时即取得了物权,这种取得方式不需要登记或者交付即生效,发生物权变动的效力。

对此,也有一些专家学者持不同观点,即认为只有在继承法律关系中取得物权的,物权才从继承开始发生效力,没有参与继承关系或者虽然参与了继承关系但是未取得物权的,自无判断物权何时生效之意义和必要。因"放弃继承的效力追溯到继承开始",继承人表示放弃继承后即等同于继承人自继承开始就放弃、自始脱离继承关系,自始未取得物权。故继承人放弃继承后自然不能产生物权何时生效的问题。因此,在理解《物权法》第29条时,应当以"因继承取得物权的"为前提条件,不可逾越这一前提条件而直接认定继承开始就已经取得物权。因此,从法律适用的角度来说,继承开始后,遗产处理前,放弃的权利应当是继承权,且应当由继承人单独作出放弃的意思表示。

三、本案引发的思考

根据上述理论探讨,结合本案,笔者认同法院作出的判决。在论及放弃继承权还是所有权时,应当从继承权的特征、性质入手全面分析,根据具体案情,结合现行法律规定,从《继承法》的立法原则出发、从被继承人的意愿分析,作出合情、合理、合法的判决。

当然,由于现行相关法律规定的冲突,导致司法实践中的困惑。在即将修订的《继承法》中,建议进一步健全和完善我国法定继承人放弃继承权的相关法律规定。借鉴台湾地区"民法"第 1174 条的规定精神,如史尚宽先生所述:"继承之抛弃,应于知悉其得继承之时起二个月内,以书面向法院亲属会议或其他继承人为之。(1)继承之抛弃为单方行为,且为要式行为,需向法院亲属会议或其他继承人为之。(2)抛弃之方式,如已向有利害关系人为抛弃之表示者,即应生效。"①

专题讨论三 继承纠纷诉讼时效法律适用问题

一、问题提出

最高人民法院《关于贯彻执行〈中华人民共和国民法通则〉若干问题的意见(试行)》(以下简称《民通意见》)第 177 条规定:"继承的诉讼时效按继承法的规定执行。但继承开始后,继承人未明确表示放弃继承的,视为接受继承,遗产未分割的,即为共同共有。"

在司法实践中,有的认为继承纠纷应当适用普通诉讼时效制度;但也有的认为应当适用继承法特别规定原则,如继承纠纷转化为共有权纠纷后,依共有权的侵权行为发生之日起算诉讼时效,且无论从继承开始到起诉是否已超过20 年。由于对条文理解的不同,导致了司法实践中法官对案件的判决结果也不尽相同。

【案情】原告杨秀敏与被告杨同系姐弟关系,原告喻金系原告杨秀敏之外甥女。原告杨秀敏与被告杨同的母亲方秀梅于 2007 年 2 月去世,父亲杨永明于 2008 年 4 月去世。方秀梅和杨永明去世时,遗留房屋两处。后原告杨秀敏

---

① 史尚宽:《继承法论》,中国政法大学出版社 2000 年版,第 327 页。

与被告杨同因继承遗产发生纠纷,原告杨秀敏于 2009 年 5 月 31 日诉至法院要求继承遗产。审理中,本院追加喻金为本案原告。

[法院调解]经原审法院调解,双方当事人于 2009 年 7 月 23 日达成协议,将方秀梅与杨永明遗留的房屋两处予以分割。

调解书生效后,案外人杨艳芬、杨玉兰、任玉祥于 2010 年 7 月 5 日向中院申请再审,同年 7 月 14 日中院提审该案,11 月 26 日,中院裁定撤销原审调解,发回原审人民法院重审。

该案经重审查明:原审诉争的两处房屋中其中位于 A 处的系杨裕与李菊夫妇的共有财产。杨裕与李菊共生育四个子女,即杨冬月、杨艳芬、杨玉兰、杨永明。1972 年 3 月 22 日李菊死亡;1976 年 12 月 20 日杨裕死亡。李菊、杨裕夫妇死亡后,其二人的房产未经翻建、亦未析产继承。1982 年 2 月杨冬月死亡,留有一子任玉祥。2008 年 4 月杨永明死亡,其有三个子女:杨秀琴、杨秀敏、杨同。杨秀琴于 2005 年 11 月 23 日死亡,留有一女喻金。位于 B 处的房屋登记在杨永明名下,系杨永明、方秀梅夫妇与杨同夫妇共同共有。

在重审的过程中,杨秀敏认为杨艳芬、杨玉兰、任玉祥的起诉已超过了最长诉讼时效 20 年,其民事权利不应受到保护。关于本案是否适用诉讼时效问题,出现两种意见:一是应当适用诉讼时效的规定,但是因为遗产未进行分割,应从 2009 年 7 月 23 日当事人达成的调解协议生效之日起适用两年的诉讼时效,因其他继承人于 2010 年 7 月 5 日向中院申请再审主张权利,其未超过两年诉讼时效;二是本案实质上属于物权纠纷,物权纠纷不应当适用诉讼时效的规定。[①]

二、理论探讨

(一)《民通意见》第 177 条的正确诠释

根据《民通意见》第 177 条的规定,被继承人死亡后,只要继承人未明确表示放弃继承的,就视为接受继承,即继承开始,所有法定继承人接受继承,继承权转化为财产所有权,继承人成为该财产的所有权人。如果继承时遗产未分割的,视为全体继承人对财产享有共同共有权。此时,发生继承纠纷,则转化

---

① 刘海银:《继承纠纷诉讼时效法律适用问题研究——以民通意见第 177 条为例的分析》,载北京法院网 2018 年 3 月 23 日,http://bjgy. chinacourt. org/article/detail/2013/06/id/1014662. shtml.

为确认物权归属与分割物权的纠纷，即确认各继承人份额进而对遗产进行分割。

（二）确认物权请求权不适用诉讼时效制度

继承人起诉要求继承遗产的诉讼请求实质上是确认各继承人继承份额的确认物权请求权的确认之诉。《物权法》第 33 条规定，"因物权的归属、内容发生争议的，利害关系人可以请求确认权利"。《物权法》第三章规定了物权保护的请求权包括确认物权归属和内容的物权确认请求权。物权请求权是否适用民法总则关于诉讼时效的规定，物权法虽未予以明确，但多数学者，如龙翼飞教授[①]、杨立新教授[②]、王利明教授[③]等均认为不能适用诉讼时效规定。且在司法审判中对物权尤其是不动产的保护，不受《民法总则》诉讼时效的限制，已得到法官的普遍认可。

三、本案引发的思考

本案的法律关系以继承纠纷为基础，继承开始后，遗产未被分割时，无人明确放弃继承权，则被继承人的遗产即处于继承人共同共有的状态，此时所涉法律关系为关于物权的确认。共有权确认后，共有物分割就是解决所有法定继承人如何按份共有的问题。

在司法实践中，争议的标的物往往由一方或几方实际占有使用，如果物权请求权适用诉讼时效，共同共有人可能会因时效届满得不到法律保护，而

[①] 2002 年 11 月 30 日，龙翼飞教授在中国人民大学民商事法律科学研究中心与德恒律师事务所共同主办的"民商法前沿论坛"之一的演讲中分析了三种不适用诉讼时效的请求权：基于身份关系的抚养费和赡养费的请求权、基于财产共有关系的分割请求权及基于不动产相邻关系的停止侵害、排除妨碍请求权。龙翼飞：《时效制度若干问题》，载王利明主编：《民商法前沿论坛》（第 1 辑），人民法院出版社 2004 年版，第 309 页。

[②] 杨立新教授认为，诉讼时效的适用范围应当是：第一是请求权，而不是一切权利；第二是在请求权中，只有债权请求权才适用诉讼时效的规制，其他的请求权如物权请求权不适用诉讼时效制度。杨立新：《中国民法理论研究热点问题探索与意见》，载王利明主编：《民商法前沿论坛》（第 1 辑），人民法院出版社 2004 年版，第 324 页。

[③] 2001 年 9 月 28 日，王利明教授在中国人民大学民商事法律科学研究中心与德恒律师事务所共同主办的"民商法前沿论坛"之一的演讲中指出，物权的请求权通常适用于各种继续行的侵害行为，如果严格以消灭时效的期间起算办法，则对物权人是不公平的，也不利于保护物权。王利明：《债权与物权》，载王利明主编：《民商法前沿论坛》（第 2 辑），人民法院出版社 2004 年版，第 55 页。

实际占有人也无法取得法律上的物权,从而导致物权归属处于不明确状态。即使共同继承房产被其中一位继承人领取,也不能否定其他继承人的继承权,及对该房产的共同共有。如最高人民法院《关于父母的房屋遗产由兄弟姐妹中一人领取了房屋产权证并视为己有发生纠纷应如何处理的批复》,这种行为应当认定为代表共有人登记取得的产权证明,该房屋仍属各继承人共同共有之财产。由此可知,所有有损共有权的行为都应当被认定为无效行为,未被分割的遗产仍然属于各继承人共同所有。因此说,对此类案件的侵权纠纷的侵权点无法确定,那么,不动产确权纠纷也就不宜适用诉讼时效制度。

主要参考文献

〔1〕官玉琴:《亲属身份权理论与实务》,厦门大学出版社2010年第2版。

〔2〕房邵坤、范李瑛、张洪波:《婚姻家庭与继承法》,中国人民大学出版社2015年第4版。

〔3〕周利民、贺小电:《婚姻家庭继承法实用教材》,中国人民大学出版社2016年版。

〔4〕蒋月:《婚姻家庭与继承法》,厦门大学出版社2011年第2版。

〔5〕李科蕾、路焕新:《婚姻家庭继承法理论与实务》,天津大学出版社2010年版。

〔6〕杨大文:《婚姻家庭法》,中国人民大学出版社2011年版。

〔7〕杨立新:《亲属法专论》,高等教育出版社2005年版。

〔8〕史尚宽:《亲属法论》,中国政法大学出版社2000年版。

〔9〕林菊枝:《亲属法新论》,台湾五南图书出版有限公司1996年版。

〔10〕刘引玲:《配偶权问题研究》,中国检察出版社2001年版。

〔11〕张学军:《论离婚后的扶养立法》,法律出版社2004年版。

〔12〕林秀雄:《婚姻家庭法之研究》,中国政法大学出版社2001年版。

〔13〕郭丽红:《冲突与平衡:婚姻法实践问题研究》,人民法院出版社2005年版。

〔14〕王丽萍:《亲子法研究》,法律出版社2004年版。

〔15〕戴东雄:《亲属法实例解说》,台湾大学法律业书,台湾顺清文化事业有限公司2000年版。

〔16〕纪欣:《美国家事法》,台湾五南图书出版公司2002年版。

〔17〕杨立新:《继承法专论》,高等教育出版社2006年版。

〔18〕[日]我妻荣有泉亨:《日本民法·亲属法》,夏玉芝译,工商出版社1996年版。

〔19〕史尚宽:《继承法论》,中国政法大学出版社2000年版。